Θ. 1755.
  a. 2.

NOUVEAUX VOYAGES AUX INDES OCCIDENTALES.

PREMIERE PARTIE.

FRONTISPICE

NOUVEAUX VOYAGES
AUX
INDES OCCIDENTALES;

Contenant une Relation des differens Peuples qui habitent les environs du grand Fleuve Saint-Louis, appellé vulgairement le Mississipi; leur Religion; leur gouvernement; leurs mœurs; leurs guerres & leur commerce.

Par M. BOSSU,
Capitaine dans les Troupes de la Marine.

PREMIERE PARTIE.

SECONDE ÉDITION.

A PARIS,
Chez LE JAY, Libraire, Quay de Gêvres,
au Grand Corneille.

M. DCC. LXVIII.
Avec Approbation & Privilége du Roi.

ÉPITRE
AUX CITOYENS.

C'est à vous, Citoyens, que j'offre ce Recueil d'observations que j'ai faites dans une partie du nouveau Monde, avant & pendant la derniere guerre. Vous jugerez si je l'ai rendu assez intéressant.

L'attachement que j'ai toujours eu pour ma patrie, m'a porté à m'occuper plutôt des intérêts de mon Prince, que des miens personnels.

Tels ont été mes principes

EPITRE.

dans tous les tems, & dans tous les lieux.

Je pense qu'il ne suffit point à un Militaire de servir, mais qu'il peut encore être utile à l'Etat par des connoissances pratiques, relatives ou liées à son service. C'est sous ce double point de vue que j'ai suivi l'ordre de mes voyages.

Je serai trop heureux s'ils peuvent faire quelqu'impression sur vos esprits.

La nécessité de rendre raison de certains faits analogues à mon sujet, m'a forcé de remonter à la source des malheurs causés par des personnes qui ont abusé peut-être de l'autorité qui leur avoit été confiée dans ces climats lointains.

Ennemi de toute personnalité, je tâcherai, avec la franchise naturelle à mon état, de ne point blesser la délicatesse des honnêtes gens. Cependant s'il existe des hommes injustes, capables de tenir une conduite irréguliere, même opposée aux ordres du Souverain, violant les loix divines & humaines, avides d'acquérir des richesses aux dépens du sang des malheureux, il est indispensable de dévoiler à la postérité leurs intrigues & leurs prévarications.

Je laisse à mes lecteurs le soin de juger des couleurs que j'ai données à mes portraits. Je

EPITRE.

ne me permettrai à cet égard qu'une réflexion ; c'est que ceux qui sont établis pour gouverner les hommes, doivent s'appliquer à bien connoître le génie, le caractere & l'intelligence des sujets qu'ils employent.

Je desire fort que mes lecteurs trouvent dans ces lettres des nouveautés qui les amusent, & qui les instruisent : je me flatte que les motifs qui m'ont animé, me mériteront l'indulgence des vrais Patriotes, s'ils s'attachent plutôt à la vérité qu'à l'élégance du style.

Que je mérite leurs suffrages, mes vœux seront remplis.

AVERTISSEMENT.

L'Auteur de ces Mémoires ayant parcouru pendant l'espace de 12 ans les terres de cette vaste région habitée par des Peuples Sauvages, & voulant les attacher de plus en plus aux François, apprit leur langue pour en approfondir les mœurs & le caractère, afin de leur faire toutes les questions nécessaires au bien du service: c'est ce qui l'a mis en état de garantir l'exactitude de ses observations.

Il écrivoit tout simplement à un Officier de distinction avec lequel il étoit en correspondance, & qui étoit curieux d'apprendre la maniere dont vivent les Habitans de l'autre Hémisphère ; l'Auteur a tâché de développer leurs plus secrettes pensées ; il a remarqué avec surprise l'ordre & le talent oratoire qui regnent dans les discours de ces hommes que nous appellons Sauvages : l'on en trouve la preuve dans un Discours prononcé par *Thamathelé-Mingo* (1) Chef d'une Tribu appellée *Allibamone*, où il étoit question de maintenir une paix perpétuelle entre les Nations belligérentes, on en verra le précis dans la quinzieme Lettre.

Les Lettres historiques qui composent ce Recueil, conduisent en effet le lecteur à un enchaînement de faits surprenans. Elles sont véritablement curieuses ; elles intéressent par la variété & la nature de leurs

---

(1) *Mingo* signifie Chef ou premier Cacique de canton.

AERTISSEMENT. xj

objets. Les réflexions morales & politiques, qui s'y trouvent, fans être recherchées par le style, font naturelles. On y reconnoît par-tout la même droiture, la même fidélité qui ont dirigé l'Auteur dans toutes fes actions, louées & atteftées avec tant de juftice dans les pièces authentiques annexées à l'ouvrage où il n'y a rien que de très-exact, tant pour la Topographie que pour l'Hiftoire générale des Indes Occidentales, qu'il a fuivie pour en citer les anecdotes les plus intereffantes.

Cette Relation contient un Sommaire jufte des principaux événemens qui regardent ce pays, rapportés dans l'ordre des tems où ils font arrivés depuis qu'il a été découvert (1) en 1512 jufqu'en 1762,

---

(1) La Louifiane portoit ci-devant

AVERTISSEMENT.

L'Auteur, incapable d'en imposer au public, persuadé d'ailleurs que la vérité doit faire plus d'impression sans ornemens que tout le merveilleux dont on voudroit l'embellir, raconte ce qu'il a vu & appris sur les lieux. Il auroit pû s'étendre davantage; mais il s'est restraint à rapporter succintement les faits les plus intéressants dans la crainte d'être diffus.

Quoique cette description contienne quelques faits aussi agréables qu'utiles, on peut néanmoins s'assurer qu'elle ne se sentira pas du style romanes-

---

le nom de *Floride*, ce fut *Jean Ponce de Léon*, qui la découvrit le 27 Mars 1512. le jour de Pâques Fleurie ; c'est sans doute à cause du bel aspect qu'elle offroit par quantité de vergers & de campagnes fleuries, qu'il lui donna ce nom.

AVERTISSEMENT. xiij
que de la plûpart des voyageurs, qui inventent à plaisir des histoires singulieres pour se donner plus de relief, & qui à la faveur d'un style élégant ont présenté des fables, quelquefois ingénieuses, pour des vérités; (1) les autres manquent d'anecdotes essentielles touchant les usages de ces Peuples, qu'on ne sçauroit bien connoître qu'en vivant long tems avec eux.

Tous les faits que l'Auteur rapporte dans ce Receuil, paroîtroient des fictions, s'il n'y avoit actuellement en France nombre de personnes distinguées, compagnons de ses courses & de son dernier voyage, qui peuvent les certifier.

On a cru devoir semer cet Ouvrage de notes historiques,

---

(1) Voyez les Lettres édifiantes.

géographiques, & d'autres pour expliquer certaines phrases emblématiques dont se servent les Sauvages dans leurs harangues.

Ce n'est qu'avec une extrême répugnance que ce Militaire parle en passant de quelques faits qui lui sont personnels, il y a été contraint par la liaison des matieres ; mais son objet principal, en mettant sous les yeux de ses compatriotes les vertus & les vices des Pays étrangers, a été d'inspirer de l'horreur pour les prévaricateurs, & de l'estime pour les vertueux.

L'équité & la sagesse du Ministère dont toutes les vues sont dirigées vers le bien général, vont effacer & réparer les brigandages que les circonstances de la guerre, & l'éloignement des lieux avoient voilés à ses yeux. Le zèle & l'attachement

AVERTISSEMENT. xv

que le Ministre fait paroître pour la Marine, le bon ordre qu'il fait réellement observer dans nos Colonies, indépendamment du pacte de famille qui fait exister la bonne intelligence entre les sujets des deux Couronnes, sont de sûrs garans à la Nation, qu'elle partagera avec ses bons & fidéles alliés les Espagnols, les richesses du nouveau monde.

Puisse le Ciel exaucer nos vœux pour la conservation des jours précieux de l'auguste famille de Bourbon.

EXPLICATION
De l'Eſtampe du Frontiſpice.

UN Roi Sauvage appuyé ſur ſon arc, foulant ſous ſes pieds l'or qui ſort d'un coffre renverſé, montre le mépris qu'il en fait; il ſe nommoit le Soleil, & en portoit l'image empreinte ſur la peau de ſa poitrine.

Les petites figures vûes dans le lointain, dont une femme allaitant ſon enfant à l'ombre d'un arbre, les autres prenant leur repas, aſſiſes ſur la terre, près d'une cabane couverte de roſeaux, déſignent la ſimple nature de nos premiers peres, & l'heureuſe innocence où vivoient ces Peuples, avant que les François arrivaſſent chez eux; car ils n'avoient point été corrompus par le faſte & l'avarice, quoiqu'ils euſſent leurs vices particuliers.

La petite balance ou le trebuchet deſtiné ſeulement pour péſer leur monnoye, excite la colere de ce Prince Sauvage,

vage, qui est supposé spectateur de l'assassinat du célèbre M. de la Salle, par ses propres gens; l'indignation de ce Cacique, loin de diminuer, s'augmente encore en voyant ces lâches assassins devenir leurs propres bourreaux, & s'entr'égorger pour partager le fruit de leur crime.

LETTRE

De Monsieur le Marquis de L'ESTRADE à l'Auteur.

Au Château de Boux près Vîteaux en Bourgogne, le 15 Décembre 1762.

J'AI reçu, Monsieur, par duplicata, toutes les Lettres que vous m'avez écrites depuis 1759, 1760, 1761, 1762, les premieres ne m'étant point parvenues, elles auront été sans doute interceptées ; soyez très-persuadé que je n'aurois pas manqué d'y répondre ; néanmoins je suis bien charmé d'apprendre que vous êtes arrivé heureusement à la Corogne, malgré tous les obstacles qui se sont rencontrés dans votre traversée, qui a été une des plus rudes en tout sens.

Je reviens à vos Lettres historiques ; je les ai lues avec beaucoup d'attention & de plaisir ; tout y décéle en vous, Monsieur, le Militaire intégre, intelligent, laborieux & éclairé Vos voyages portent un caractere de vérité que l'impoſture la plus adroite ne pourra jamais imiter; on y reconnoît partout un obſervateur attentif, un vrai Citoyen, & un ami des hommes.

Vous m'avez fait beaucoup de plaiſir Monſieur, en m'apprenant la façon de vivre des Sauvages; je vous avoue que je ſuis ravi de votre deſcription, tant par l'importance & par la ſingularité des faits, que par la maniere naturelle dont ils ſont racontés.

Les réflexions qui y ſont ſemées, ſont ſimples, judicieuſes & vraies; elles ont le mérite d'être énoncées avec beaucoup de netteté & de préciſion. Le ſtyle a de la rapidité, ſouvent de la chaleur, toujours de la clarté; comme preſque tout y eſt intereſſant, la lecture en eſt très-attachante; elle ſe fait ſans effort & avec un plaiſir continu. L'hiſtoire du vieillard qui ſe ſacrifie pour ſon fils, & celle des quatre malheureux qui, à la ſuite de M. de Belle-Iſle, périſſent de faim, ſont très-pathétiques.

Au reſte, on ne ſçauroit donner trop d'éloges à un brave Officier qui a affronté les plus grands périls pour ſa patrie, & qui a enrichi le peuple lettré du fruit de ſes recherches par mille obſervations utiles, neuves & curieuſes.

LETTRE.

Je ne doute nullement que si ce receuil étoit imprimé, le public ne l'accueillit favorablement, étant écrit avec une franchise militaire, bien préférable à la froide exactitude de tant de beaux esprits. Des circonstances si recentes, intéresseront les politiques, les Citoyens, & les philosophes amis de l'humanité.

En mon particulier je ne puis, Monsieur, vous exprimer qu'imparfaitement mes sentimens d'estime & de reconnoissance de la bonté que vous avez eu de m'envoyer la suite de notre correspondance; elle m'a fait un plaisir qui sera gravé long-tems dans ma mémoire. Mes fils ont lû cet ouvrage sans distraction, & ils l'ont trouvé comme moi très-propre à inspirer cette mâle vertu qui doit être inséparable de la profession pour laquelle ils sont nés, & ils ont déja parcouru en idée ces vastes régions que vous avez traversées en réalité, & avec tant de courage pour le service de l'Etat. Je suis, Monsieur, avec des sentimens distingués, votre, &c. Signé,

Le Marquis de L'ESTRADE DE LA COUSSE,

NOUVEAUX VOYAGES *AUX* INDES OCCIDENTALES.

LETTRE I.
A MONSIEUR LE MARQUIS DE LESTRADE.

Départ de l'Auteur pour l'Amérique, Description de la Ville du Cap-François, Cruautés des Espagnols envers les Naturels de l'Isle de S. Domingue, travaux des Mines, véritable origine de la Maladie de Naples.

MONSIEUR,

LORSQUE j'eus l'honneur de vous faire mes adieux, vous me recomman-

I. Partie. A

dâtes de vous communiquer tout ce qui me paroîtroit remarquable dans ce nouveau monde; vous exigeâtes encore que je vous fisse un détail de ce que la route m'offriroit d'intéressant; je profite avec empressement de mon séjour au Cap François, pour remplir des engagemens qui me sont chers, puisqu'ils peuvent vous être agréables.

J'étois à Belle-Isle en Mer en 1750; Monsieur le Chevalier de Grossolles y commandoit; il me remit une lettre de Monsieur le Comte d'Argenson, qui me prévenoit que Sa Majesté, venoit de me nommer à une Lieutenance dans les Troupes de la Marine; ce Ministre me prescrivoit de partir sans délai pour me rendre à Rochefort; je m'embarquai en conséquence sur le premier chasse-marée destiné à transporter à la Rochelle les Sardines qui se pêchent sur les côtes de Bretagne, & qui font le principal revenu des Habitans de Belle-Isle.

Au mois de Novembre nous appareillâmes devant le Palais, (nom de la Ville qui est dans cette Isle); dès la premiere nuit nous essuyames une si furieuse tempête à la hauteur des côtes de Poitou, qu'on eut dit à chaque inſtant que notre petit vaiſſeau battu, pouſſé & envelopé par les vagues, alloit être englouti ſous les flots; l'équipage étoit compoſé d'un Pilote, & de trois Matelots, Bas-Bretons qu'on appelle communément *loups de mer*; ils ſont ſi accoutumés à cet Elément, qu'ils le bravent avec intrépidité dans les ſaiſons les plus rigoureuſes. Le vent ayant augmenté, notre Patron fut contraint de relâcher à l'Iſle-Dieu, ſituée entre le Poitou & le Pays d'Aunis; nous y reſtâmes pendant huit jours, au bout deſquels la mer ſe calma; nous remîmes auſſi-tôt à la voile, & nous continuâmes notre route juſqu'à l'Iſle de Rhé; de-là je fis le trajet d'un bras de mer de trois lieues qui ſépare l'Iſle du Continent, pour aller à la Rochelle, & le lendemain j'arrivai à Rochefort. Mes ordres portoient de m'adreſſer en y arrivant à l'Intendant du département de la Marine, qui eſt M. le Normant de Méſi (1) homme d'un

---

(1) Aſſocié depuis au miniſtere de la Marine, ſous le titre d'Intendant général de

vrai mérite & bien digne du Poste qu'il occupe, par ses lumieres & par la bonté de son cœur; il me dit qu'après que je me serois pourvû de tout ce qui m'étoit nécessaire pour mon voyage d'outre-mer, je pouvois aller à la Rochelle & m'embarquer sur le Vaisseau nommé le Pontchartrain du Port de 400 tonneaux. M. le Normant avoit freté ce Navire pour le compte de Sa Majesté, à l'effet de transporter quatre compagnies de soldats de Marine, que nous primes à la Citadelle de l'Isle de Rhé; ces troupes étoient destinées à renforcer la garnison de la nouvelle Orléans.

Nous fimes voile de la Rochelle le 26 Décembre; nous fûmes plus de 15 jours contrariés par les vents à la Côte d'Espagne; nous étions sur le point de relacher à la Corogne pour nous mettre à l'abri dans ses parages; mais heureusement le vent changea

---

la Marine & des Colonies Françoises; je saisis avec plaisir cette occasion de lui témoigner publiquement ma reconnoissance de l'accueil favorable que j'en reçus & des services qu'il me rendit.

tout à coup, & à la fin du mois de Janvier suivant, nous nous trouvâmes à la vue de Madere (1) appartenante à la Couronne de Portugal; elle est nommée la Reine des Isles à cause de la fertilité, de la bonté de son terrein; elle peut avoir 20 lieues de circuit; elle produit d'excellents vins, & les fruits les plus agréables à la vue & les plus savoureux au goût.

Le 15 Février nous nous trouvâmes sous le tropique du cancer. Le 16, se passa en certaines cérémonies assez risibles, que font faire les Marins à ceux qui n'ont jamais passé la ligne; on les baptise avec de l'eau de mer; on est garanti de cette surabondante & incommode aspersion, au moyen d'une petite générosité que l'on fait au Maître Matelot. Enfin deux mois après notre départ de la Rochelle,

───────────

(1) Isle de l'Afrique à l'Océan Occidental, & au Septentrion des Canaries; ces dernières furent découvertes en 1417, par un Gentilhomme Normand nommé Jean Benthencourt, qui porta le titre de Roi des Canaries, & en facilita la conquête aux Espagnols à qui elles appartiennent aujourd'hui.

nous sommes arrivés heureusement au Cap François, Côte & Isle de Saint Domingue, qui est la premiere Terre de l'Amérique où les Espagnols ayent bâti des Villes & des Forteresses.

Le Cap est situé au pied d'un Morne ; il est deffendu par un Fort taillé dans le Roc à l'entrée du Port : cette Forteresse bien munie d'artillerie, s'avance dans la Mer, & y forme un Promontoire ou Cap : c'est de-là que la Ville tire son nom ; elle est peuplée d'Européens négociants ; de Créoles & de Negres, que les habitans employent à la culture des Cannes à sucre, du Caffé, de l'Indigo, du Cacao, du Coton, de la Casse, du Tabac & autres denrées.

Les Espagnols & les François partagent ce pays ; ces derniers en occupent la partie la plus occidentale. San Domingo, en est la Métropolitaine ; c'est la résidence d'un Evêque que Sa Majesté Catholique y entretient pour le spirituel.

Cette Isle est devenue célèbre par l'origine du mal de Naples ; on est si peu d'accord sur ce fait, on le raconte de tant de différentes manieres, que je crois devoir vous le rapporter au vrai.

Nicolas de Obando, étoit Gouverneur de ce Pays, vers la fin du quinziéme fiecle, fous le regne de Ferdinand d'Arragon, & d'Ifabelle de Caftille; il lui étoit expreffement recommandé de travailler à la converfion des Indiens fubjugués; il les diftribua aux Caftillans en donnant cent à l'un, cinquante à l'autre, & appella cette façon d'agir *Repartimiento*, (partage ou divifion). Vous conviendrez M. que voilà en effet une finguliere façon de faire des profélytes au Nouveau monde; de pareilles maximes font bien oppofées au véritable efprit du chriftianifme (1).

Ces Efpagnols avides d'or, forcérent ces malheureux Indiens à travailler aux mines; ils les obligerent à refter

---

(1) » Le Roi Dom Ferdinand informé de,
» ces déréglemens, s'étoit appliqué a y porter
» du remede, & fes foins regardoient parti-
» culierement les Indiens, qu'il défiroit pro-
» téger & attirer à la foi, ce qui a toujours été
» les premières vues des Rois Catholiques;
» en effet il donna plufieurs ordres & publia
» des loix pour les faire inftruire par la voye
» de la douceur, de l'exemple & du définté-

huit ou neuf mois presque enfevelis dans les entrailles de la terre. Ce pénible travail, les vapeurs fulphureufes qui s'exhaloient continuellement des mines, la difette où les réduifoit l'impoffibilité d'enfemencer leurs terres, tout cela corrompit tellement en eux la maffe du fang, que leur vifage paroiffoit d'un jaune fafrané; il leur fortoit de toutes les parties du corps des efpéces de puftules qui leur caufoient des douleurs infupportables. Bien-tôt ils communiquerent cette contagion à leurs femmes & par conféquent à leurs ennemis; les uns & les autres périffoient faute de remedes.

Les Efpagnols defefpérés crurent que cette pefte ne les fuivroit point en Europe où ils pafferent pour changer d'air; mais ils fe tromperent; ils donnerent, à leur retour, aux Européens, le mal qu'ils avoient reçu des

---

» reffement; mais tous les moyens dont il fe
» fervoit, perdoient leurs forces en s'éloignant,
» de la même maniere qu'une fléche tombe
» au pied du but, lorfqu'elle eft hors de la por-
» tée du bras de celui qui la décoche.

D. Antoine de Solis.

Americains. Dieu cependant eut pitié de ces misérables Insulaires ; une Indienne femme d'un Castillan, découvrit quelque tems après un certain bois appellé *Guayacan* qui suffit pour alléger leurs maux.

Il n'est que trop vrai, M. que le mal ne produit que du mal. Les Espagnols ont immolé des millions d'hommes dans le nouveau Monde ; ils ont devasté des pays immenses pour usurper l'or des Indiens ; mais comme dit fort bien un fameux Poëte.

» Sous nos loix, il est vrai, l'Amérique est rangée ;
» Mais son mal nous détruit, l'Amérique est vengée.

M. de Voltaire.

L'or & l'argent donnent autant de peines & de fatigues à ceux qui les tirent des mines, qu'ils procurent de contentement & d'aisance à ceux qui les possedent. Il a fallu, me disoit un Ingénieur Espagnol, vingt neuf ans de tems pour trouver au *Potosi*, *la veine de Cruséro*, qui a deux cent cinquante verges de Profondeur. Tel est, M. le travail pénible & surnaturel que le pouvoir & la cupidité font faire, & que le besoin & la servitude exécutent pour tirer l'or des entrailles de la terre. Les malheureux ouvriers qu'on y employe renoncent à l'air de notre *athmosphere*, à la clarté du Soleil, pour s'ensevelir dans les abîmes profonds, infects & glacés de notre Globe ; les exhalaisons qui en sortent, sont si mal saines qu'elles causent des étourdissemens & des maux de cœur subits aux travailleurs dès qu'ils commencent à y entrer. Ils se servent de Chandelles pour s'éclairer dans ces ténébreux souterreins ; le métal y est communément dur ; ils le cassent à coup de marteau, après quoi ils le montent sur leurs épaules, par des échelles à trois branches faites de cuirs de bœuf retors, qui sont traversés d'échellons de bois, de sorte qu'en même tems que l'on monte par un côté, on peut descendre par l'autre ; elles sont longues de dix stades. Un homme porte ordinairement sur le dos, le poids de deux arobes (1) de ce

---

(1) l'Arobe pèse 25 livres poids de Marc.

métal, envelopé d'une toile; celui qui va devant, a une chandelle attachée à son pouce, & tous se tiennent des deux mains à l'echelle pour monter un espace de 250. pieds de hauteur.

L'histoire générale des Indes Occidentales nous apprend que les peuples de la Floride prenoient les sacs où étoit l'argent & les jettoient loin d'eux comme choses inutiles. Il n'en étoit pas de même de ceux du Royaume du Mexique qui faisoient cas de l'or; voici en propres termes, ce que rapporte *Joseph D'acosta* dans son histoire universelle des Indes : » il est » vrai, dit-il, que leur avarice n'é- » toit point parvenue au même point » que la nôtre, & quoi que ces Peu- » ples fussent Idolatres, ils n'ont jamais » tant idolatré l'or & l'argent comme » quelques mauvais Chrétiens qui ont » commis les plus grands crimes pour » ce métal.

Le même Auteur cite un trait qui caracterise parfaitement la stupide cupidité de l'homme, le voici : » Un » moine Espagnol, considerant le » haut & fameux Volcan de *Guatimala*, » se persuada que ce qu'il voyoit en-

« flammé ne pouvoit être qu'une
» masse d'or, puisque depuis tant de
» siécles elle bruloit sans se consumer.
» Sur cette fausse idée, il inventa
» certaines chaudieres, chaînes & autres
» instrumens pour retirer son préten-
» du or liquéfié de cette espece de
» puits ; mais le feu destructeur trom-
» pa son attente, car la chaîne & la
» chaudiere approchoient à peine de
» cette bouche d'enfer, qu'elles étoient
» aussitôt fondues ; néanmoins, dit l'Au-
» teur, ce personnage s'obstinoit tou-
» jours à d'autres inventions pour pui-
» ser cet or dont il étoit altéré ; mais
» s'étant trop approché, l'exhalaison de
» ce volcan lui fit perdre la vie lorsqu'il
» pensoit venir à bout de son chiméri-
» que & bizarre dessein. C'est ainsi, que
» les aveugles mortels hâtent leur mort
» en voulant trop se procurer les dé-
» lices de la vie.

Pour revenir, Monsieur, aux Indiens de Saint Domingue, l'histoire de ce pays nous apprend qu'un Cacique (1) nommé *Poncra* étant har-

---

(1) Espece de Roitelet.

celé par les Espagnols, prit le parti de s'enfuir de son Village que les ennemis trouvérent dépeuplé & où ils pillerent trois mille marcs d'or qui y étoient restés. *Vasco Nunez* de Balboa successeur de Nicolas de Obando, envoya des gens après ce Cacique pour lui dire qu'il n'appréhendât point de revenir, qu'il seroit son ami, qu'autrement il l'iroit chercher & le feroit dévorer par ses chiens (1).

---

(1) Les Espagnols avoient passés avec eux des Chiens d'attaches qu'ils avoient instruits à chasser les Indiens; dès qu'on les lâchoit sur ces malheureux, ils leur arrachoient les entrailles & les dévoroient Il y en avoit un entre autres nommé *Baromel* qui étoit très redouté dans l'Isle; quoique ce Chien fut couvert d'un Bouclier pour le garentir des fléches des Indiens, ceux-ci parvinrent, dit-on, à le tuer, en lui crevant les yeux à coups de dards, ce qui fut un sujet de triomphe pour eux.

Antoine d'Herrera rapporte dans sa premiere Décade, que cet animal redoutable, dont l'instinct étoit singulier, gardoit le passage d'une gorge dans S. Domingue, & qu'un jour une Indienne voulant passer, elle lui adressa ces paroles *Seigneur Chien, ne me fais point de mal; je porte cette Lettre aux*

Poncra intimidé par ces menaces, n'osa pas désobéir. Il amena avec lui trois autres Seigneurs ses vassaux ; *Nunez de Balboa* employa vainement tous les moyens imaginables pour lui faire dire d'où l'on tiroit l'or de cette terre qui avoit la réputation d'en produire beaucoup ; les bons traitemens, les supplices ne purent lui arracher ce secret qu'il ignoroit peut-être. A l'égard des trois mille marcs d'or qu'on avoit trouvés, *Poncra* répondit que ceux qui les avoient amassés étoient morts dès le tems de ses peres, & qu'il n'avoit pas daigné en faire chercher de nouveaux, n'en ayant aucun besoin. Ce malheureux Cacique fut livré à la fureur des chiens qui le dévorerent avec ses trois compagnons.

Quelque tems après un Espagnol tomba entre les mains des Indiens, sujets de l'infortuné *Poncra* ; ceux-ci lui reprocherent la trop grande avidité que les gens de sa Nation avoient

---

Chrétiens ; il ajoute qu'*aussitôt le Chien la flaira, pissa contre elle,* (ce sont ses termes) *& la laissa passer sans lui faire aucun mal.*

pour l'or, les injustices qu'elle leur faisoit commettre ; seule, elle les arrachoit de leur patrie, les amenoit dans cette Isle à travers tant de périls & de mers, & les portoit à inquiéter des peuples qui vivoient paisiblement dans leurs cabannes sous la protection du Grand Esprit (1).

Après cette courte harangue, ils fondirent de l'or & lui en coulerent dans les oreilles & dans la bouche, en lui disant : *chien, puisque tu as tant d'envie d'en avoir, rassasie toi.*

Il faut pourtant convenir, Monsieur, que si l'histoire du Mexique ne nous rappelle que des horreurs, celle de Saint Domingue nous fournit en revanche des traits généreux.

Dans un tems de grande disette, un Indien offrit un jour deux Tourterelles en vie à *Dom Pédro de Magaratit*, Commandant autre-fois ici pour le Roi d'Epagne. Ce Général les prit, les paya largement à l'Indien, & pria une partie de la garnison de monter

---

(1) Les Sauvages appellent ainsi l'être suprême.

avec lui au lieu le plus élevé de la Ville, y étant arrivé, « Messieurs, » leur dit-il, en tenant ces petits ani- » maux, je suis bien fâché qu'on ne » m'ait pas apporté de quoi vous ré- » galer tous ; je ne puis me résoudre » à satisfaire mon appétit tandis que » vous êtes dévorés par la faim ; en » achevant ces mots, il donna la vol- » lée aux deux oiseaux.

On pourroit ajouter à ce trait une infinité d'autres qui ne font pas moins d'honneur aux habitans de cette Isle. Il y en a plusieurs qui auroient méri- tés que l'histoire en eut fait mention ; parmi ceux que l'on m'a racontés, je ne puis me refuser au plaisir de vous rapporter celui-ci. Un ancien habi- tant de Saint Domingue avoit fait une fortune considérable ; le commerce, le travail & l'industrie en avoient été les instrumens. Elle n'avoit apporté aucun changement à ses mœurs & à sa conduite ; il ne l'estimoit que par ce qu'elle le mettoit en état de rendre des services.

Aussitôt qu'il arrivoit un vaisseau de France, il alloit sur le rivage voir débarquer les passagers, & ordinairement il les conduisoit chez lui. Un jour, il vit plusieurs jeunes gens qui s'imaginoient que leur fortune seroit faite à leur arrivée ; ils portoient des lettres de recommandation ; ils y comptoient si fort qu'ils firent peu d'attention au bon Colon qui les abordoit, celui-ci les laissa, en leur souhaitant toutes sortes de bonheur ; quelque tems après, il les rencontra fort tristes & peu contents de la réception qu'on leur avoit faite. Messieurs, leur dit-il, vous ne m'êtes point assurément recommandés, vous ne comptiez pas sur moi ; mais je suis homme, & vous avez besoin de secours ; venez chez moi, vous y trouverez un petit ordinaire, un logement ; pendant ce tems il se présentera peut-être quelque chose qui vous conviendra. Les jeunes gens enchantés accepterent l'offre ; ils le suivirent à son habitation ; ils y trouverent une table de vingt couverts ; qui fut servie par autant de domestiques noirs. Un des nouveaux arrivés demanda si on les avoit amenés à des nôces & fut bien étonné d'apprendre que c'étoit l'ordinaire. Le maître de la maison les retint ainsi pendant quelque tems ; ses conseils, ses soins, leur procurerent des établissemens avantageux.

Vous pensez bien, Monsieur, qu'un maître qui avoit le cœur aussi bon, étoit aimé & respecté de tous ses Esclaves qui le regardoient comme leur pere. Cet habitant étoit bien éloigné de la Barbare avidité de certains Colons, qui forcent ces malheureux à des travaux si effrayans qu'ils refusent de se marier pour ne pas faire, disent-ils, des Esclaves à des maîtres qui les traitent, lorsqu'ils sont vieux & infirmes, avec moins d'attention que leurs chevaux & leurs chiens. (1)

Quant aux habitans des Isles Françoises de l'Amérique, je puis vous assurer, Monsieur, qu'ils sont fort

―――――――――――

(1) J'ai vû un habitant, nommé Chaperon, qui fit entrer un de ses Négres dans un four chaud où cet infortuné expira ; & comme ses machoires s'étoient retirées, le barbare Chaperon dit : je crois qu'il rit encore, & prit une fourche pour le fourgonner. Depuis, cet habitant est devenu l'épouventail des Esclaves, & lorsqu'ils manquent à leurs maîtres, ils les menacent en leur disant : *Je te vendrai à Chaperon.*

généreux envers les Étrangers ; on peut même voyager dans l'intérieur des terres, fans qu'il en coute un fol, il fuffit feulement de porter un air ouvert & décent, qui annonce de l'honnêteté, pour être bien reçu d'habitations en habitations.

C'eft avec jufte raifon qu'on accorde en France le titre de noblefſe aux Créoles ; ils y répondent parfaitement par leurs fentimens diftingués foit dans la profeffion des armes, foit dans d'autres arts qu'ils exercent avec fuccès.

L'homme eft le même partout ; il eft également fufceptible du bien & du mal ; l'éducation corrige fes vices, mais elle ne lui donne point de vertus ; le même auteur a créé l'homme policé & l'homme Sauvage, & les a doués de qualités égales : c'eft ce que vous verrez, Monfieur, dans le cours de ma correfpondance. Si je ne puis la rendre amufante par le charme du ſtyle, du moins la rendrai-je intéreffante par la fingularité des faits que je vous rapporterai. J'ai l'honneur d'être Monfieur,

Au Cap François le 15 *Février* 1751.

LETTRE II.

Au Même.

L'Auteur part du Cap François pour la Louisiane. Courte Description du Port de la Havane, du fameux Golfe du Mexique & de la nouvelle Orléans.

Monsieur,

Nous appareillâmes pour notre destination, le 8 Mars dernier, & le 15, nous nous trouvâmes à la vue de l'Isle de Cuba qui est la plus tempérée des Antilles. La Havane est le Magazin des richesses de l'Amérique, à cause de son assiette, de la grandeur & de la commodité de son Port qui peut contenir plus de mille vaisseaux. C'est le rendez-vous ordinaire des flottes d'Espagne, lorsqu'elles retournent en Europe, & il est défendu par trois Forts. Cuba a 200 lieues de long sur 25 à 30 de largeur ; on a été 16 ans après sa découverte sans sçavoir si c'étoit une Isle, ou terre ferme ; sa situation est dans le Tropique du Cancer, par les 23 dégrés & demi de latitude Nord. Presque au milieu de l'Isle, on apperçoit quantité de petites Islottes fort proches les unes des autres, en tirant vers le Sud ; on les appelle le Jardin de la Reine.

Nous essuyâmes, pendant le tems de l'Equinoxe, une violente tempête entre le Cap Catoche & celui de Saint Antoine, ce dernier, que nous doublâmes le 23, est à la pointe Occidentale de l'Isle de Cuba. Je fus très incommodé du mal de mer, n'ayant jamais fait de voyages de long cours ; mais l'envie que j'avois de servir ma Patrie dans une nouvelle terre, me dédommageoit assez de tous les obstacles qui se rencontroient dans mon trajet. Les vents changerent, la mer s'apaisa, & peu de jours après, nous entrâmes dans le fameux Golfe du Mexique ; nous y rencontrâmes une quantité prodigieuse de bois flotants qui venoit de la Louisiane, & que le fleuve de Mississipi charie : on en voit à plus de deux cent lieues au large, ce qui nous servit de guide dans un tems de brumes ou brouillards pour trouver l'embouchure de ce fleuve, qui est très difficile à cause des écueils & des basses terres de ses parages.

Les premiers jours d'Avril, nous apperçûmes la Balise, Fort établi à l'embouchure du Mississipi.

Monsieur le Moine d'Iberville, Gentilhomme Canadien découvrit en 1698 (1) cette embouchure que M. de la Salle avoit manqué en 1684. Notre bâtiment échoua sur la barre; nous tirâmes un coup de canon pour appeller le Pilote-Côtier, en même tems le Capitaine fit débarquer l'Artillerie du vaisseau & les deux cent hommes de troupes reglées qu'il avoit à son bord pour le service de la Colonie de la Louisiane, ce qui allégea le Navire qui revint à flot.

---

(1) M. d'Iberville, Gouverneur de la Louisiane, y porta la premiere Colonie en 1699; après sa mort, ce pays resta long-tems sans Gouverneur, le second fut M. de la Motte Cadillac, & le troisiéme M. de Bienville, frere cadet du premier.

Nous descendîmes le 4 du même mois d'Avril, 18 Officiers au Fort de la Balise, (1) où commandoit M. de Santilly; cet Officier nous régala du mieux qu'il lui fut possible, pendant le séjour que nous fîmes à son poste, qui est isolé & entouré de marais remplis de serpens & de crocodiles.

Monsieur le Marquis de Vaudreuil Gouverneur ayant eté informé de notre arrivée, a envoyé plusieurs bâteaux pour nous chercher; ils portoient des rafraîchissemens; nous y avons distribué nos soldats, & en voguant à voile & à rame, nous sommes arrivés le jour de Paques à la nouvelle Orléans. Le Marquis de Vaudreuil doit recevoir à la Louisiane 24 Compagnies de Marine d'augmentation; ces troupes viennent sur des vaisseaux Marchands frétés pour le compte du Roi; il y a aussi des recrues de filles qui ont été enrôlées en France pour venir peupler ces Climats. On donne

---

(1) On compte 30 lieues de ce poste à la nouvelle Orléans, à cause des sinuosités du Fleuve.

le congé aux soldats qui sont laborieux & qui veulent les épouser. Le Roi leur accorde un certain nombre d'arpens de terre à défricher, les nourrit pendant trois ans & leur fait fournir un fusil, une demi-livre de poudre & deux livres de plomb par mois, une hache, une pioche, & de quoi ensemencer leurs terres, avec une vache, un veau, des poules & un coq, &c.

Le Marquis de Vaudreuil a fait une répartition des 24 Compagnies nouvelles dans différens quartiers de la Colonie, sans acception de personne, afin que chacun puisse participer au bien comme au mal. A l'égard du détachement des Illinois, poste éloigné de 500 lieues de la nouvelle Orléans, il a été tiré au sort & est tombé à la Compagnie à laquelle je suis attaché; j'ai l'honneur d'être du nombre des Officiers que Monsieur Rouillé Ministre de la Marine a recommandé au Marquis de Vaudreuil, & je me ressens des égards que mérite une semblable recommandation; je puis vous assurer, Monsieur, que la table de ce Général m'est d'une grande ressource dans

l'occurrence

l'occurence actuelle, ainsi qu'à tous les nouveaux débarqués, qui n'ont point encore eu le tems de prendre une demeure fixe. L'afluence est si grande, qu'on ne peut être servi qu'en ambigu; mais ce Gouverneur fait les honneurs avec tant de noblesse & de générosité, qu'il s'atire l'estime & l'amitié de tous les Officiers, qui l'appellent, à juste titre, le pere de la Colonie. Monsieur Michel de la Rouvilliere, Ordonnateur, contribue de son côté à nous rendre la vie douce, par la bonne police qu'il met aux denrées du pays, ainsi qu'à tout ce qui est relatif à son ministere.

Nous comptons partir le 20 Août prochain pour le détachement des Illinois, Monsieur de Macarty qui viendra avec nous, en a été nommé Commandant par la Cour. Les différentes Nations que je serai obligé de visiter pendant ce long voyage, me mettront en état de vous faire une ample description du beau fleuve de Mississipi, & des peuples qui en habitent les bords.

En attendant je vais vous donner la description de la Capitale de la Louisiane ; mais je ne pense pas qu'il faille s'étendre beaucoup sur cet objet ; vous connoissez sans doute la plupart des plans & des relations qu'on en a publiés ; je vous ferai seulement observer que la nouvelle Orléans, dont les rues ont été bien allignées, est aujourd'hui plus grande & plus peuplée qu'elle ne l'étoit autrefois. Les habitans y sont de quatre sortes, sçavoir, Européens, Américains, Africains, ou Négres & Métifs. Les Métifs sont ceux qui naissent des Européens & des naturels du pays que nous appellons Sauvages.

On nomme Créoles, ceux qui naissent d'un François & d'une Françoise, ou d'une Européenne.

Les Créoles en général sont très-braves, grands & bien faits ; ils ont beaucoup de dispositions pour les Arts & les Sciences ; mais comme ils ne peuvent les cultiver parfaitement par la disette de bons maîtres, les peres riches & bien intentionnés ne manquent point d'envoyer leurs enfans en France, comme à la premiere Ecole du monde, en tous genres.

A l'égard du sexe, qui n'a d'autre devoir à remplir que celui de plaire, il nait ici avec cet avantage & n'a pas besoin d'en aller chercher l'art imposteur en Europe.

La nouvelle Orléans & la Mobile sont les seules Villes où il n'y a point de patois; on y parle assez bon François; les Négres y sont transportés d'Affrique; ils sont employés à défricher les terres, qui sont excellentes pour la culture de l'Indigo, du Tabac, du Ris, du Bled d'Inde, & des Cannes à sucre dont on a déja fait des plantations qui ont très-bien réussi. Ce pays est peuplé de Marchands, d'Artisans, & d'Etrangers; c'est un séjour enchanté par la salubrité de son air, la fécondité de son terroir, & la beauté de sa position. Cette Ville est située sur les bords du Mississipi, l'un des plus grands fleuves du monde, puisqu'il arrose plus de 800 lieues de pays connus. Ses eaux pures & délicieuses (1) coulent l'espace de

---

(1) M. le Normant de Mési, lorsqu'il étoit Intendant de la Marine à Rochefort, s'en faisoit servir à sa table. Cette eau a la vertu aussi de contribuer à la fécondité des femmes.

40 lieues, au milieu de nombre d'habitations qui forment un spectacle ravissant sur ses deux rives, où l'on jouit abondamment des plaisirs de la chasse, de la pêche, & de tous les autres délices de la vie.

Les Capucins sont les premiers Moines qui passerent à la nouvelle Orléans en 1723. comme Missionnaires. Le supérieur est Curé de la Paroisse ; ces bons Religieux ne s'occupent que des affaires relatives à leur ministère.

Les Jesuites, deux ans après, se sont établis à la Louisiane ; *ces fins politiques*, ont trouvé le secret d'exploiter la plus riche habitation de la Colonie, que leurs *intrigues* leur ont fait obtenir.

Les Ursulines y furent envoyées à peu près dans le même temps. Ces pieuses filles dont le zele est assurement très-louable s'occupent à l'éducation des jeunes demoiselles ; elles reçoivent aussi dans leur communauté les orphelines, & le Roi leur paye cinquante écus de pension pour chacune.

Ces mêmes Religieuses furent chargées du soin de l'hopital Militaire.

Il y a si peu de tems que je suis arrivé ici, que je n'ai encore pu me mettre en état de vous rendre compte des coutumes des peuples qui habitent les environs du Fleuve ; j'éssayerai cependant de vous faire connoître par un trait d'histoire, le caractère & le génie des *Chitimachas* établis sur une riviere ou fourche qui porte leur nom, à l'ouest de la nouvelle Orleans, & je ne doute pas que cette anecdote ne vous intéresse, quoique ces peuples soient presque tous détruits.

En 1720. un de ces gens la s'étant caché dans un lieu écarté sur le bord du Mississipi, y avoit assassiné l'Abbé de S. Côme, Missionnaire de cette Colonie. M. de Bienville alors Gouverneur s'en prit à toute la nation ; & pour ménager son monde il la fit attaquer par plusieurs Peuples nos alliez.

Ces sauvages eurent le dessous ; la perte de leurs meilleurs Guerriers les força à demander la paix ; le Gouverneur la leur ayant accordée à condition qu'ils apporteroient la tête du meurtrier, ils satisfirent ponctuellement à cette condition, & vinrent ensuite présenter à M. de Bienville le calumet de Paix (1).

Voici ce que j'ai appris ici touchant la cérémonie de cette Ambassade solemnelle.

Ils arriverent à la nouvelle Orleans, en chantant la chanson du calumet, qu'ils agitoient au vent, & en cadence, pour annoncer leur Ambassade; dans ces occasions, ils sont parés de ce qu'ils ont de plus beau.

Le Chef de ces députés lui dit: » que je suis content de me voir devant » toi, il y a long-tems que tu es » faché contre notre Nation; nous » nous sommes informés de ce que » disoit ton cœur, & nous avons ap-

_____

(1) Le Calumet, est une longue Pipe de marbre rouge, blanc ou noir, dont le tuyau fait de Canne de roseau à deux pieds & demi ou trois pieds de longueur; les Sauvages l'envoyent par des Députés aux Nations avec lesquelles ils veulent traiter ou renouveler les alliances.

Il est garni de plumes d'Aigles blancs, c'est parmi eux le simbole de la paix & de l'amitié; on peut aller partout sans crainte avec ce Calumet, n'y ayant rien de plus sacré parmi ces Peuples.

pris avec joye qu'il vouloit nous donner de beaux jours ».

Ils s'affirent enfuite à terre, appuyant leur visage sur leurs mains, le Porte parole sans doute pour se recueillir & pour prendre haleine avant de prononcer sa harangue, les autres pour garder le silence ; dans cet intervalle on avertit de ne point parler, ni rire pendant la harangue, parce qu'ils prendroient cela pour un affront.

Le porte parole, quelques momens après, se leva avec deux autres ; l'un remplit de tabac la pipe du Calumet l'autre apporta du feu, le premier alluma la pipe ; le porte parole fuma, puis il essuya la pipe & la présenta à Monsieur de Bienville pour en faire autant ; le Gouverneur fuma & tous les Officiers qui composoient sa Cour, les uns après les autres, suivant leur rang ; cette cérémonie finie, le vieillard Orateur reprit le calumet, le donna à M. de Bienville afin qu'il le gardât. Alors le porte parole resta seul debout, & les autres Ambassdeurs se r'affirent auprès du présent qu'ils avoient apporté au Gouverneur ; il consistoit en peaux de Chevreuils & en quelques autres Pelleteries, toutes paſſées enblanc en ſigne de paix.

Le porte parole ou Chancelier, étoit revêtu d'une robe de pluſieurs peaux de martres couſues enſemble; elle étoit attachée ſur l'épaule droite & paſſoit ſous le bras gauche; il ſe ſerra le corps de cette robe, & commença ſa harangue d'un air majeſtueux, en adreſſant ainſi la parole au Gouverneur. » Mon cœur rit
» de joie de me voir devant toi;
» nous avons tous entendu la parole
» de paix que tu nous as fait porter:
» le cœur de toute notre nation en
» rit de joie juſqu'à treſſaillir; les
» femmes oubliant à l'inſtant tout ce
» qui s'eſt paſſé, ont danſé, les en-
» fants ont ſauté comme de jeunes che-
» vreuils. Ta parole ne ſe perdra
» jamais; nos cœurs & nos oreilles
» en ſont remplis, & nos deſcendans la
» garderont auſſi long-tems que *l'an-
» cienne parole* durera; (1) comme la
» guerre nous a rendus Pauvres, nous

---

(1) C'eſt ainſi que les Sauvages nomment la tradition.

» avons été contraints de faire une
» chasse générale pour t'apporter de
» la pelleterie ; mais nous n'osions
» nous éloigner, dans la crainte que
» les autres nations n'eussent pas en-
» core entendu ta parole ; nous ne
» sommes même venus qu'en trem-
» blant dans le chemin, jusqu'à ce que
» nous eussions vu ton visage.

» Que mon cœur & mes yeux sont
» contents de te voir aujourd'hui.
» Nos présents sont petits, mais nos
» cœurs sont grands, pour obéir à ta
» parole ; quand tu nous commanderas,
» tu verras nos jambes courir & sau-
» ter comme celles des Cerfs pour
» faire ce que tu voudras.

Ici l'Orateur fit une pause ; puis élevant sa voix, il reprit son discours avec gravité.

» Ah ! que ce soleil est beau au-
» jourd'hui, en comparaison de ce qu'il
» étoit quand tu étois fâché contre
» nous ; qu'un méchant homme est
» dangereux ! tu sçais qu'un seul a
» tué le chef de la priere * dont la

---

(1) C'est ainsi qu'ils appellent nos Missionnaires.

» mort a fait tomber avec lui nos
„ meilleurs guerriers ; il ne nous reste
» plus que des vieillards, des femmes
» & des enfants qui te tendent les
» bras comme à un bon pere. Le
» fiel qui remplissoit auparavant ton
» cœur, vient de faire place au miel,
„ le grand Esprit n'est plus irité contre
„ notre nation ; tu as demandé la tête
„ du méchant homme ; pour avoir la
„ paix, nous te l'avons envoyée.

„ Auparavant le Soleil étoit rouge,
„ les chemins étoient remplis d'épines
„ & de ronces, les nuages étoient noirs,
„ l'eau étoit trouble & teinte de no-
„ tre sang, nos femmes pleuroient sans
„ cesse la perte de leurs parens & n'o-
„ soient aller chercher du bois pour
„ préparer nos alimens, nos enfans
„ crioient de frayeur ; au moindre cri
„ des oiseaux de nuit, tous nos guer-
„ riers étoient sur pieds ; ils ne dor-
„ moient que les armes à la main, nos
„ Cabanes étoient abandonnées &
„ nos champs en friche, nous avions
„ tous le ventre vuide, & nos vi-
„ sages étoient allongés ; le gibier
„ fuyoit loin de nous ; les serpens sif-
„ floient de colere, en allongeant leurs

,, dards ; les oiseaux qui perchoient
,, près de nos habitations sembloient
,, par leur triste ramage, ne nous chan-
,, ter que des chansons de Mort.

,, Aujourd'hui le soleil est brillant,
,, le Ciel est clair, les nuages sont
,, dissipés, les chemins sont couverts de
,, roses, nos jardins & nos champs,
,, seront cultivés, nous offrirons au
,, grand Esprit les premices de leurs
,, fruits, l'eau est si claire que nous y
,, voyons notre image, les serpens
,, fuyent, ou plûtôt sont changés en
,, anguilles, les oiseaux nous charment
,, par la douceur & l'harmonie de leurs
,, chants, nos femmes & nos filles dan-
,, sent jusqu'à oublier le boire & le
,, manger, le cœur de toute la nation
,, rit de joie, de voir que nous mar-
,, chons par le même chemin, que toi
,, & les François : le même soleil nous
,, éclairera : nous n'aurons plus qu'une
,, même parole, & nos cœurs ne feront
,, plus qu'un : qui tuera les François
,, nous le tuerons, nos Guerriers
,, chasseront pour les faire vivre, nous
,, mangerons tous ensemble ; cela ne
,, fera-t-il pas bon, qu'en dis-tu, mon
,, Pere ? ,, A ce discours prononcé

d'un ton ferme & assuré, avec toute la grace & la décence, & même, si on peut le dire, toute la Majesté possible, M. de Bienville répondit en peu de mots, en langue Vulgaire qu'il parloit avec facilité ; il lui dit qu'il étoit bien aise de voir que sa Nation avoit retrouvé l'esprit ; il les fit manger, mit en signe d'amitié sa main dans celle du Chancelier ou porte parole, & les renvoya satisfaits. Depuis cette époque, ils ont toujours été inviolablement attachés aux François ; ces Peuples fournissent de gibier la nouvelle Orleans.

Ma troisiéme lettre sera plus intéressante ; jusqu'à présent je crois avoir rempli mon objet en vous assurant Monsieur, &c.

A la nouvelle Orléans le premier Juillet 1751.

LETTRE III.

Au Même.

Description des Cérémonies Religieuses de certains Peuples qui habitent les bords du grand Fleuve du Mississipi. Conspiration des Natchez contre les François.

Monsieur,

Me voici arrivé à l'endroit où étoit autre-fois la superbe Nation des Natchez, dont on a tant parlé dans les nouvelles Publiques; on assure que ces Peuples formidables en imposoient aux autres par l'étendue de leur pays; ils habitoient depuis la riviere de *Menchak* qui est a 50 lieues de la mer, jusqu'à celle d'*Hoyo*, qui en est à 460 ou environ.

Nous partîmes de la nouvelle Orléans le 20 Août pour le voyage des Illinois, avec six bâteaux que montoient les quatre Compagnies dont je vous ai parlé dans ma précédente; elles sont aux ordres de M. de Macarty. Ce voyage se fait en refoulant le courant du Mississipi à la rame, à cause des sinuosités de ce fleuve, qui coule entre deux grandes forêts de hautes futayes, dont les arbres paroissent aussi anciens que le monde.

On rencontre d'abord sur la route qu'on fait, comme je l'ai dit, par eau, deux villages d'Allemands, reste d'une concession qui avoit été faite par le Roi en 1720 à M. Law; cette peuplade devoit être composée d'Allemands & de Provençaux au nombre de 1500 personnes; son terrein étoit désigné chez une Nation Sauvage nommée Akança; il avoit quatre lieues en quarré, & étoit érigé en Duché. On y avoit transporté des équipages pour une Compagnie de Dragons & des marchandises pour plus d'un million; mais Law ayant manqué, la Compagnie des Indes qui avoit dans ce tems la Louisiane, s'empara de tous les effets & des marchandises.

Les engagés se séparerent, & les Allemands s'établirent à dix lieues au dessus de la nouvelle Orléans : ces

Peuples font très-laborieux ; on les regarde comme les pourvoyeurs de la Capitale. Les deux villages font commandés par un Capitaine Suédois de Nation (1).

A deux lieues plus loin on trouve les *Collapiſſas*, peuples diſtingués par leur attachement pour les François ; ils font aujourd'hui en très-petit nombre ; leur vrai nom eſt *Aquelon Piſſas* c'eſt à dire Nation d'hommes qui entendent & qui voyent.

On trouve enſuite les *Oumas*, adorateurs du Soleil. Comme preſque toutes les autres Nations de l'Amérique, ces Peuples croyent que le ſouverain Etre y réſide, & qu'il veut qu'on le revere dans cet Aſtre vivifiant, comme l'Auteur de la Nature ; ils diſent qu'il n'y a rien à lui comparer ici bas & que cette merveille en éclairant l'univers, y répand la joie & l'abondance.

---

(1) C'eſt le ſieur d'Arensbourg, qui étoit à la bataille de Pultova en 1709 avec Charles XII ; cet ancien Officier eſt chef d'une nombreuſe famille bien établie à la Colonie de la Louiſiane.

C'est d'après ces principes, qu'ils lui rendent un culte comme à l'image sensible de la grandeur & de la bonté d'un Dieu, qui daigne se communiquer aux hommes, en leur prodiguant ses bienfaits.

A quinze lieues des Oumas, en remontant le fleuve, on arrive à la pointe coupée. Ce poste est éloigné d'environ quarante lieues de la nouvelle Orléans. La terre y est très-fertile & couverte d'arbres fruitiers; il y a dans ce canton beaucoup de François; ils s'occupent à la culture du Tabac, du Cotton, du Ris, du Mahis & d'autres denrées; ces Colons font aussi le commerce des bois de construction qu'ils font dériver à la nouvelle Orléans sur des radeaux.

Sur la rive gauche du fleuve, en montant, à quelque distance de la pointe coupée, on voit le village des Tonikas, Nation Sauvage qui de tout tems a été fort attachée aux François. Leurs Chefs se sont toujours empressés de marcher pour aller en guerre avec nous; le dernier qui étoit très-brave, fut blessé dangereusement dans une expédition contre les Natchez;

sur le compte qui en fut rendu au Roi, Sa Majesté l'honora d'un brevet de Brigadier des armées des hommes Rouges, & le décora en outre d'un cordon Bleu d'où pendoit une Médaille d'argent où étoit empreinte la Ville de Paris; il reçut aussi une canne à pomme d'or.

Après le massacre des François par les Natchez, dont je me propose de vous rendre compte en son tems, un parti de cette Nation feignit de vouloir faire la paix avec le grand Chef des Tonikas; celui-ci en fit part au Commandant Général des François auquel il étoit fortement attaché; les Natchez prévinrent la réponse, assassinérent les Tonikas, en commençant par le grand Chef; ses ennemis, qui apréhendoient nos conseils & redoutoient nos forces, se hâtèrent de perdre & de détruire un grand nombre de ses sujets. Nous regretterons sans cesse avec ces bons Sauvages, toutes ses grandes qualités, qui honnoreroient un homme policé.

Après 80 lieues de navigation depuis la Capitale de la Louisiane, on arrive au Poste des Natchez; c'étoit un établissement considérable, il y a vingt ans ; il est très peu de chose aujourd'hui.

Le Fort est situé sur une éminence qui domine le fleuve du Mississipi, dont il n'est éloigné que d'une portée de canon. Le terrein, qui dans cette Contrée, va toujours en s'élevant, seroit un des plus fertiles du pays, s'il étoit cultivé ; le Tabac, le Cotton, le Mahis y viennent très-bien.

J'ai séjourné quelque tems à ce Poste, qui est commandé par M. le Chevalier d'Orgon, fils naturel du Prince de Lambesc, de la maison de Lorraine.

Les Natchez, qui y étoient autrefois, formoient un peuple considérable. Ils composoient plusieurs villages soumis à des Chefs particuliers, qui obéissoient eux mêmes à un grand Chef, qui étoit celui de la Nation. Tous ces Princes portoient le nom de *Soleil* : ils étoient au nombre de cinq cens, tous alliés au grand Soleil leur commun souverain. Celui-ci portoit sur sa poitrine l'image de cet Astre, dont il prétendoit descendre, & qui étoit adoré sous le nom d'*Ouachil*, qui signifie : *le feu très-grand*, ou le *feu suprême*.

Le culte que lui rendoient les Natchez, avoit quelque chose d'auguste. Le Grand Prêtre devançoit le lever du Soleil & marchoit à la tête du Peuple, d'un pas grave, ayant le calumet de paix à la main; il fumoit en son honneur & lui souffloit la premiere bouffée de Tabac. Aussitôt que cet Astre commençoit à paroître, les assistans heurloient successivement en son honneur, après le Grand Prêtre, en le contemplant, les bras élevés vers le Ciel. Ils se prosternoient ensuite contre la terre. Les femmes amenoient leurs enfans & les faisoient tenir dans une posture religieuse.

Au tems de leur récolte, qu'ils faisoient au mois de Juillet, les Natchez célébroient une très-grande fête. Ils commençoient par se noircir le visage, ils ne mangoient qu'à trois heures après midi, après s'être purifiés par des bains; le plus ancien de la Nation offroit ensuite au Dieu les prémices des moissons & des fruits.

Ils avoient un Temple dans lequel on conservoit un feu éternel : les Prêtres avoient grand soin de l'entretenir; on ne pouvoit se servir pour cet effet que de bois d'un seul arbre; si par malheur il venoit à s'éteindre, la Nation étoit consternée; les Prêtres négligens étoient punis de mort, mais cet événement fut très-rare; les Gardiens pouvoient le renouveller aisément, en se faisant apporter du feu profane, sous le prétexte d'allumer leur calumet, car il leur étoit défendu d'employer le feu sacré à cet usage.

Le Souverain en mourant se faisoit accompagner au tombeau par ses femmes & par plusieurs de ses sujets. Les petits Soleils avoient soin de suivre la même coutume; la loi condamnoit aussi à mourir tout Natchez qui avoit épousé une fille du sang des Soleils, lorsque celle-ci étoit expirée. Je vous raconterai, à ce sujet, l'histoire d'un Sauvage qui ne fut pas d'humeur de se soumettre à cette loi; il se nommoit Etteacteal; il avoit contracté une alliance avec les Soleils; cet honneur eut des suites qui faillirent à lui devenir funestes. Sa femme tomba malade; dès qu'il vit qu'elle tournoit vers la mort, il prit la fuite, s'embarqua dans une pirogue sur le

Mississipi, & se rendit à la nouvelle Orléans. Il se mit sous la protection du Gouverneur qui étoit alors Monsieur de Bienville, en offrant d'être son chasseur. Celui-ci accepta son service, & s'interessa en sa faveur auprès des Natchez, qui déclarerent qu'il n'avoit plus rien à craindre, parce que la cérémonie étoit faite, & que comme il ne s'y étoit pas trouvé, il n'étoit plus de bonne prise.

Etteacteal rassuré, osa retourner dans sa nation, sans y fixer sa demeure; il y fit plusieurs voyages; il lui arriva de s'y trouver dans le tems que le *Soleil Serpent piqué*, frere du grand soleil mourut; il étoit parent de la défunte femme d'Etteacteal; on résolut de lui faire payer sa dette; M. de Bienville avoit été rappellé en France; le Souverain des Natchez, jugea que l'absence du Protecteur avoit anéanti les Lettres de repi accordées au protegé; il le fit arrêter. Quand celui-ci se vit dans la cabanne du grand chef de guerre, avec les autres victimes qu'on devoit sacrifier au *Serpent piqué*, il s'abandonna à la douleur la plus profonde; la femme favorite du défunt qui devoit aussi être immolée, qui voyoit d'un œil ferme les apprêts de sa mort, & qui sembloit impatiente de se rejoindre à son époux, témoin des gémissemens d'Etteacteal, lui dit : ,, n'es-,, tu pas guerrier ? oui, répondit-il, je ,, le suis. Cependant, reprit elle, tu ,, pleures, la vie t'est chere ! Puisque ,, cela est ainsi, il n'est pas bon que tu ,, viennes avec nous ; va-t-en avec les ,, femmes. ,, Etteacteal répliqua : ,, certainement la vie m'est chere ; il se-,, roit bon que je marchasse encore ,, quelque tems sur la terre, jusqu'à la ,, mort du grand Soleil, & je mourrois ,, alors avec lui. Va-t-en, te dis-je, ,, reprit la favorite ; il n'est pas bon ,, que tu viennes avec nous, & que ton ,, cœur reste derriere toi sur la terre; ,, encore une fois, éloigne-toi d'ici, ,, que je ne te voie plus.

Etteacteal ne se fit pas répéter cet ordre ; il disparut comme un éclair; trois vieilles femmes, dont deux étoient ses parentes, offrirent de payer sa dette; leur âge, leur infirmités, les avoient dégoutées de la vie ; ni les unes ni les autres, depuis long-tems, ne pouvoient se servir de leurs jambes ; les deux parentes d'Etteacteal n'avoient pas les cheveux plus gris que ne les ont en France les femmes de 55 ans. L'autre vieille, agée de 120, ans les avoient très blancs, ce qui est fort rare chez les Sauvages; aucune des trois n'avoit la peau entierement ridée. Elles furent expediées à la premiere représentation du soir ; une à la porte du *Serpent piqué*, & les deux autres sur la place du Temple (1).

La générosité de ces femmes rachetta la vie au Guerrier Etteacteal; elle lui acquit le grade de consideré, c'est à dire qu'elle le réhabilita dans son honneur, qu'il avoit taché en craignant la mort; il fut tranquille depuis ce temps, & profitant des lumières qu'il avoit acquises pendant son séjour chez les François, il se fit Jon-

---

(1) On leur passe une corde au col avec un nœud coulant, & huit hommes de leur parents les étranglent en tirant, quatre d'un côté, quatre de l'autre ; il n'en faudroit pas tant; mais comme ils gagnent la noblesse en faisant ces exécutions, il s'en présente plus qu'il n'en faut ; l'opération est faite en un instant.

gleur, (1) & se servit de ses connoissances pour duper ses compatriotes.

Le lendemain de cette exécution on songea au convoi : l'heure en étant arrivée, le grand maître des cérémonies parut à la porte de la cabane avec les ornemens qui conviennent à sa qualité; les victimes qui devoient accompagner le prince dans le pays des Esprits, sortirent; elles consistoient en la femme favorite du defunt, & son autre femme, son Chancelier, son Médecin, son loué, c'est-à-dire, son premier domestique, & quelques vieilles de bonne volonté.

La favorite se rendit chez le grand Soleil où il y avoit plusieurs François, pour leur faire ses adieux ; elle ordonna qu'on lui amena les Soleils des deux sexes ses enfants aux quels elle parla en ces termes.

„ Mes enfants, voici le jour où je
„ dois m'arracher de vos bras pour

―――――――――――――

(2) Les jongleurs dans ce pays font les fonctions de Prêtres, de Médecins, de Devins, & cherchent surtout à se faire passer pour Sorciers.

„ courir

» courir sur les pas de votre pere
» qui m'attend au Pays des *Esprits* ; ce
» seroit blesser mon devoir & mon
» amour que de ceder à vos larmes.
» J'ai assez fait pour vous, de vous
» porter dans mon sein, de vous
» allaiter de mes mammelles. Issus de
» son sang, nourris de mon lait, de-
» vez-vous verser des larmes. Réjouis-
» sez-vous de ce que vous êtes *Soleils*
» & Guérriers ; vous devez des exem-
» ples de fermeté & de valeur à toute
» la Nation ; allez mes enfans, j'ai pour-
» vu à tous vos besoins, en vous mé-
» nageant des amis. Ceux de votre
» pere & les miens sont les vôtres : je
» vous laisse au milieu d'eux ; ce sont
» les François ; ils ont le cœur tendre,
» ils sont généreux rendez-vous dignes
» de leur estime, en ne dégénérant
» point de votre race ; traitez tou-
» jours avec eux, sans détour, & ne
» les implorez jamais avec bassesse.

» Et vous, François, ajouta-t-elle en
» se tournant vers nos Officiers, je
» vous recommande mes enfans, que
» je laisse orphelins; ils ne connoîtront
» que vous, pour *Peres* ; vous devez
» les proteger ».

I. Partie. C

Elle se leva ensuite, & suivie de sa troupe, elle retourna à la cabane de son mari, avec une fermeté tout-à-fait surprenante.

Au nombre des victimes, se vint joindre, de bonne volonté, une femme Noble, que l'amitié, qu'elle avoit pour le *serpent piqué*, portoit à l'aller rejoindre dans l'autre monde. Les Européens la nommoient la *Glorieuse*, à cause de son port Majestueux & de son air fier, & parce qu'elle ne frequentoit que des François distingués; ils la régreterent beaucoup; elle avoit la connoissance de plusieurs simples, qui lui avoient servi à sauver la vie à beaucoup de nos malades. Ce spectacle attendrissant les remplissoit de tristesse & d'horreur. La Femme favorite du deffunt se leva ensuite & fut à eux d'un air riant. » Je meurs sans crainte, leur dit elle; la douleur n'empoisonne pas » mes derniers momens; je vous re- » commande mes enfants. Quand vous » les verrez, Nobles François, souvenez- » vous que vous ayez aimé leur Pere & » qu'il fut, jusqu'au tombeau, le véritable & sincere ami de votre Nation, qu'il

» aimoit plus que lui-même. Il a plu
» au maître de la vie de l'appeller, &
» dans peu j'irai le joindre ; je lui dirai
» que j'ai vû vos cœurs se serrer à la
» vûe de son corps mort : ne vous
» chagrinez pas, nous serons plus long-
» tems amis dans le pays des *Esprits*
» qu'en celui-ci, parce que l'on n'y
» meurt plus (1).

Ces Tristes paroles arracherent des larmes à tous les *François* ; ils firent tout ce qu'ils purent, pour empêcher le *Grand Soleil* de se tuer, car il étoit inconsolable de la mort de son frere sur qui il se déchargeoit du poids du Gouvernement ; (2) ce Souverain étoit furieux de ce qu'on lui résistoit ; il tenoit son fusil par la culasse, le *Soleil* héritier présomptif, le te-

―――――――――――

(1) L'heure marquée pour la cérémonie, on fit avaler aux victimes des boulettes de tabac pour les étourdir, ensuite elles furent étranglées ; on les mit sur des Nates, la favorite à droite & l'autre femme à gauche, & les autres ensuite, suivant leur rang.

(2) Le Serpent piqué étoit grand Chef de guerre des *Natchez*, c'est-à-dire Généralissime des Armées.

C ij

noit par la platine, & en avoit fait tomber la poudre; la cabane étoit pleine de Soleils, de Nobles & de Confidérés (1) qui trembloient tous; mais les François les rassuroient; ils firent cacher toutes les armes du Souverain & remplirent le canon de son fusil d'eau, afin qu'il fut hors d'état de servir de quelque tems.

Lorsque les Soleils virent que la vie de leur Souverain étoit en sûreté, ils remercierent les François, en leur ferrant la main, mais sans rien dire; le silence le plus profond regnoit, la douleur & le respect contenoient la multidude de ceux qui étoient présens.

La Femme du Grand Soleil, pendant cette opération, étoit saisie de frayeur. On lui demanda si elle étoit malade, elle répondit tout haut » Oüi » je le suis; elle ajouta d'une voix

―――――――――――――――――

(1) Les distinctions étoient établies parmi ces Sauvages; les Soleils parens du grand Soleil occupoient le premier rang; les Nobles venoient ensuite, après eux les Confidérés, & enfin le Bas-Peuple qui étoit très méprisé. Les femmes donnoient chez eux la Noblesse, ce qui ne contribuoit pas peu à la multiplier.

» plus basse, si les François sortent
» d'ici, mon mari est mort & tous
» les Natchez mourront, restez donc,
» braves François, parce que votre pa-
» role a la force des fleches ; d'ailleurs
,, qui eut osé faire ce que vous avez fait?
» Mais vous êtes ses vrais amis & ceux
» de son frere. La loi forçoit la *Grande*
Soleille à suivre son époux au tombeau;
c'étoit sans doute le motif de sa crainte,
& celui de sa reconnoissance pour les
François qui s'interessoient à sa vie.

Le Grand Soleil tendit la main
aux officiers & leur dit : ,, mes amis,
» j'ai le cœur si serré que mes yeux,
» quoi qu'ouverts, ne vous ont point vûs
,, debout ; ma bouche ne s'est point
» ouverte pour vous dire de vous as-
» seoir ; pardonnez à ma douleur ex-
» trême.

Les François lui repondirent que ce
n'étoit point la peine, qu'ils alloient le
laisser tranquille ; mais qu'ils ne seroient
plus ses amis s'il n'ordonnoit pas qu'on
rallumât les feux (1), en faisant allumer

---

(1) Le grand Soleil avoit donné ordre
d'éteindre tous les feux ; ce qui ne se fait qu'à
la mort des Souverains.

le sien devant eux, & qu'ils ne le quitteroient qu'après que son frere seroit enterré.

Il prit la main à tous les François, & leur dit : « puisque tous » les Chefs & Nobles officiers veulent » que je reste sur la terre, c'en est fait » je ne me tuerai point; que l'on rallu- » me les feux sur le champ, & j'at- » tendrai que la mort me rejoigne à » mon frere; aussi-bien je suis vieux, » & jusqu'à ce tems, je marcherai avec » les François, sans eux je serois » parti avec mon frere & les chemins » auroient été couverts de corps morts.

Ce Prince ne survécut qu'une année au *serpent piqué*; son neveu lui succeda. Le regne de ce jeune Prince fut très-funeste à la colonie. Vous verrez, Monsieur, par la suite de ce récit, qu'elle ne doit son salut qu'à la mere de ce Souverain; elle lui arracha le secret de la conjuration générale contre notre Nation, qu'elle aimoit beaucoup.

Il faut rendre justice aux Sauvages; le projet qu'ils formerent de détruire tous les François, ne leur fut inspiré par aucun mouvement d'inconstance.

ni de légereté; la mauvaise conduite d'un Officier, qui insultoit des Peuples qu'il devoit ménager, alluma leur fureur; des hommes libres, tranquilles dans le Pays où s'étoient établis leurs Ancêtres, ne pouvoient se voir tirannisés par des étrangers qu'ils avoient accueillis; le S. de Chepar, commandant le poste des Natchez, négligea de s'attirer l'amitié des François & des Sauvages confiés à ses soins; il maltraitoit tous ceux qui ne se prêtoient pas à ses vues criminelles; il confia les postes les plus importants à des Sergens & à des caporaux qui lui étoient dévoués. Vous sentez bien, Mr. que des préférences, de cette espèce, si contraires à la subordination, renversoient l'ordre & la règle du service Militaire.

M. Dumont, second officier, fit des représentations qui ne furent point écoutées & auxquelles on ne répondit qu'en le faisant mettre aux fers. Aussitôt qu'il fut libre, il descendit à la Capitale pour porter ses plaintes à M. Perrier alors Gouverneur de la Louisianne. M. de Chepar fut rappellé pour rendre compte de sa conduite;

il devoit être cassé ; mais ses intrigues & ses protections le servirent ; il fut réhabilité & renvoyé dans son commandement.

Cette mortification ne le corrigea point ; il se conduisit comme auparavant & se fit détester également des François & des Sauvages ; il irrita ces derniers & les porta aux extrémités les plus terribles. M. de Chepar empressé de faire sa fortune e peu de tems, somma le Soleil d'un v lage appellé la Pomme, de se retirer avec ses gens, de lui abandonner le terrein qu'il occupoit & dont il vouloit se faire une habitation, dont le rapport devoit être considerable. Ce Cacique lui representa que les os de ses ancêtres y reposoient ; ses raisonnemens furent inutiles ; le Commandant François ordonna au grand Soleil de faire évacuer le Village, & le menaça même de l'envoyer, les fers aux pieds & aux mains, à la nouvelle Orléans, s'il n'obéissoit pas promptement. Cet Officier s'imaginoit peut-être pouvoir traiter ce Chef, comme un esclave ; il ne faisoit pas réflexion qu'il parloit à un homme accoutumé à commander, & dont l'autorité étoit defpotique fur fes Sujets.

Le Grand Soleil l'écouta & fe retira fans s'emporter; il affembla fon Confeil où il fut arrêté qu'on feroit entendre à M. de Chepar, qu'il falloit qu'on tirât le plan d'un nouveau Village, avant de quitter celui de la Pomme, & que cela demandoit deux lunes.

Cette réfolution étant prife, on la porta au Commandant, qui rebuta les envoyés, & les menaça des châtimens les plus féveres, fi l'on ne lui remettoit la Pomme dans un terme très-court. Cette réponfe fut rapportée au Confeil; la politique des vieillards décida qu'il falloit obtenir du tems, pendant lequel on fongeroit aux moyens de fe débarraffer de ces hôtes incommodes, qui s'érigeoient en tyrans; comme on favoit que M. de Chepar étoit très-intéreffé, on imagina de lui propofer d'accorder un délai de quelques lunes, pendant lequel chaque cabanne lui payeroit un tribut en bled d'Inde, en volaille & en pelleterie. L'avidité du Comman dant le fit tomber dans le piége; il accepta la proposition, en feignant cependant que ce n'étoit que dans la vûe d'obliger la Nation qu'il chérissoit, à cause de l'amitié qu'elle avoit toujours eue pour les François.

Le Soleil ne fut point la dupe de ce faux désintéressement; il fit assembler encore son Conseil, & lui dit que le terme qu'on désiroit étoit accordé, qu'il falloit le mettre à profit, songer aux moyens de se débarrasser d'un tribut onéreux, & sur-tout de la domination tyrannique des François. Il leur fit observer que cette entreprise exigeoit un secret impénétrable, des mesures solides, & sur-tout beaucoup de politique; il leur recommanda, en attendant, de redoubler les marques de confiance & d'amitié qu'on donnoit aux François, de s'occuper à réfléchir sur ce qu'il falloit faire, & de revenir au Conseil, aussitôt qu'ils auroient imaginé quelque projet dont le succès pût être sûr.

Pendant cinq ou six jours, les nobles vieillards se consulterent les uns les autres; ils s'assemblerent de nouveau dans la résolution unanime de détruire tous les François. Le plus ancien du Conseil porta la parole en ces termes, après avoir salué son Chef.

» Il y a longtems que nous nous
» appercevons que le voisinage des
» François nous fait plus de mal que
» de bien ; nous le voyons, nous au-
» tres vieillards, mais les jeunes gens
» ne le voyent pas ; les marchandises
» de l'Europe font plaisir à la jeu-
» nesse ; mais en effet à quoi servent-
» elles ? A séduire nos femmes, à
» corrompre les mœurs de la Nation,
» à débaucher nos filles, à les rendre
» orgueilleuses & fainéantes. Les jeu-
» nes garçons sont dans le même cas;
» il faut que les hommes mariés se
» tuent de travail pour fournir au
» luxe de leurs épouses. Avant que
» les François fussent arrivés dans
» nos terres, nous étions des hom-
» mes, nous nous contentions de ce
» que nous avions, nous marchions
» hardiment dans tous les chemins,
» parce qu'alors nous étions nos maî-
» tres ; mais aujourd'hui nous n'allons
» qu'en tâtonnant, dans la crainte

„ de trouver des épines ; nous mar-
„ chons en esclaves, nous le serons
„ bientôt, puisqu'ils nous traitent déjà
„ comme si nous l'étions. Quand ils
„ seront assez forts, ils n'useront plus
„ de ménagements, ils nous mettront
„ aux fers ; leur chef n'a-t-il pas me-
„ nacé le nôtre de lui faire cet af-
„ front, & la mort n'est-elle pas pré-
„ férable à l'esclavage ? *

  L'Orateur fit une pause à ces mots, & il continua de cette maniere, après avoir repris haleine.

„ Qu'attendons-nous ? Laisserons-
„ nous multiplier les François, jus-
„ qu'à ce que nous ne soyons plus en
„ état de leur résister ? Que diront
„ les autres Nations ? Nous passons
„ pour les plus spirituels de tous les
„ hommes rouges;** elles diront, avec
„ juste raison, que nous avons moins
„ d'esprit que les autres Peuples. Pour-

---

* La nature seule a appris à ces peuples à respecter leur Souverain & à chérir la liberté.

** C'est ainsi que ces Sauvages s'appellent pour se distinguer des Européens qui sont blancs, & des Africains qui sont noirs.

,, quoi donc attendre davantage ?
,, Mettons-nous en liberté, & faisons
,, voir que nous sommes de vrais
,, hommes. Commençons, dès ce jour,
,, à nous y disposer; faisons préparer
,, des vivres par nos femmes, sans
,, leur en dire la raison. Allons por-
,, ter le calumet de paix à toutes les
,, Nations de ce Pays; faisons-leur
,, entendre que les François n'aspi-
,, rent qu'à soumettre notre conti-
,, nent; comme ils sont plus forts
,, dans notre voisinage que par-tout
,, ailleurs, nous serons les premiers
,, qui recevrons leurs fers. Lorsqu'ils
,, seront assez puissans, ils feront éprou-
,, ver le même sort à tous les Peu-
,, ples; montrons-leur combien ils
,, sont intéressés à prévenir ce mal-
,, heur; on ne peut y réussir qu'en
,, les exterminant; que toutes les Na-
,, tions se joignent à nous pour l'e-
,, xécution de ce projet; que les Fran-
,, çois soient anéantis par-tout, au
,, même jour & à la même heure;
,, que le tems de ce massacre soit ce-
,, lui où finira le terme que nous avons
,, obtenu de leur chef; c'est ainsi que
,, nous pouvons nous affranchir du

» tribut que nous nous sommes im-
» posé; c'est par-là que les denrées
» que nous lui avons portées, re-
» viendront en notre possession. Dans
» ce grand jour de liberté, nos guer-
» riers seront munis de leurs armes
» à feu; les Natchez se répandront
» parmi les François; il y aura trois
» ou quatre des nôtres dans chaque
» maison, contre un de cette Nation;
» ils emprunteront des armes à feu
» & de la munition, sous le prétexte
» d'une chasse générale, à l'occasion
» de quelque grande fête; ils pro-
» metront de rapporter du gibier.
» Les coups de fusil qu'on tirera chez
» le Commandant du Fort, seront le
» signal auquel ils tomberont tous sur
» les François. Pour tirer tout le parti
» possible de ce coup, il faut que les
» autres Nations nous secondent; il
» faut que, dans le même tems, il se
» fasse un pareil massacre chez elles;
» pour en venir à bout, il faut pré-
» parer des paquets de buchettes égaux
» en nombre, en donner un à cha-
» cune, en garder un pareil; ils mar-
» queront la quantité de jours qu'il
» faut attendre; tous les matins on

„ coupera une buchette qu'on jettera
„ au feu ; lorsqu'il n'y en aura plus
„ qu'une, ce sera le tems du carnage.
„ il commencera au quart du jour,
„ (c'est-à-dire à neuf heures du ma-
„ tin.) nous fondrons tous à la fois
„ sur nos tyrans; de tous côtés ils
„ seront accablés ; lorsqu'ils seront
„ une fois détruits, il sera facile
„ d'empêcher que ceux, qui viendront
„ de l'ancienne terre par le grand lac,
„ puissent jamais s'établir parmi nous.
„ On recommandera surtout d'être
„ exact à tirer tous les jours une bu-
„ chette; la moindre erreur peut-
„ être d'une conséquence dangereu-
„ se ; nous en chargerons un homme
„ sage, & nous inviterons les Peu-
„ ples voisins à nous imiter. »

L'orateur se tût à ces mots, les vieillards l'aprouvèrent ; le Soleil de la Pomme surtout applaudit à cet avis; c'étoit lui qui étoit le plus lésé de l'injustice du sieur de Chepar ; on servoit sa vengeance particuliere, il craignoit de la voir manquer ; il fit craindre au Conseil les suites d'une indiscrétion ; il fit même prendre la résolution de cacher cette conspiration aux femmes *Soleilles* * ; il falloit la faire approuver au Souverain Chef des Natchez ; quelque envie qu'il eut de se débarrasser des François, ce projet lui paroissoit violent ; le Soleil de la Pomme se chargea de le déterminer ; il passoit pour avoir l'esprit juste & pénétrant ; sa Nation le consideroit beaucoup à ce titre ; il réussit ; il fit sentir au grand Soleil la nécessité de ce parti, en lui montrant ce qu'il avoit à craindre lui même ; le Commandant François l'avoit menacé que bientôt il le chasseroit de son village ; le grand Soleil étoit jeune, par conséquent foible, celui qui lui parloit étoit adroit ; le dessein fut approuvé ; le lendemain quand les Soleils vinrent saluer leur Souverain, il leur fut ordonné de se rendre au village de la Pomme sous un prétexte, sans faire soupçonner qu'ils s'y rendroient en conséquence de quelque ordre ; cela fut éxécuté, comme on le desiroit ; l'esprit séduisant du Soleil de la Pom-

---

* Ces peuples font ce mot des deux genres ; ils disent *Soleil* & *Soleille*.

me les attira tous ; ils promirent d'entrer dans la conspiration. On forma sur le champ un Conseil de Soleils & de nobles vieillards ; le projet y fût exposé de nouveau, & reçu d'une commune voix ; on nomma les vieillards Chefs de l'Ambassade qu'on envoyoit aux autres Nations ; on leur donna des guerriers pour les accompagner, & il fut défendu, sous peine de la vie, de parler de ceci à qui que ce soit. Ils partirent aussitôt tous à la fois & à l'inçû des françois.

Malgré le profond secret que l'on gardoit chez les Natchez, le Conseil des Soleils & des Nobles vieillards mit le Peuple dans l'inquiétude ; il n'est pas nouveau, dans tous les pays du monde, de voir les sujets s'efforcer de pénétrer les secrets de la Cour. Cependant la curiosité du Peuple ne pouvoit être satisfaite ; les seules Soleilles (ou Princesses) avoient droit dans cette Nation de demander pourquoi on se cachoit d'elles. La jeune grande Soleille n'ayant que dix-huit ans, ne s'en embarrassoit gueres, il n'y avoit que la Soleille appellée *le bras Piqué* mere du Souverain & femme de beaucoup d'esprit (ce qu'elle n'ignoroit pas) qui put trouver mauvais le silence qu'on gardoit avec elle. En effet elle en témoigna son mécontentement à son fils, qui lui répondit que ces députations se faisoient pour renouveller la bonne intelligence avec les autres Nations, chez lesquelles il y avoit long-tems que l'on avoit été en calumet, & qui croyoient qu'on les méprisoit par cette négligence. Cette excuse simulée parut appaiser la Soleille *Bras Piqué*; mais elle ne lui ôta point ses inquiétudes; elles redoublerent au contraire, lorsqu'elle vit qu'au retour des Ambassadeurs, les Soleils s'assemblerent en secret avec les Députés, pour apprendre d'eux qu'elle avoit été leur réception; au lieu qu'ordinairement cela se faisoit en Public.

Cette Princesse en fut courroucée; quoi, dit-elle en elle même, on cache à toute la Nation ce qu'elle doit savoir! on me le cache à moi même! Sa colere auroit éclaté sur le champ, si sa prudence ne l'eut moderée. Ce fut un bonheur pour les François de ce qu'elle se crut ainsi méprisée. Elle craignoit, avec raison, d'augmenter la profondeur du secret au point de ne pouvoir rien apprendre, si elle laissoit éclater son chagrin. Son adresse lui suggéra un moyen sûr de satisfaire sa curiosité; elle engagea le grand Soleil, son fils, à venir, avec elle, voir une parente qui demeuroit au village de la Pomme & qu'on lui avoit dit être très mal; elle le mena par le chemin le plus long, sous prétexte qu'il étoit le plus beau, mais en effet parce qu'il étoit le moins fréquenté. Elle avoit de la pénétration; elle pensa que le motif de ce mystère provenoit de ce que l'on tramoit quelque chose de sinistre contre les François; les mouvemens du Soleil de la Pomme appuyoient ses conjectures; lorsqu'elle se vit avec son fils dans un endroit solitaire, elle lui parla en ces termes.

« Asseyons nous ici, aussi bien je
» suis lasse, & j'ai quelque chose à
» te dire. Lorsqu'ils furent assis elle
» ajouta : ouvre tes oreilles pour
» m'entendre; je ne t'ai jamais appris
» à mentir; je t'ai toujours dit qu'un
» menteur ne méritoit pas d'être

» considéré comme un homme, &
» qu'un Soleil menteur étoit digne
» du dernier mépris, & même de
» celui des femmes, ainsi je crois que
» tu me diras la vérité. Dis mois donc :
» les Soleils ne sont-ils pas tous fre-
» res ? Cependant tous les Soleils se
» cachent de moi, comme si mes le-
» vres étoient coupées, & comme si
» je ne pouvois retenir mes paroles ;
» me connois-tu femme à parler en
» dormant ? Je suis au désespoir de
» me voir méprisée de mes freres,
» mais encore plus de l'être de toi
» même. Quoi donc ? n'es tu pas
» sorti de mes entrailles ? n'as-tu pas
» sucé mon sein, ne t'ai-je pas nour-
» ri du plus pur de mon sang ? est-
» ce que ce même sang ne coule pas
» dans tes veines ? serois tu Soleil, si
» tu n'étois pas mon fils ? as-tu déja
» oublié que sans mes soins tu serois
» mort il y a long-tems ? tout le
» monde t'a dit, & moi aussi, que tu
» es fils d'un François ; * mais mon

_____

* Cette Princesse avoit aimé pendant long-
tems un Officier de notre Nation ; on ne

» propre sang m'est beaucoup plus
» cher que celui des Etrangers ? je
» marche aujourd'hui auprès de toi,
» semblable à une chienne, sans être
» regardée ; je m'étonne que tu ne
» me repousses pas avec le pied ; je
» ne suis point surprise de voir les
» autres se cacher de moi ; mais toi,
» qui es mon fils, le peux tu ? as-tu
» jamais vu dans notre Nation un
» fils se défier de sa mere ? tu es le seul
» de ce caractère. Quoi, tant de mou-
» vement dans la Nation, sans que
» j'en sache la raison, quoique je
» sois la vieille Soleille ? as-tu peur
» que je ne te rebute, & que je te fasse
» l'esclave des François contre les-
» quels vous agissez ? ah ! que je suis
» lasse de ces mépris, & de marcher
» avec des hommes ingrats !

Le fils de cette Soleille fut pénétré

___

doutoit point qu'il ne fut le pere du grand
Soleil, & cela n'ôtoit rien à celui-ci du respect qu'avoient pour lui ses sujets ; les femmes
donnoient la noblesse parmi eux comme je
l'ai observé ; ils se contentoient d'être sûrs de
la mere d'un homme ; il leur importoit peu
de douter de ce que pouvoit être son pere.

jusqu'au fond du cœur, du discours qu'il venoit d'entendre ; il s'attendrit, versa des larmes & écouta ces remontrances avec la tranquillité ordinaire aux Américains & le respect dû à une mere Princesse ; il lui répondit ensuite en ces termes: « tes reproches sont
» des fléches qui me percent le cœur,
» & je ne crois pas t'avoir jamais re-
» butée ni méprisée; mais as-tu quel-
» quefois entendu dire que l'on devoit
» révéler ce que les vieillards du Con-
» seil ont arrêté ; le secret n'est-il pas
» un devoir pour tous les hommes,
» & moi qui suis Souverain, ne dois-
» je pas montrer l'exemple ? on s'est
» caché de la grande Soleille comme
» de toi. Quoi que l'on sache que je
» suis fils d'un François, on ne s'est
» pas défié de moi, on s'est bien dou-
» té que ton grand esprit pénétre-
» roit le secret du Conseil ; mais dès
» qu'on le cachoit à la grande Soleille
» mon épouse, convenoit-il de t'en
» instruire. Puisque tu as tout deviné,
» que veux tu que je t'apprenne? tu en
» sçais autant que moi, ferme ta
» bouche.

» Je n'étois pas en peine, lui dit-

» elle, de sçavoir contre qui vous
» prenez tant de précautions ; mais
» comme c'est contre les François,
» je crains que vous n'ayez pas
» bien pris vos mesures pour les sur-
» prendre ; car je sçai qu'ils ont beau-
» coup d'esprit, quoique le Comman-
» dant d'ici ait perdu le sien, ils sont
» braves, ils ont assez de marchan-
» dises pour faire agir contre nous les
» guerriers des autres Nations. Si
» vous n'en vouliez qu'à des hommes
» rouges, je dormirois plus tranquille-
» ment ; je ne suis plus jeune ; (1) la
» vie d'une femme âgée est peu de
» chose ; mais la tienne m'est chere. Si
» vos vieillards ont crû qu'il étoit aussi
» facile de surprendre les François que
» les hommes rouges, ils se sont trompés
» grossiérement ; les François ont des
» ressources que nous n'avons pas ; tu
» sçais qu'ils ont l'étoffe parlante, (c'est
» à-dire du papier.)

Son fils lui répondit qu'elle n'avoit
rien à craindre du côté des mesures

---

(1) Il y avoit déja quelque tems que son
amant étoit mort.

que l'on avoit prifes. Après lui avoir dit tout ce que je viens de rapporter, il lui apprit que les Buchettes étoient dans le Temple fur le *bois plat* (ou la table.)

Lorfque cette Princeffe fut fuffifamment inftruite, elle feignit d'approuver ce que l'on avoit fait, & laiffant déformais fon fils tranquille, elle ne s'occupa plus que des moyens qu'elle pourroit trouver, pour faire échouer ce barbare deffein; le tems preffoit, & le jour marqué pour le maffacre étoit déja très proche.

Cette femme ne pouvant fe réfoudre à voir périr tous les François dans un jour, par la conjuration des Natchez, fongea à les avertir de fe tenir fur leurs gardes; elle imagina de fe fervir pour cela de quelques filles qui avoient des François pour amans, elle leur recommanda expreffément de ne jamais dire que c'étoit par fon ordre qu'elles agiffoient.

Le fieur Macé, Enfeigne de la Garnifon du fort des Natchez, reçut, par ce moyen, quelques avis d'une jeune fille fauvage dont il étoit aimé; elle lui dit, en pleurant, que fa Nation

tion devoit faire main-baffe fur tous les François. M. Macé étonné de ce difcours, queftionna fa maîtreffe; fes réponfes fimples & naïves, fa terreur tendre ne lui permirent pas de douter de la vérité du complot; il alla, fur le champ, en faire part à M. de Chepar, qui lui ordonna les arrêts pour lui avoir voulu donner une fauffe allarme; fept Habitans inftruits par la même voye, étant venus lui demander la permiffion de prendre les armes pour éviter toutes furprifes, furent mis aux fers; le Commandant les traitoit de lâches, & s'indignoit de ce qu'on cherchoit à lui infpirer de la méfiance contre une nation qui lui témoignoit tant d'attachement; l'exactitude avec laquelle on payoit le tribut, entretenoit fa fécurité; il ne foupçonnoit pas la politique des Sauvages; le mépris qu'il avoit pour eux l'aveugloit; il n'imaginoit pas que des hommes de cette efpece fuffent capables de tant d'adreffe.

La Soleille *Bras piqué*, vit avec douleur que fes foins, pour la confervation des François, étoient inutiles: elle s'anima à la réfolution de les servir malgré eux ; elle ne pouvoit les conserver tous ; elle chercha dumoins les moyens de diminuer le nombre des victimes ; elle se rendit en secret dans le Temple ;* elle tira adroitement & à l'insçu des Prêtres, quelques buchettes du fatal faisceau ; son dessein étoit d'avancer le tems fixé pour l'exécution de la conspiration ; elle sentit que le massacre qui se feroit chez les Natchez, seroit bientôt répandu au loin ; les François établis parmi les autres Nations en seroient instruits & se tiendroient sur leurs gardes ; c'étoit le seul parti qui lui restoit à prendre, il réussit ; les Natchez se virent à leur derniere buchette, sans s'appercevoir qu'ils avoient été trompés ; ils commencerent hardiment le carnage qu'ils avoient projetté, persuadés que leurs confédérés alloient agir en mêmetems.

Le 28 Décembre 1729, à 8 heures du matin, les Sauvages étoient

---

(1) Les femmes Soleilles avoient seules le droit d'y entrer.

répandus parmi les François ; certains coups de fusil qui devoient servir de signal, furent tirés à la porte du logis de M. de Chepar ; aussi-tôt ils firent main-basse par-tout en même-tems.

MM. de Kolly principaux Commis de la Compagnie des Indes, furent tués les premiers. La maison de M. de la Loire des Ursins fit seule quelque résistance ; ses domestiques tuerent huit Natchez avant de succomber. M. Des Ursins, qui venoit de sortir à cheval, voulut retourner sur ses pas au premier coup de fusil ; une troupe de Sauvages l'arrêta. Il se défendit avec courage, en tua quatre, & tomba mort, percé de coups. C'est à-peu-près tout ce que leur coûta cette surprise ; ils égorgerent près de deux mille hommes ; il n'en échappa que vingt, & cinq à six Negres, encore la plupart étoient-ils blessés. 150 enfans, 90 femmes & autant de Négres furent faits esclaves, dans l'espérance de les vendre aux Anglois de la Caroline.

Pendant ce massacre le Soleil ou grand Chef, étoit tranquillement assis sous un hangard de la Compagnie des Indes, on lui apporta d'abord la tête du Commandant, puis celle des principaux François, qu'il fit ranger autour de la premiere. Toutes les autres furent mises en pille; les corps resterent sans sépulture & furent la proie des vautours; ils ouvrirent le ventre aux femmes enceintes, & égorgerent presque toutes celles qui avoient des enfans à la mammelle, parce qu'ils les importunoient par leurs cris & par leurs pleurs. Ils firent esclaves toutes les autres, & les traiterent avec la derniere indignité.

Quelques personnes prétendent que M. de Chepar eut la douleur de périr le dernier, & d'être le spectateur de cet horrible carnage; il reconnut alors, mais trop tard, la sagesse des avis qu'on lui avoit donnés. Les Sauvages lui dirent qu'un *chien* comme lui étoit indigne de mourir de la main des guerriers. Il fut livré aux *Puants* (1) qui le firent expirer à coups de flèches; après quoi on lui coupa la tête.

---

(1) Le bas-peuple se nomme dans la langue des Natchez, *Miche-Michequipi*, qui veut dire *Puant*.

Telle fut la fin d'un homme qui n'écoutoit que ses conseils, sa cruauté, son avarice & son ambition. Comme aucun François n'a rechappé du massacre des Natchez, on ne peut guéres savoir au juste le genre de mort qu'on fit subir à cet Officier; il suffit de savoir qu'il avoit à faire à des Peuples naturellement barbares, & qu'il les avoit irrités. Une bonne administration les auroit attachés aux François, qui en tiroient de très-grands avantages; c'est ainsi que, quelquefois, les fautes d'un seul homme entraînent la perte d'une Colonie entiere; on ne sauroit trop apporter de précautions dans le choix qu'on fait de ceux qu'on envoye commander dans ces contrées. Les Sauvages, malgré les idées qu'on se forme d'eux, ne sont pas toujours aisés à conduire; il faut de la politique & de la sagesse pour se concilier leur bienveillance; on ne les outrage pas impunément; cette histoire en est la preuve; rien peut-être n'étoit mieux conduit que la conspiration des Natchez. Et sans un coup de la Providence, combien n'eut-elle pas été funeste! On devoit sans doute beaucoup de reconnoissance à la Soleille *Bras-piqué*; on ne sait trop comment on la lui a témoignée.

Les nations qui étoient du complot des Natchez, ne sachant pas le stratagême qui fit avancer le coup, se crurent trahies; la Nation Chacta s'imagina que les Natchez n'avoient pas voulu leur faire part du butin des François, & pour montrer à ces derniers, qu'ils n'avoient point de part à la conjuration, ils se joignirent à eux pour aller châtier les Natchez. Ceux-ci rendirent d'abord les femmes Françoises & les Negres qu'ils avoient fait esclaves; quelque tems après ils furent attaqués dans leurs retranchemens, mais à la faveur d'un orage ils se sauverent & quitterent le pays. On en prit environ mille que l'on amena à la Nouvelle Orléans, & qui furent ensuite vendus à l'Isle de Saint Domingue. Du nombre de ces Prisonniers étoient le Grand Soleil, sa femme & sa mere, de qui on apprit le détail ci-dessus. Le Grand Soleil désavoua ce massacre; il dit que sa Nation avoit abusé de sa jeunesse pour faire ce coup, qu'il avoit toujours aimé les François, que c'étoit leur Chef qui les avoit contraints à ce désespoir par ses vexations envers une nation née libre. Les François se contenterent de son désaveu ; ils le traiterent avec assez de douceur, ainsi que sa femme & sa mere ; mais comme ils ne retournerent plus au milieu de leur nation, ils moururent bientôt de chagrin. Depuis ce tems ce pays est inhabité ; les Natchez poursuivis par les François, trop foibles pour leur résister, se sont réfugiés chez les Tchicachats, où ils ont trouvé un asyle.

Nous avons toujours un Fort ici, mais la Colonie n'en est guères brillante ; un moyen de la rétablir seroit d'y attirer d'autres Sauvages ; voilà, Monsieur, tout ce que je puis vous raconter de plus intéressant sur ce pays ; je vais en partir bientôt pour continuer mon voyage, & je finis cette lettre en vous renouvellant les assurances des sentimens que vous me connoissez. Je suis, &c.

Aux Natchez le 10 *Septembre* 1751.

LETTRE IV.

Au Même.

Arrivée de l'Auteur chez les Akanças. Mort funeste des gens de Ferdinand Soto. Réflexion sur la folie des hommes qui cherchoient une montagne d'or. Origine du fameux Dorado. Précis de l'Histoire tragique de la mort de Monsieur de la Salle.

MONSIEUR,

APRÈS avoir vogué environ 120 lieues, au nord des Natchez, sur le Mississipi, sans rencontrer aucune habitation sur la route, nous sommes arrivés chez une nation célèbre par l'attachement qu'elle a toujours eu pour les François, & connue anciennement par l'expédition de Ferdinand Soto. J'ai parlé à un vieux Sauvage, qui est Chef de cette contrée: il m'a dit avoir vu M. de la Salle ici en 1682, lorsqu'il fit la découverte du grand Fleuve S. Louis, connu sous le nom de Mississipi, & nommé par les Sauvages *Méschassepi*, qui signifie *toutes les rivieres* ou *le grand Fleuve*.

M. de la Salle passa chez cette Nation, en descendant le fleuve; il fit amitié avec ces Peuples & prit possession de leur pays au nom de Louis-le-Grand de glorieuse mémoire; après y avoir planté la croix & les armes de France, il suivit le cours du Mississipi qui se jette dans le fameux Golfe du Mexique. Il prit hauteur à son embouchure qu'il trouva par les 29 degrés de L. N. il le remonta ensuite jusqu'à la riviere des Illinois, d'où il se rendit en Canada, & delà repassa en France.

A son arrivée à la Cour, il fit part de sa découverte à Mrs. de Colbert & de Ségnelai, ils lui firent accorder une commission du Roi, qui portoit que tous les Pays qu'il découvriroit, depuis la nouvelle Biscaye jusqu'aux Illinois & les Peuples tant François que Sauvages qui s'y trouveroient, seroient sous ses ordres.

C'est chez ce même Peuple appellé

Akanças, qu'arriva M. Joutel, lorsqu'après la mort de M. de la Salle, il se mit en route avec ces guides pour trouver le Mississipi. Cet Officier est le seul qui nous ait laissé une relation sur laquelle on puisse compter. Je crois devoir vous en rapporter un précis ; vous y verrez l'histoire de M. de la Salle, & quelle fut la fin de sa malheureuse expédition.

A l'égard du voyage de Ferdinand Soto, je ne vous en dirai qu'un mot ; l'histoire générale des Indes occidentales nous apprend que ce grand Capitaine fier & riche de la conquête du Pérou, après avoir trempé ses mains sacrilèges dans le sang de l'infortunée famille Royale des Incas, voulut pénétrer dans ce Pays, avec ses plus vaillans soldats, pour subjuguer les Peuples des environs du Fleuve dont je vais vous faire la description ; mais il ne connoissoit nullement l'intérieur de ce vaste continent ; il comptoit peut-être y trouver des Peuples efféminés, comme dans l'Amérique méridionale ; il fut trompé dans son attente ; une partie de ses gens fut assommée à coups de maſſue par les Sauvages qui écorcherent les principaux Officiers de ſon armée, & enſuite expoſerent leurs peaux ſur la porte de leur Temple, ce qui épouventa tellement les Eſpagnols, qu'ils ſe rembarquerent auſſitôt pour l'Europe.

Ferdinand Soto, mourut de *vergogne*, dit l'Hiſtorien, du mauvais ſuccès de ſon entrepriſe l'an 1543. & depuis ce tems juſqu'en 1682, ce beau Pays n'a été habité par aucun Européen.

La deſtinée de M. de la Salle n'a pas été plus heureuſe que celle de Ferdinand Soto.

Il n'eſt point de vertu qui ne ſoit mêlée de quelque défaut; c'eſt le ſort ordinaire de l'humanité, & ce qui met le comble à notre humiliation, les plus grandes vertus ſont ſouvent accompagnées des plus grands vices. vous le remarquerez aiſément, Monſieur, par ce récit ſuccinct tiré du journal de M. Joutel.

Monſieur Robert Cavelier de la Salle partit de la Rochelle le 24 Juillet 1684 ſur une Eſcadre de quatre bâtimens commandés par M. de Beaujeu, Capitaine de vaisseau. On embarqua avec lui à Rochefort 285 personnes, 30 volontaires ( ) quelques Gentilshommes, & un certain nombre d'engagés, d'ouvriers & de filles; M. de la Salle fit le voyage sur le vaisseau de M. de Beaujeu, à qui il ne témoignoit aucune confiance. A tout ce que cet Officier lui proposoit, il ne répondoit qu'en disant d'un air d'hauteur, *ce n'est pas l'intention du Roi*; il ne prenoit assurément pas le moyen d'intéresser, dans son entreprise, un homme dont il avoit besoin pour la faire réussir; aussi n'y eut il personne qui ne commençât d'augurer mal d'une expédition dont les Chefs paroissoient avoir des vûes bien opposées; le tems ne l'a malheureusement que trop bien confirmé.

Le 28 Décembre 1684, l'Esca-

---

(1) Il y avoit parmi ceux-ci trois Ecclésiastiques de S. Sulpice, dont un étoit frere de M. de la Salle, Chedeville son parent & Majulle; en outre quatre Récolets pour établir des missions parmi les Sauvages : il y avoit aussi deux de ses neveux, Moranget, & Cavelier, âgé de 14 ans.

dre découvrit la terre du continent de la Floride, & fur ce qu'on avoit affuré M. de la Salle que dans le *Golfe* du Mexique, les courans portoient à l'Eſt, il ne douta point que l'embouchure de Miſſiſſipi ne fut bien loin à l'Oueſt : erreur qui fut la ſource de toutes ſes diſgraces. Il fit donc tourner à l'Oueſt; mais il avançoit peu, parce que de tems en tems il approchoit de terre, & la cotoyoit à la vue, pour examiner s'il ne découvriroit pas ce qu'il cherchoit.

Le 2 Janvier 1685, l'eſcadre ſe trouva, ainſi qu'on le conjecture, aſſez proche de l'embouchure du Miſſiſſipi, & le 10 Janvier elle paſſa devant ſans s'en appercevoir. M. de la Salle perſuadé qu'elle étoit par le travers des Appalaches, continua ſa route ſans envoyer ſa chaloupe à terre.

On prétend même qu'on lui montra cette embouchure, & qu'il ne voulut pas ſe donner la peine de s'en aſſurer, parce qu'il s'étoit mis dans la tête qu'elle ne pouvoit pas être à l'endroit qu'on lui marquoit. Il avoit un entêtement que rien ne pouvoit vaincre, ni juſtifier.

Il ignoroit sans doute ou ne faisoit pas réflexion que les premiers hommes du monde ont souvent été, en partie, redevables de leur plus grand succès, à des hommes qui leur étoient inférieurs en mérite; & que les plus sages sont ceux qui profitent des lumieres & des avis de ceux qui en ont moins qu'eux.

Quelque tems après, sur quelques idées que lui donnerent les Sauvages, il voulut retourner sur ses pas, mais M. de Beaujeu refusa d'avoir pour lui cette complaisance. On poursuivit donc la même route à l'Ouest, & l'escadre, en peu de jours, se trouva à la Baie S. Bernard, mais sans la connoître. Cette Baie est à 100 lieues à l'Ouest de l'embouchure du Mississipi; on y mouilla : les chaloupes furent envoyées à la découverte, pour tâcher de découvrir où l'on étoit. Elles apperçurent une très-belle Riviere, à l'entrée de laquelle il y a une barre qui n'a pas plus de 10 à 12 pieds d'eau. Cette découverte se fit après bien des allées & des venues, & plusieurs conseils où l'on ne conclut rien, parce qu'il suffisoit qu'un des deux

Chefs ouvrit un avis pour que l'autre s'y oposât.

M. de la Salle, qui ne se croyoit pas loin du Mississipi, & que la présence de M. de Beaujeu génoit plus qu'elle ne lui servoit, résolut de débarquer tout son monde en ce lieu-là. Cette résolution prise le 20 Février, il envoya ordre au Commandant de la Flute, de la décharger de ce qu'elle avoit de plus pésant, & de la faire entrer dans la Riviere. Il voulut être présent à cette opération; mais le Marquis de la Sablonniere & cinq ou six François ayant été enlevés par les Sauvages, tandis qu'ils se promenoient dans le bois, il y courut pour les dégager. Il n'étoit pas encore bien loin du rivage, lorsqu'ayant jetté les yeux du côté de la Mer, il aperçut la Flute qui manœuvroit de maniere à se briser contre des batures (1): & son mauvais sort, dit *Joutel* dans sa Rélation, l'empêcha de retourner sur ses pas pour éviter ce malheur. Il

---

(1) Ce sont des bancs de sable ou des chaînes de rochers qui s'étendent sous l'eau.

continua sa route vers le village où ses gens avoient été conduits; en y arrivant il entendit un coup de canon. Il se douta que c'étoit pour l'avertir que sa Flute étoit échouée, & sa conjecture se trouva juste.

Il passa pour constant, parmi ceux qui furent témoins de cet accident, qu'il avoit été *l'effet d'un dessein prémédité du S. Aigron*, qui commandoit ce Bâtiment. Cette perte eut des suites fâcheuses, d'autant plus qu'il contenoit les munitions, les ustenciles, les outils, & généralement tout ce qui est nécessaire à un nouvel établissement. M. de la Salle se hâta de se rendre à l'endroit où le vaisseau étoit échoué, & trouva tout le monde dans l'inaction. Il pria M. de Beaujeu de lui prêter sa chaloupe & son canot; il les obtint sans peine.

Il commença par sauver l'équipage. Il songea ensuite aux poudres & aux farines, ensuite aux vins & à l'eau-de-vie; on emporta à terre environ 30 bariques. Si la Chaloupe de la Flute eut pû aider celle du vaisseau le Joli, presque tout auroit été sauvé; mais on l'avoit fait périr exprès, & la nuit étant survenue, il fallut attendre au lendemain pour achever le déchargement. Au bout de quelques heures, le vent qui venoit du large s'étant renforcé, & ayant grossi les vagues, la Flute heurta contre des Rochers qui la creverent; quantité de marchandises sortirent par l'ouverture qui s'y étoit faite, & furent portées çà & là au gré des flots. On ne s'en apperçut qu'au point du jour; on en sauva encore 30 bariques de vin & d'eau de vie, avec quelques barils de farine, de viande & de légumes; tout le reste fut perdu.

Pour comble de disgrace, on commença à se trouver environné de Sauvages; quelques précautions qu'on prit pour les empêcher de profiter de l'embarras où l'on étoit, ils enleverent plusieurs choses qu'on avoit sauvées du naufrage. On ne s'en apperçut même que quand ils se furent retirés avec leur butin. Ils avoient laissé sur le rivage plusieurs canots; on s'en saisit, foibles représailles qui coûterent bien plus qu'elles ne valoient. Les Sauvages revinrent pendant la nuit pour reprendre leurs canots; ils surprirent ceux qui les avoient enlevés ; & les ayant trouvés endormis, ils tuerent deux volontaires que M. de la Salle regretta beaucoup, & blesserent son neveu & un autre.

Tant de malheurs arrivés coup sur coup, rebuterent plusieurs de ceux qui étoient de cette expédition, & entr'autres Messieurs Dainmaville & Mignet, Ingénieurs, qui voulurent retourner en France, à quoi ne contribuerent pas peu les discours des ennemis de M. de la Salle, qui ne cessoient de décrier sa conduite, & de taxer son projet d'entreprise folle & téméraire. Pour lui, jamais il ne montra plus de résolution & de fermeté ; il fit construire un magasin qu'il environna de bons retranchemens, & s'étant mis dans l'esprit que la Riviere où il étoit entré pouvoit bien être un des bras du Mississipi, il se disposa à la remonter.

Sur le champ on commença à travailler à un Fort. Dès que l'ouvrage fut un peu avancé, M. de la Salle chargea Joutel de l'achever, lui en confia le commandement, & lui laissa environ cent hommes : il prit avec lui le reste de sa troupe, qui montoit tout au plus à 60 personnes, & s'embarqua sur la Riviere, résolû de la remonter le plus loin qu'il lui seroit possible. Joutel resta peu de tems après lui au Fort qu'on avoit commencé; les Sauvages venoient toutes les nuits roder dans les environs; les François embarrassés ne se défendoient contre eux, qu'avec des pertes qui les affoiblissoient. Le 14 Juillet Joutel reçut un ordre de M. de la Salle de venir le joindre avec tout son monde.

Plusieurs bons sujets avoient été tués ou pris par les Sauvages, d'autres étoient morts de misere & de fatigue, & le nombre des malades augmentoit chaque jour : en un mot rien n'étoit plus triste que la situation où se trouvoit M. de la Salle. Il étoit rongé de chagrin, mais il le dissimuloit assez bien; ce qui dégénéroit en une dureté opiniâtre. Dès qu'il vit tout son monde rassemblé, il commença tout de bon à s'établir & à se fortifier. Il se fit lui-même l'architecte de son Fort, & comme il mettoit toujours la main à l'œuvre le premier, chacun travailla de son mieux à son exemple.

Il ne falloit plus qu'encourager cette bonne volonté, mais M. de la Salle n'étoit pas maître de son humeur. Dans le tems même que ses gens s'épuisoient de fatigue, & n'avoient qu'à peine ce qui leur étoit nécessaire pour vivre, il ne put gagner sur lui de se relâcher un peu de sa sévérité, ni d'une humeur inflexible, qui n'est jamais de saison, sur-tout dans un nouvel établissement. Il ne suffit pas d'avoir du courage, de la santé, de la vigilance, pour faire réussir ses entreprises, il faut encore bien d'autres talens. La modération, la patience & le désintéressement sont nécessaires. Il est à propos de dissimuler, & de fermer les yeux quelquefois pour ne pas irriter le mal. La voye de la douceur est la plus sûre pour celui qui conduit la troupe.

M. de la Salle punissoit les moindres fautes avec une cruauté inouie, rarement il sortoit de sa bouche une parole de douceur & de consolation pour ceux qui souffroient avec le plus de constance.

Aussi eut-il le chagrin de voir presque tous ses gens tomber dans une langueur, qui étoit bien plus l'effet de leur désespoir, que celui de l'excès du travail & du défaut de bonne nourriture.

Après qu'il eût donné ses derniers ordres à son Fort, il résolut d'avancer dans le Pays, & se mit en marche le 12 de Janvier 1687 avec M. Cavelier son frere, Moranget & le jeune Cavelier ses neveux, le Pere Anastase. Récolet, Joutel, Duhaut, Larchevêque, de Marle, un Allemand nommé Hiens, un Chirurgien nommé Liétot, le Pilote Tessier, Saget & un Sauvage, bon chasseur. Je fais mention de tous ceux-ci, parce qu'il en sera parlé dans la suite.

A mesure qu'on avançoit dans le Pays, on le trouvoit peuplé, & lorsqu'on ne fut plus éloigné que de 40 lieues des *Cénis*, on apprit qu'il y avoit un François parmi ces Sauvages. C'étoit un matelot Breton; il s'étoit perdu lorsque M. de la Salle étoit descendu pour la premiere fois sur le Missisipi; depuis 1682 ce malheureux habitoit parmi les *Cénis* qui l'avoient adopté ; il n'espéroit plus de revoir l'Europe, il n'y avoit gueres qu'un hazard qui pût lui procurer les moyens d'y retourner ; ce fut Joutel qui l'alla chercher parmi les Indiens. Il ne les quitta que pour être témoin d'un crime.

Le 17 Mai, Moranget étant à la chasse, & ayant, dit-on, maltraité de paroles Duhaut, Hiens & le Chirurgien Liétot, ces trois hommes résolurent de s'en défaire au plutôt & de commencer par le laquais de M. de la Salle & son chasseur sauvage appellé *Nika* qui accompagnoit Moranget, & qui auroit pû le défendre. Ils communiquerent leur dessein à Larchevêque & au Pilote Tessier, qui l'approuverent & voulurent avoir part à l'exécution. Ils n'en parlerent point au sieur de Marne, qui étoit avec eux, & qu'ils auroient bien voulu pouvoir éloigner. La nuit suivante, tandis que les trois malheureuses victimes qu'ils vouloient sacrifier à leur vengeance, dormoient tranquillement, Liétot leur donna à chacun plusieurs coups de hâches sur la tête. Le Sauvage & le laquais expirerent fur le champ. Moranget fe leva fur fon féant, mais fans proférer une feule parole ; & les affaffins contraignirent le fieur de Marle de l'achever, en le menaçant, s'il refufoit, de lui faire le même traitement qu'aux autres; c'eft en le rendant complice de leur crime, qu'ils vouloient s'affurer qu'il ne les accuferoit pas.

Un premier forfait eft toujours fuivi d'inquiétudes; les plus grands fcélérats viennent difficilement à bout de les calmer ; les meurtriers comprirent qu'il ne leur feroit pas aifé de fe fouftraire à la jufte vengeance de M. de la Salle, s'ils ne le prévenoient, & ils s'y réfolurent, après avoir délibéré enfemble fur les moyens d'y parvenir ; ils crurent que le plus fûr étoit d'aller au devant de lui, de faire main-baffe fur tous ceux qui l'accompagnoient, & de fe frayer ainfi un chemin au parricide qu'ils méditoient.

Une réfolution fi étrange ne pouvoit être infpirée que par ce défefpoir aveugle qui précipite les criminels dans l'abyme qu'ils fe font creufé: un incident qu'ils n'efpéroient pas les favorisa, & leur livra la proye qu'ils cherchoient. Une riviere qui les séparoit du camp, & qui s'étoit considérablement grossie depuis qu'ils l'avoient passée, les retint deux jours; ce retardement qui d'abord leur parut un obstacle à leur projet, leur en facilita l'exécution. M. de la Salle surpris de ne pas voir revenir son neveu, ni les deux hommes qui l'accompagnoient, voulut les aller chercher lui-même. On remarqua, au moment qu'il se mit en chemin, qu'il se troubla, & qu'il s'informa avec une sorte d'inquiétude qui ne lui étoit pas ordinaire, si Moranget n'avoit pas eu querelle avec quelqu'un.

Il appella ensuite Joutel, lui confia la garde de son camp, lui recommanda d'y faire de tems en tems la ronde, de ne permettre à personne de s'écarter & d'allumer des feux, afin que la fumée servît à le remettre dans sa route, s'il venoit à s'égarer au retour. Il partit le 20 avec le Pere Anastase & un Sauvage. Comme il approchoit du lieu où les assassins s'étoient arrêtés, il apperçut des aigles qui voltigeoient assez près de-là, de-là, ce qui lui fit juger qu'il y avoit quelques charognes en cet endroit ; il tira un coup de fusil, & les Conjurés, qui ne l'avoient point encore apperçu, se doutant que c'étoit lui qui approchoit, préparerent leurs armes. La riviere étoit entr'eux & lui. Duhaut & Larchevêque la passerent ; & ayant vû M. de la Salle qui venoit à petit pas, ils s'arrêterent. Duhaut se cacha dans de grandes herbes, ayant son fusil bandé, Larchevêque s'avança un peu plus ; un moment après M. de la Salle l'ayant reconnu, lui demanda où étoit son neveu, il lui répondit qu'il étoit à la dérive. Dans le moment Duhaut tira son coup ; Monsieur de la Salle le reçut dans la tête & tomba mort.

» O vous, de cette terre antiques habitans,
» Citoyens des forêts, dans les antres errans,
» Dont l'Europe orgueilleuse au sein de la molesse,
» Contemple avec dedain la sauvage rudesse,
» Parlez : l'astre du jour qui luit dans vos forêts,
» A-t-il vu parmi vous de semblables forfaits.
   Poëme de Jumonville, par M. Thomas.

Ce fut le 20 Mai 1687, que cet

assassinat fut exécuté chez la Nation des Cenis. Le Pere Anastase ayant vu tomber M. de la Salle à ses pieds, s'attendoit que les meurtriers ne l'épargneroient pas, quand ce ne seroit que pour se délivrer d'un témoin de leur crime. Duhaut, s'étant approché de lui pour le rassurer, lui dit que l'action qu'ils venoient de faire étoit un coup de désespoir, & qu'il y avoit long-tems qu'ils songeoient à se venger de Moranget, qui avoit voulu les perdre. Ce fut le Pere Anastase qui apprit à M. Cavelier la mort de son frere. Celui-ci dit aux Conjurés que si leur dessein étoit aussi de se défaire de lui, il leur pardonnoit sa mort d'avance, & qu'il ne leur demandoit, pour toute grace, qu'un quart d'heure pour se disposer à mourir. Ils lui répondirent qu'il n'avoit rien à craindre, que personne ne se plaignoit de lui.

Joutel n'étoit pas au camp alors ; Larchevêque, qui étoit son ami, courut l'avertir que sa mort étoit résolue, pour peu qu'il témoignât de ressentiment de ce qui étoit arrivé, ou qu'il prétendît se prévaloir de l'autorité que M. de la Salle lui avoit donnée ; mais que s'il demeuroit tranquille, il n'avoit rien à craindre. Joutel, qui étoit d'un naturel fort doux, répondit qu'on seroit content de sa conduite, qu'il croyoit qu'on avoit dû l'être de la maniere dont il s'étoit comporté ; il retourna ensuite au camp.

Dès que Duhaut eut apperçu Joutel, il cria qu'il falloit que chacun commandât à son tour. Il s'étoit déja emparé de toute l'autorité ; & le premier usage qu'il en fit, fut de se rendre maître du magasin. Il le partagea ensuite avec Larchevêque, en disant que tout lui appartenoit. Il y avoit pour 30000 liv. de marchandises, & environ 25000 liv. tant en espèces qu'en vaisselle.

Les assassins avoient pour eux la force & la hardiesse ; ils s'étoient montrés capables des plus grands crimes ; aussi ne trouvèrent-ils d'abord aucune résistance. Bien-tôt la division se mit entre eux ; ils eurent des difficultés pour le partage de la caisse ; ils en vinrent aux mains, & Hiens déchargea son pistolet dans la cervelle de

Duhaut, qui alla tomber à quatre pas de l'endroit où il étoit. En même-tems Rutel, ce Matelot Breton que Joutel avoit ramené de chez les Cenis, tira un coup de fusil sur Liétot. Ce misérable, quoiqu'il eut trois balles dans le corps, vécut encore quelques heures ; ainsi les deux meurtriers, l'un de M. de la Salle, l'autre de Moranget son neveu, furent eux-mêmes les victimes de l'esprit de fureur qu'ils avoient inspiré dans cette malheureuse Colonie.

Les Sauvages ne savoient que penser de ces meurtres, & en étoient fort scandalisés. Ils avoient raison, & ils pouvoient plus justement traiter ces François de barbares, que nous n'avions droit de les regarder comme tels. Quoiqu'il en soit, telle fut à peu près la fin tragique de Robert Cavelier, sieur de la Salle, homme d'une capacité, d'une étendue d'esprit, d'un courage, & d'une fermeté d'ame qui auroient pu le conduire à quelque chose de grand, si, avec de bonnes qualités, il avoit sçu se rendre maître de son humeur sombre & attrabilaire, adoucir la sévérité, ou plutôt la dureté de son naturel, & réprimer la hauteur avec laquelle il traitoit, non-seulement ceux qui dépendoient entiérement de lui, mais ses associés mêmes ; ce qu'il y a de plus triste pour la mémoire de cet homme célèbre, c'est qu'il n'a été plaint de personne, & que le mauvais succès de son entreprise lui a donné un air d'avanturier parmi ceux qui ne jugent que sur les apparences. Par malheur c'est ordinairement le plus grand nombre, & en quelque sorte la voix du Public. On lui a encore reproché avec justice de n'avoir jamais pris conseil de personne, & d'avoir ruiné ses propres affaires par son opiniâtreté (1).

---

(1) Pour diminuer l'horreur de l'attentat de Duhaut, on n'a pas manqué de dire que M. de la Salle avoit tué de sa main le jeune Duhaut, & qu'il avoit fait le même traitement à plusieurs autres ; que c'est le désespoir & la vengeance qui animerent les Conjurés, qui craignoient de périr eux-mêmes par son injustice & sa dureté. On doit être d'autant plus en garde contre ces discours calomnieux, qu'il n'est que trop ordinaire d'exagerer les défauts des malheureux, & de leur en imputer plusieurs qu'ils n'ont pas.

C'est ainsi que finit cette malheureuse entreprise ; bien des choses contribuerent à la faire échouer ; elle auroit au moins eu une partie du succès qu'on espéroit, si on n'avoit eu en vue qu'un établissement à l'embouchure du Mississipi, comme bien des gens se l'étoient persuadé. Il est certain que lorsque M. de la Salle fut abandonné par M. de Beaujeu à la Baye S. Bernard, il ne tarda pas à reconnoître qu'il étoit à l'Ouest du Fleuve qu'il cherchoit : s'il n'avoit eu que le dessein de le trouver, il auroit pu, dès le premier voyage qu'il fit aux Cénis, obtenir de ces Sauvages des guides, puisqu'ils en donnerent dans la suite à Joutel (1), mais il avoit envie de s'approcher des Espagnols,

---

(1) Le sieur Joutel trouva le Fleuve Mississipi par le moyen des Sauvages qui le guiderent chez les Akanças, & de là en Canada, où il arriva accompagné d'un Prêtre, d'un Récolet, d'un Soldat, d'un Matelot, d'un Habitant, & d'un Sauvage, ce qui composoit une caravane assez bigarrée. Voilà tout ce qui est revenu de cette expédition. Le reste de cette malheureuse Colonie périt, soit par les Sauvages, soit par les Espagnols qui les firent prisonniers, & les envoyerent aux mines pour y travailler.

pour prendre connoissance des mines de Sainte Barbe, & de chercher aussi un *Dorado*. Pour vouloir trop faire, non-seulement il ne fit rien du tout, mais il fit périr tout son monde, il se perdit lui-même, & ne fut plaint de personne.

Avant de finir cette Lettre, qu'il me soit permis de faire quelques réflexions sur la folie des humains.

L'avidité des Capitaines Espagnols devoit être bien grande, puisqu'elle les excitoit à chercher une montagne d'or, ou un *Dorado* imaginaire, pendant que le pays qu'ils habitoient regorgeoit de toutes parts de ce métal. Cela prouve que tous les trésors du monde sont incapables de satisfaire l'homme, lorsque la cupidité s'est une fois emparée de son cœur.

Les Espagnols n'étoient pas contents des richesses du Pérou; il leur falloit encore découvrir un *Dorado*, c'est-à-dire, une contrée dont les rochers & les pierres fussent d'or. Les Indiens, pour flatter la cupidité de ces ennemis, & les éloigner en même-tems de leur pays, ne cessoient de leur vanter l'or, l'argent, les diamans, &

les perles dont ce pays abondoit. L'envie qu'ils avoient de se débarrasser de ces hôtes incommodes, ne leur fit rien épargner pour les persuader de l'existence de cette contrée prétendue. Les Espagnols ajoûterent foi à ces rapports qui les intéressoient ; & l'on prétend que c'est là l'origine de ce fameux *Dorado* qui a fait tant de bruit dans le monde.

Le bruit courut alors qu'au sortir d'une longue chaîne de montagnes couvertes de neige, on entroit dans une vaste plaine, extrêmement peuplée, où étoit le *Dorado* qu'on souhaitoit découvrir.

Aussitôt Quesada partit avec 250 braves soldats pour l'aller chercher. Le jour de S. Jacques, ils apperçurent du haut d'une montagne, de vastes plaines qui ressemblent de loin à une mer, & lorsqu'ils furent descendus au pied, ils y bâtirent une ville qu'ils appellerent *San-Yago*, en mémoire du jour qu'ils avoient découvert cette plaine, ils lui donnerent encore le surnom de *Cas Atalajas* (1). pour mar-

---

(1) *Atalajas* signifie en Espagnol *épier* ou *découvrir.*

quer le dessein de leur voyage, qui étoit de trouver le *Dorado*. Cette ville subsiste encore aujourd'hui dans l'endroit qu'on la voit sur la Carte, comme un monument qui semble exciter la postérité à aller à la découverte de ce trésor inconnu. Quesada traversa les bois de l'Ayrico avec des peines inouies, & vint à Timana en 1543, après avoir perdu presque tout son monde.

Orellana entreprit cette année le même voyage; il partit du Pérou, descendit le Maragnon, ou la riviere des Amazones, se rendit sur la côte, & ne négligea rien pour arriver à la montagne d'or; mais tous ses travaux furent inutiles, & il ne remporta d'autre honneur de son entreprise, que celui d'avoir fait un des plus horribles voyages dont on ait jamais ouï parler. Dans ce même-tems, Philippe de Ure craignant que Quesada profitat seul de cette découverte, partit de Coro, dans la province de Vénuezuela, avec Aquito, le Lieutenant Velalcazar & 120 hommes; mais un Cacique lui ayant dit que la plupart des gens de Quesada avoient péri dans cette entreprise, il prit sa route vers le Sud, le long de la riviere de Guabari, & aborda, ainsi que l'assure le Pere Simon & Piedrahata, à la premiere peuplade des Omagnas, en très-mauvais état. Mais pour l'or que ne fait-on pas. *Auri sacra fames quid non pectora cogis !*

» Interrogeons les premiers Capi-
» taines de notre Nation, dit un Au-
» teur Espagnol, & faisons la même
» question à Keymise Anglois, & aux
» autres Capitaines de son pays (1) :
» Mes amis, pourquoi entreprenez-
» vous ce voyage ? A quoi bon vous
» risquer tant de fois sur la mer ? Pour-
» quoi sacrifier vos vaisseaux, & vous
» exposer à tant de traverses ? Adres-
» sons-nous à Quito, aux deux Pi-
» zares, à Santa Fé de Bagota, & aux
» Quesada, sur le Maragnon, à Orel-
» lana, à Méta, à Barrio, & à plu-
» sieurs autres Capitaines célébres.
» Pourquoi vous donnez-vous tant de
» peines ? A quoi bon ces levées de

___

(1) Il n'y a pas encore cent ans que Keymise entreprit de découvrir le pays de l'or.

» troupes, ces voyages dans des pays
» si difficiles ? Nous cherchons, ré-
» pondirent-ils, le fameux & riche
» *Dorado*, ne soyez donc point sur-
» pris de notre résolution. N'est-il pas
» naturel qu'on prenne de la peine
» pour acquerir les plus grandes ri-
» chesses de l'univers ? Et quel be-
» soin avoit le Pérou de faire périr tant
» de monde pour le trouver ?

Il est aisé maintenant de juger quel cas on doit faire d'une entreprise dont le but étoit d'aller chercher au loin, avec tant de risques & de frais, des trésors que l'on possédoit chez soi en toute sureté.

Mais à quoi bon tant philosopher sur cette matiere, le séjour que je ferai ici me donnera l'occasion de vous adresser une nouvelle Lettre, où je vous marquerai ce que j'apprendrai de plus intéressant touchant la politique & la forme du gouvernement des Peuples de cette contrée. Je suis, Monsieur,

Aux Akanças le 29 Octobre 1751.

LETTRE V.

Au Même.

Description des mœurs de la Nation des Akanças, leur Religion, leur maniere de faire la guerre, la bonté & la fertilité de leur pays.

MONSIEUR,

La description que je vais vous faire de cette Nation sauvage, en fixant votre attention sur leur caractere particulier, vous donnera, comme je l'espere, une idée générale de celui de tous les Peuples de l'Amérique septentrionale. Il y a en effet peu de différence entr'eux pour les mœurs & la maniere de penser, sur-tout à l'égard d'un Etre suprême qu'ils appellent en leur langue *Coyocopchill*, qui signifie *le Grand Esprit* ou *le Maître de la vie*

Les Akanças habitent sur le bord

d'une riviere qui porte leur nom; elle prend sa source dans le nouveau Méxique, & se déchatge dans le fleuve du Mississipi. Ces Sauvages sont grands & bien faits, braves, bons nageurs, très-adroits à la chasse, à la pêche & fort dévoués aux François : ils en ont donné des marques en plusieurs occasions.

Je vous ai parlé dans ma précédente du vieillard de cette Nation qui me dit avoir vû M. de la Salle. Ce bon Sauvage ajouta qu'il conçut dès-lors une grande estime pour les François, que c'étoit la premiere Nation d'hommes blancs qu'il avoit vû, & qu'il avoit toujours recommandé depuis à sa Nation, dont il étoit chef, de ne jamais reconnoître d'autres Européens pour alliés que les François qui furent aussitôt adoptés à sa recommandation; en effet, on a vû que ces Peuples n'ont jamais voulu tremper dans la conjuration du massacre général des François établis aux Natchez. C'est une justice que je dois rendre à ces bons Sauvages qui sont toujours en guerre avec les Tchicachas, qui donnerent retraite aux Natchez.

Le Pays des Akanças est un des plus beaux du Monde; les terres y sont si fertiles, qu'elles produisent presque sans culture, du froment d'Europe, toutes sortes de légumes & de bons fruits inconnus en France; le gibier de toute espece y abonde, comme bœufs sauvages, cerfs, chevreuils, ours, tigres, léopards, renards, chats sauvages, lapins, poulets dinde, gelinotes, faisans, perdrix, cailles, tourterelles, pigeons-ramiers, cignes, oyes, outardes, canards de toute espece, cercelles, plongeons, poules d'eau, pluviers dorés, bécasses, bécassines, grives, étournaux, & autres volatiles qu'on ne voit pas dans notre Europe.

Lorsque j'arrivai chez les Akançãs, les jeunes guerriers m'accueillirent par la danse du calumet. Il est bon de vous observer, Monsieur, que la danse parmi ces Peuples entre dans toutes sortes d'affaires: il y a des danses de religion, de médecine, de réjouissance, de cérémonies, de guerre, de paix de mariage, de mort, de jeu, de chasse & d'impudicité; cette derniere est abolie depuis notre arrivée en Amérique.

La danse d'impudicité se faisoit clandestinement & la nuit, à la lueur d'un grand feu. Tous ceux qui entroient dans cette lubrique assemblée, devoient frapper au poteau, (1) c'est-à-dire, jurer de ne jamais révéler ce qu'ils avoient fait ou vû dans ce bal dissolu ; les danseurs des deux sexes y paroissoient tous nuds, dans des attitudes & des gestes de prostitution, accompagnés de chansons impudiques, que vous me dispenserez de vous traduire, quoique ce ne soit qu'une galanterie dans la langue des Sauvages.

---

(1) Lorsque les Sauvages jurent ou font quelques sermens, ils prennent un casse-tête avec lequel ils frappent sur un poteau, en rappellant les beaux coups qu'ils ont faits à guerre, & en promettant de tenir religieusement leur parole; un serment prononcé de cette maniere est irrévocable pour eux ; un Cacique jure de bien conduire sa Nation en devenant Chef, & frappe au poteau. Il ne peut être reçu à cette dignité sans faire ce serment.

Les Akanças ont parmi eux des hommes adroits, qui étonneroient peut être nos joueurs de gobelets: j'en ai vû un qui fit en ma préfence un tour qui vous paroîtra incroyable; c'étoit un jongleur, après avoir fait quelques fimagrées, il avala une côte de cerf de 17 pouces de longueur qu'il retint avec fes doigts, & qu'il retira enfuite de fon eftomach. Cet Akanças eft allé à la nouvelle Orléans montrer fon tour d'adreffe au Gouverneur & à tous les Officiers de la Garnifon; c'eft ce que les Sauvages appellent faire la médecine.

Voici, Monfieur, la maniere dont on déclare la guerre chez les Akanças. On fait un feftin dans la cabane du chef, on y fert du chien qui eft le principal mets des guerriers, parce que, difent-ils, le chien qui eft fi brave, qu'il fe fait mettre en pieces pour défendre fon maître, donne de la valeur. Auffi celui qui tue un chien aux ennemis eft d'abord reçu guerrier; mais il faut qu'il apporte la chevelure, c'eft-à dire, la peau de la tête du chien qu'il a tué, comme fi c'étoit la chevelure d'un ennemi.

sans quoi les autres ne le croiroient pas. Les Sauvages ont beaucoup de chiens tant pour la chasse, que pour les garantir des surprises de l'ennemi.

Après le festin dont je viens de parler, le principal Chef convoque une assemblée de gens de guerre & de guerriers.

L'assemblée se tient au milieu du Village dans une grande cabanne faite exprès, qu'ils appellent la cabanne du Conseil. Le Chef & les plus considérés se placent, chacun suivant son rang, sur des nattes ou des peaux de tygres; Lorsque tous sont assis, le Chef ou l'Orateur se place au milieu de l'assemblée & fait sa harangue à haute voix; il représente à sa Nation qu'il lui seroit honteux de ne pas venger l'affront qu'elle a reçu de tel Peuple, que s'ils n'en tiroient pas raison, on les regarderoit comme des femmes. (1) A l'instant toute l'assemblée applaudit en disant:

─────────

(1) Quand on appelle un Sauvage *femme* ou *vieille*, c'est une insulte qui veut dire homme sans cœur ou lâche.

heu! heu! Le Chef ensuite prend un faisceau de buchettes & le présente à l'assemblée; tous ceux qui veulent marcher en prennent chacun une; c'est de cette maniere que se font les enrollemens.

Le lendemain matin, les femmes vont criant par le Village: « jeunes » gens & guerriers qui avez reçu des » buchettes, partez, allez en guerre, » vengez la mort de nos parens, de » nos alliés & de nos amis; ne reve- » nez que lorsque vous serez teints » du sang de nos ennemis, & appor- » tez leurs chevelures. » (1) Alors tous ceux qui ont reçu des buchettes s'assemblent au quartier général.

Alors un jeune Sauvage prend le soin de peindre en rouge une massue qu'ils appellent *casse-tête*; cette mas-

---

(1) Les Sauvages ont coutume d'arracher la peau de la tête des ennemis qu'ils tuent à la guerre; ils en comptent le nombre par les chevelures qu'ils rapportent en trophée au bout d'une perche. Nous leur donnons ordinairement en marchandises, sur le compte du Roi, la valeur de dix écus par chaque chevelure de nos ennemis.

sue est portée sur les limites du Pays des ennemis, on y fait une entaille à un arbre où l'on dessine avec du vermillon deux flèches en sautoir; c'est, selon eux, le symbole de la guerre; le rouge signifie que la Nation ne respire que la vengeance, & ne sera satisfaite qu'après avoir répandu le sang de ses ennemis.

Avant que de partir, le Chef de la Nation convoque une nouvelle assemblée qui est ordinairement suivie d'un festin de guerre, il y invite ses alliés. Le Chef présente aux Confédérés des buchettes pour les engager à marcher comme troupes auxiliaires. A la fin du repas on chante, & on danse la guerre (1). Tous les jeunes gens sont peints en rouge; c'est quel-

_____

(1) La chanson de guerre est conçue en ces termes: « Je vais en guerre venger la » mort de mes freres, je tuerai, j'exterminer- « rai, je saccagerai, je brûlerai les ennemis, » j'amenerai des esclaves, je mangerai leur » cœur, je ferai boucaner leur chair, je boi- » rai leur sang, j'apporterai leur chevelure, » & leurs crânes pour faire des tasses » & autres choses semblables qui ne respirent que la vengeance, la cruauté, & le carnage.

que chose de curieux de voir la danse de la guerre. Celui qui danse la découverte ou la surprise, guette son ennemi en se tenant dans une posture raccourcie, & tout d'un coup fond sur lui, la massue à la main, faisant des cris horribles, se supposant dans l'action. Son camarade se laisse tomber, comme s'il eut été frappé de la foudre, en roidissant ses membres comme un épileptique; après quoi, l'autre représente en dansant la façon de lever la chevelure du mort; cette opération se fait avec un coûteau qu'il tient à la main; il fait un cerne sur le front, & au tour du col de l'ennemi; il y porte ses ongles qui sont très-longs; il appuye ses deux genoux entre les deux épaules du captif, & d'un coup brusque des genoux qu'il avance, & des mains qu'il retire, il enleve la peau de la tête avec la chevelure. Tout cela se démontre en chantant, & en dansant au son d'un tambour, & d'un chichikois (1), qui

_____

(1) C'est une calebasse ou espéce de gourde; ils y mettent des grains de Rassades,

marque la cadence & la mesure.

Les Sauvages ne marchent jamais en guerre sans consulter leur *Manitou*(1), c'est à lui à qui ils attribuent tous leurs bons ou leurs mauvais destins. Si le *Manitou* ne leur a pas été favorable, ils le quittent sans cérémonie, & en prennent un autre. Le Chef, avant que de partir pour la guerre, fait un jeûne très-auftère, & pendant ce tems il a le corps peint en noir. Après le jeune, il se débarbouille, & se peint le corps & le visage de rouge. Il harangue ses guerriers en présence du faux Dieu, après quoi chacun plie bagage pour le départ. Ils portent quelquefois la guerre à quatre ou cinq cens lieues loin de leurs pays.

Leur bagage de guerre consiste dans la peau d'un ours qui leur sert de lit, la peau d'un bœuf, qui leur

---

sorte de grains de verre ou d'émail, ils s'attachent aussi des grelots aux jambes.

(1) Faux Dieu des Sauvages. C'est quelquefois un corbeau desséché, ou un serpent; ils prennent aussi des amphibies, & des quadrupédes.

sert de couverture, la peau d'un chat tigré, qui leur sert de sac pour mettre le calumet ou la pipe pour fumer, un casse-tête ou petite hache dont ils se servent pour cabaner dans les bois.

L'armement de guerre consiste dans un fusil, une corne de bœuf pour mettre leur poudre, qu'ils se passent en bandouilliere, avec un petit sachet de peau où sont leurs balles, les pierres à fusil & un tireboutre; de plus, un arc, un carquois garni de fléches, ces dernieres leur sont très-utiles pour la chasse; ils n'employent jamais le fusil pour tirer sur les animaux, lorsqu'ils font quelque expédition sur leurs voisins; le bruit pourroit les faire découvrir. Ils conviennent entr'eux de la maniere dont ils s'y prendront pour surprendre l'ennemi; car les Sauvages font consister leur gloire & leur science dans cette sorte de guerre, qui est presque toujours fatale à ceux qui en sont l'objet.

A l'égard de leurs vivres, ils s'en mettent fort peu en peine; chacun se pourvoit d'un petit sachet de farine de bled d'Inde ou mahis rissollé, à-peu-près comme nous faisons le caffé,

& lorsqu'ils sont pressés par la faim, ils avallent une cuillérée d'eau délayée avec cette même farine, qu'ils conservent pour l'approche de l'ennemi.

Quoique les Sauvages restent quelquefois trois ou quatre jours sans rien manger, ils n'en sont pas pour cela incommodés, & n'en continuent pas moins leur route. Ils se serrent le ventre avec une ceinture, à mesure qu'il diminue ; en un mot, ils sont infatigables.

Lorsque les Sauvages ont fait coup sur l'ennemi, pour me servir de leur façon de parler, de jeunes guerriers partent aussi-tôt pour apporter au village la nouvelle de la victoire. Ils s'annoncent par de certains cris, qui marquent d'avance le nombre des prisonniers, des morts, & celui des chevelures qu'ils apportent. Les femmes se préparent à recevoir à coups de bâtons les prisonniers ou esclaves. Elles ont en outre le droit de décider de la mort ou de la vie des captifs, que l'on amene bien liés & peints en noir (1). Celles qui ont perdu leur

_____

(1) Ceux qui sont peints de cette façon sont réservés pour être brûlés au milieu du

mari ou leur fils, font maîtresses de prendre un captif pour le remplacer. Elles l'adoptent pour mari ou pour fils, & d'abord il est mis en liberté.

Quant à ceux qui ne sont point adoptés, on les brûle vifs à petit feu. Pour cet effet, on leur écorche la tête, & on les attache à un quadre(1), alors tous les jeunes gens se vengent sur ces misérables, qui endurent les tourmens les plus affreux sans se plaindre; au contraire, ils chantent jusqu'à ce qu'ils expirent; disant qu'ils sont de véritables hommes, & qu'ils ne craignent ni la mort ni le feu; ils se moquent même de leurs bourreaux, en leur disant qu'ils ne les font pas assez souffrir, que s'ils les tenoient, ils les tourmenteroient bien d'avantage, que c'est dans telles parties qu'il faut porter le feu, & que c'est dans ces endroits qu'ils font plus sensibles.

---

village, à moins que les femmes ne les adoptent.

(1) On appelle Quadre, deux poteaux piqués en terre, surmontés d'une traverse. On fait chanter & danser les captifs autour de ces poteaux.

Il est à remarquer que lorsqu'ils se disposent à marcher contre l'ennemi, ils ont grand soin de se peindre de vermillon le corps & le visage, de sorte que venant à frapper sur l'ennemi, en faisant des hurlemens semblables à ceux des possédés, ils ressemblent à une troupe de démons sortis de l'enfer (1). Ils sont bons envers leurs amis, mais très-cruels envers leurs ennemis.

A l'égard de leur Religion, ils croyent un grand Esprit, qu'ils adorent sous la forme d'un serpent, ou d'un crocodile ; ils lui rendent un culte. Ils craignent le Diable, qu'ils appellent Esprit mauvais. Ils adorent aussi le Soleil & la Lune. Quand il tonne, ils s'imaginent que c'est le Maître de la vie qui leur parle en colere.

Je ne terminerai pas ma lettre sans

---

(1) En général les Sauvages, tant hommes que femmes, n'ont aucun poil dans tout le corps, excepté des cheveux ; ils disent que nous ressemblons en cela aux bêtes, de même quand ils nous voyent manger des herbes & de la salade.

vous faire part d'un petit évènement qui vous paroîtra singulier, mais qui quoique de très-petite importance, peut m'être très-utile pendant le séjour que je ferai en Amérique. Les Akanças viennent de m'adopter; ils m'ont reconnu pour guerrier & pour Chef, & m'en ont donné la marque; c'est un chevreuil qu'ils ont imprimé sur ma cuisse; je me suis prêté de bonne grace à cette opération douloureuse. Voici comment cela s'est passé; on m'a fait asseoir sur une peau de tygre; un Sauvage a brûlé de la paille dont il a délayé la cendre dans de l'eau; il s'est servi de cette composition très-simple pour dessiner le chevreuil; il a ensuite suivi le dessein avec de grosses aiguilles, en piquant jusqu'au vif pour faire sortir du sang; ce sang mêlé à la cendre de la paille forme une empreinte qui ne s'effacera jamais. J'ai fumé au calumet après cela; on a étendu des peaux blanches sur mes pas, sur lesquelles j'ai marché; ils ont dansé devant moi en poussant des cris de joye, ils m'ont dit ensuite que je pouvois aller chez tous les Peuples, qui étoient leurs alliés, présenter le calumet & montrer ma marque, que je serois très-bien reçu par-tout, que j'étois leur frere, & que si quelqu'un me tuoit, ils le tueroient ; je suis présentement noble Akanças. Ces Peuples croyant m'avoir fait par cette adoption tout l'honneur qui seroit dû à un défenseur de leur Patrie ; pour moi je le regarde à-peu-près comme celui que M. le Maréchal de Richelieu reçut, lorsqu'il fut inscrit dans le livre d'or de la République de Gênes au nombre des nobles Genois. Il y a, il est vrai, quelque différence entre l'inscription & l'opération que l'on m'a faite ; je ne puis vous exprimer combien elle m'a fait souffrir ; j'ai fait tous mes efforts pour n'en rien témoigner ; je plaisantois au contraire avec les femmes Akanças qui étoient présentes ; les Spectateurs étonnés de mon insensibilité, poussoient des cris de joye en dansant autour de moi, & en disant que j'étois un véritable homme. La douleur a été cependant très-vive, & j'en ai eu la fievre pendant près de huit jours. Vous ne sauriez croire combien ces Peuples me sont attachés depuis ce tems. Voilà tout ce que je puis vous apprendre à leur sujet ; nous comptons partir dans les premiers jours de Novembre, pour continuer notre route au pays des Illinois. Comme la saison est avancée, & que nous avons encore 300 lieues à faire pour nous y rendre, nous risquons d'être arrêtés par les glaces, & d'hiverner en chemin. Nous sommes obligés de séjourner ici par rapport au biscuit nécessaire pour un voyage de long cours ; car nous avons à combattre, dans cette saison, les courans & les vents du Nord, qui nous sont contraires. Suivant toutes les apparences, je ne pourrai vous écrire que l'année prochaine. Je fais partir la présente par l'occasion d'un bateau qui arrivera à tems pour le départ d'un vaisseau de Roi pour la France, où je souhaite que ma lettre vous trouve en bonne santé. Donnez-moi, je vous prie, de vos nouvelles ; vous ne pouvez me faire un plus grand plaisir. Je suis, &c.

Aux Akanças le 6 Novembre 1751.

P, S. J'ai trouvé chez les Akanças un Sauvage metif, & l'ayant questionné sur son origine, j'ai appris de lui, qu'il étoit fils de ce Rutel, Matelot Breton, qui se perdit lorsque M. de la Salle descendit le Mississipi en 1682, & dont j'ai eu l'honneur de vous parler précédemment.

Ce mi-Sauvage ajouta que le dit Rutel, son pere, fut rencontré par les Cenis, Nation Sauvage, qui l'avoient adopté ; il en avoit reçu une de leur fille pour femme, en qualité de guerrier, parce qu'ayant fait usage de son fusil, dans un combat des Cenis contre leurs ennemis, l'effet de cette arme à feu, qui leur étoit encore inconnue, les épouvanta, & les mit en déroute.

Ce Rutel, ayant ensuite appris aux Sauvages la maniere de voguer à voile & à rame avec leurs pirogues ou canots, les mit en état de défaire une petite armée navalle ennemie ; cette façon de naviger, jusqu'alors inconnue à la Nation, attira, au Matelot Breton, la reconnoissance & la vénération de ces Peuples ; ils le regarderent comme le plus grand homme du monde. Et le fameux Ruiter, qui de Matelot devint Lieutenant & Amiral des Provinces-Unies, fut peut-être moins considéré que Rutel le fut chez les Cenis.

LETTRE VI.

Au Même.

Récit de ce qui est arrivé à l'Auteur durant sa navigation des Akanças aux Illinois. Naufrage du S. Louis batteau du Roi qu'il montoit. Il tombe dans le Mississipi. Un Akanças lui sauve la vie.

MONSIEUR,

ME voici, grace à Dieu, arrivé au Fort de Chartres, après avoir couru bien des risques pendant ce long & penible voyage. Nous partîmes des Akanças le 7 Novembre, pour nous rendre ici. Nous avons fait environ 300 lieues sans rencontrer aucun village ni habitation. Comme cette étendue de pays est absolument inhabitée, on y rencontre heureusement des troupeaux de bœufs sauvages, des cerfs & des chevreuils, sur-tout dans cette saison où les eaux sont basses. Ces animaux sont forcés de venir boire par bandes au Fleuve ; nous en avons souvent tué à la traverse, ainsi que des ours & des cerfs. Les Sauvages Akancas viennent ordinairement se louer aux François, pour les faire vivre de chasse pendant la route. Ces chasseurs partent le matin dans des pirogues ; ils tuent les bœufs qu'ils rencontrent sur le bord du Fleuve ; & le convoi qui suit, embarque dans les batteaux la viande de chasse qui est toute prête sur le rivage.

Les Sauvages ont l'attention de lever la langue & les filets des animaux qu'ils ont tués, & d'en faire comme une offrande au Commandant & aux Officiers du convoi : après quoi, un Sergent ou un Caporal fait la distribution de la viande, aux Soldats de chaque batteau ; quelquefois ils en ont à profusion, & alors ils en font des consommés. On est bien dédommagé des fatigues du voyage par le plaisir qu'on a de la chasse. Le gibier est si commun aux environs de la Riviere de S. François (1), que lorsque nous cabanions sur ses bords, il étoit impossible de pouvoir dormir à cause de la multitude de cignes, de grues, d'oies, d'outardes, & de canards, qui alloient & venoient toute la nuit dans ces lieux aquatiques. Lorsqu'on approche du pays des Illinois, on voit, pendant le jour, des nuées de tourterelles, espéce de ramiers ou pigeons sauvages. Une chose qui paroîtra peut-être incroyable, c'est que le Soleil en est éclipsé; ces oiseaux ne vivant que de faines & de glands dans les forêts, sont excellens en Automne; on en tue quelquefois jusqu'à 80 d'un coup de fusil. Quel dommage, qu'un si beau pays soit si peu habité, ou ne soit peuplé que par des brutes.

M. de Macarti, Irlandois de nation, & Commandant du convoi, ayant eu quelque atteinte de goutte,

---

(1) Cette Riviere prend sa source dans le pays des Hautaux.

& craignant d'hiverner en chemin, se détermina à faire route avant les autres, lorsque nous n'étions encore qu'au confluent de l'Ohio, & du Mississipi, à 30 lieues des Illinois. Ce Commandant prit les meilleurs rameurs de nos bateaux pour armer le sien. Et sans s'inquiéter des autres, les laissa en arriere, contre les instructions du Marquis de Vaudreuil; cependant la loi de nature dicte à chacun l'ordre de se secourir mutuellement en cas d'attaque de l'ennemi, ou d'autres accidens, comme celui qui arriva au S. Louis, bateau que je montois. Il échoua sur une bâture de sable; on fut obligé de le décharger presqu'entiérement pour le remettre à flot; ce qui me fit perdre deux jours de tems, & m'empêcha de pouvoir rejoindre le convoi.

Pour comble de malheur, lorsque je n'avois plus que quatorze lieues à faire pour arriver aux Illinois, mon bateau, trois jours après avoir échoué, toucha contre un arbre piqué en arcboutant, dont le Fleuve du Mississipi est rempli, sur-tout dans le tems des eaux basses; le choc le crêva, il s'y fit une si grande voye d'eau, qu'il coula à fond en moins d'une heure. Je perdis, dans cet accident, tout ce que je possédois ; je courus le risque de périr ; je m'étois jetté dans une pirogue, mais elle étoit si chargée des effets sauvés du naufrage, qu'elle tourna ; quelques soldats se noyerent, j'aurois eu le même sort sans un généreux Akanças, qui, sans craindre la rigueur de la saison, se jetta à l'eau, & m'atteignît par mon capot (1).

C'est après ces aventures que je suis arrivé au Fort de Chartres ; je n'y ai pas été long-tems sans être témoin d'un événement qui a failli à avoir des suites fâcheuses. Les *Pehenguichias*, les *Ouyatanons*, à l'instigation des Anglois, avoient conspiré la perte totale des cinq villages François établis chez les Illinois. M. de Macarty m'avoit dépêché pour aller en avant faire préparer le logement de quelques troupes qui venoient par un convoi. Les Sauvages avoient médité leur coup,

---

(1) Habillement des Voyageurs, il est fait d'une couverture de laine, & ressemble à un capuchon.

& vouloient prévenir ce convoi. Je me trouvai dans ce tems aux *Kaskakias*, où commandoit M. de Montcharvaux, qui ne pouvoit savoir au juste le dessein de ces barbares. Ceux-ci s'étoient répandus dans les maisons des habitans ; la vivacité de leurs caresses, leur affectation les fit soupçonner ; en se rappellant le massacre des Natchez.

C'est dans ces occasions qu'un Officier supérieur ressent tout le poids du commandement. M. de Montcharvaux ne se découragea pas ; il étoit secondé par M. de Gruise, Officier intelligent & brave. Il tint un conseil secret avec les notables & anciens habitans du lieu ; il me fit l'honneur de me consulter dans cette circonstance ; c'étoit plutôt par bonté que par nécessité, puisque j'étois un nouvel arrivé, par conséquent peu au fait du local. J'ose dire cependant qu'il ne se trouva pas mal de mon avis, tout simple qu'il étoit. Mon opinion fut que pour pénétrer le dessein des Conjurés, il falloit se tenir sur la défensive, sans témoigner le moindre soupçon ; faire sortir quelques habitans à cheval, &

armés de leurs fufils comme s'ils alloient à la chaffe, en leur recommandant, après avoir battu l'eftrade, de rentrer dans la bourgade au grand galop, comme s'il y avoit quelque chofe de nouveau : cela devoit occafionner une fauffe allarme. Il n'étoit plus queftion alors que d'examiner la contenance des Sauvages, qui fe trahiroient eux-mêmes. On fuivit cet avis; les Sauvages crurent que les François avoient découvert leur complot; ils s'étoient propofés de l'exécuter le jour de Noël, au fortir de la Grande Meffe paroiffiale; ils s'étoient informés exactement du jour, en demandant, à leur maniere, quand arrivoit celui où le fils du Grand Efprit étoit venu au monde.

Dès qu'ils fe crurent découverts, ils ne fongerent qu'à la fuite; nous fîmes feu fur eux, & nous en jettâmes 22 fur le carreau. Un Sergent, nommé la Jeuneffe, créole & bon chaffeur, en tua quatre en ma préfence. M. de Gruife, de fon côté, attaqua ceux qui étoient dans la maifon des Jéfuites; il en bleffa plufieurs, & en prit cinq vivans, au nombre desquels étoit un Illinois. On les mit aux fers.

M. de Macarty se hâta de dépêcher à la Nouvelle Orléans des Courriers à M. le Marquis de Vaudreuil, pour lui rendre compte de cette expédition; le Gouverneur a ordonné de rendre les prisonniers à leurs compatriotes, qui sont venus pleurer le calumet à la main, en désavouant le complot, & en disant que leurs gens avoient perdu l'esprit, que les Anglois le leur avoient ôté. Ils ont reçu la paix avec beaucoup de reconnoissance, & tout est fort tranquille à présent; cependant on a ordonné par précaution aux habitans de porter leurs fusils quand ils vont à la Messe, & à l'Officier de garde de poser deux sentinelles à la porte de l'Eglise pendant le Service divin.

Je ne dois pas oublier de vous observer, Monsieur, que tout ceci s'est passé sans que, de notre côté, nous ayons eu un homme tué ou blessé. Les Sauvages, pour mieux courir, abandonnerent leurs couvertures, leurs massues, & leurs casse-têtes; c'est la vigilance de M. de Montcharvaux, Commandant, & de Monsieur de Gruise, Major, qui a prévenu cette conspiration au moment qu'elle alloit éclatter. Je suis revenu au Fort de Chartres, où nous menons une vie assez paisible; je n'ai plus de grandes nouvelles à vous donner; je vous ferai part de quelques petites anecdotes qui pourront vous égayer; elles vous donneront du moins une idée du caractere de nos Sauvages.

J'avois loué, pour mon chasseur pendant l'hiver, un Sauvage du village des Mitchigamias, un jour qu'il avoit fait une chasse très-abondante, au lieu de la porter chez moi, il alla traiter (1) avec des François, qui lui donnerent en échange de l'eau-de-vie, dont il but jusqu'à perdre la raison. Comme il rentroit en cet état dans mon logis, je le reçus très-mal, je lui ôtai le fusil que je lui avois donné, & le chassai, en le poussant brusquement; il rentra malgré moi dans ma cuisine, s'y cou-

―――――――――

(1) On appelle traiter, l'échange qu'on fait des marchandises d'Europe, avec les pelleteries que les Sauvages font à la chasse.

aux Indes Occidentales. 135

cha, & n'en voulut plus sortir; dès qu'il fut revenu en son bon sens, il sentit bien qu'il avoit commis une grande faute, & voulant la réparer, il attrape un fusil, prend de la poudre & du plomb, & s'esquive. Le lendemain il revient, & entre fièrement chargé de gibier; il avoit, au tour de son corps nud, une ceinture où toutes les têtes des volatilles étoient passées; il la délia, & les fit tomber au milieu de ma chambre; il s'assied auprès de mon feu, sans rien dire, y allume son calumet, me le présente pour fumer, & dit: « Il est vrai que j'avois perdu
» l'esprit hier, mais je l'ai retrouvé;
» J'avoue ma faute; je te prie de
» m'excuser. Je conviens que j'avois
» mérité le traitement que tu m'as
» fait, en me chassant de ta cabane;
» tu as bien fait de m'y laisser rentrer, à cause que les autres Sauva-
» ges l'ayant sçu, m'auroient toujours
» reproché à la moindre dispute, que
» j'avois été rebuté & chassé de la
» cabane du Chef Grand Nez( ).

---

r) Epithête que les Sauvages m'avoient donné pour me distinguer des autres Officiers,

Bien de gens d'Europe ne mettent aucune différence entre les Sauvages & les brutes, s'imaginant qu'ils n'ont ni raison, ni sens commun. Néanmoins le trait que je viens de rapporter & grand nombre d'autres, montrent assez que ces Peuples sont susceptibles des sentimens d'honneur; ils sçavent se rendre justice lorsqu'ils ont tort, & connoissent fort bien quand ils font mal. Il y a en Europe des Peuples chez lesquels l'on remarque des manieres d'agir aussi ridicules & aussi barbares que chez les Amériquains.

Pour revenir à mon chasseur, vous sçavez aussi bien que moi, que l'yvrognerie met l'homme au rang des brutes, & que ce vice est difficile à corriger parmi les François même. Les Sauvages les imitent facilement en cela : aussi disent-ils que ce sont les Blancs qui leur ont appris à boire l'eau de feu (1).

à chacun desquels ils en donnent de semblables, relativement aux bonnes ou mauvaises qualités qu'ils remarquent en eux.

(1) C'est ainsi qu'ils appellent l'eau-de-vie.

Un jour que mon Sauvage trouva la porte du magafin du Roi ouverte, il s'y gliffa comme un ferpent, fauta fur le robinet d'une barrique d'eau-de-vie pour en remplir une bouteille, & en répandit la moitié. Cet accident me força de le congédier : cependant comme c'étoit un bon chaffeur, & qu'il n'avoit que ce feul défaut, fa femme me pria de faire la médecine pour l'empêcher de boire ; je voulus bien l'entreprendre de concert avec elle & fes parens. Un jour que ce chaffeur etoit yvre, & qu'il vouloit encore boire, je lui fis dire que j'avois de l'eau-de vie, mais que j'en étois extrêmement avare. Auffi-tôt m'en étant venu demander, je lui dis que j'en avois, mais que je ne la donnois pas fans deffein. Il me répondit qu'il étoit pauvre, que fi je voulois accepter fa femme, il me la loueroit pour une lune. Je lui remontrai que les Chefs des guerriers blancs ne venoient pas chez les hommes rouges pour jouir de leurs femmes, mais qu'à l'egard de fon fils, je l'accepterois volontiers pour efclave s'il vouloit me le vendre, que je lui donnerois une barrique d'eau-de-vie; nous conclumes le marché en présence de témoins, & il me livra son fils.

Je fus tenté de rire de cette farce dès les premiers momens. Je lui fis boire par-dessus le marché de l'eau-de-vie dans laquelle j'avois mis du poivre long. Quand il en eût bu, on le lia & on le laissa dormir. Lorsqu'il fut revenu de son yvresse, le Cacique du Village & ses parens qui étoient du complot, furent le trouver dans sa cabanne où il étoit étendu sur une natte; ils lui peignirent toute l'horreur d'une action aussi dénaturée que celle qu'il venoit de faire en vendant son propre sang. Ce Sauvage vint me trouver aussitôt en pleurant, en me disant: *indagé oual panis*, c'est-à-dire, je suis indigne de vivre, je ne mérite plus de porter le doux nom de pere. Il se récria beaucoup contre l'eau-de-vie que je lui avois donné, & qui lui avoit mis le feu dans le corps; il la nomma urine du Chef de l'enfer, c'est-à-dire, du mauvais Esprit qui en étoit la cause.

Sa femme naturellement enjouée,

& qui se divertissoit à ses dépens, lui demanda d'un grand sang-froid où étoit son fils; il s'excusa encore, en alléguant pour raison qu'il avoit toujours compté qu'étant aussi bon qu'il me connoissoit, je lui rendrois son fils; qu'il savoit que le grand Chef des François (1) & le pere des hommes rouges n'avoit point d'enfans esclaves dans son empire. Je lui répliquai que cela étoit vrai, mais que je l'avois adopté pour mon fils, & qu'en cette qualité j'allois l'emmener en France pour en faire un chrétien, que toutes les pelleteries de sa Nation ne suffiroient pas pour le racheter.

Comme les parens faisoient semblant de pleurer, ils conseillerent au Sauvage yvrogne d'aller trouver le Chef de la priere, ou l'homme qui parle au grand Esprit. C'est ainsi qu'ils appellent celui qui célebre les saints mysteres: je lui dis que si le

---

(1) C'est ainsi qu'ils appellent le Roi de France.

Chef de la priere (1) le vouloit, je n'irois pas contre son opinion, que j'allois lui rendre son fils à condition qu'il seroit baptisé, & que je serois son parrein; que pour lui j'exigeois qu'il fit abjuration de l'yvrognerie qui lui avoit été si funeste. Il me répondit que ma parole étoit forte, & qu'il s'en ressouviendroit tant qu'il vivroit; il me pria de l'adopter pour frere (2) & qu'il alloit sur le champ frapper au poteau. Depuis ce tems il n'a bu ni vin ni autres liqueurs spiritueuses, je lui en ai fait présenter qu'il a refusé, disant qu'il avoir frappé au poteau, que le Maitre de la vie seroit fâché contre lui, que je lui avois dit qu'on ne pouvoit pas le tromper; il se rappella qu'une fois je lui nommai la quantité de verres d'eau-de-vie qu'il avoit bu, & que cependant je ne l'avois pas vû: à quoi il avoit réparti que cela étoit bien vrai, & qu'il fal-

---

(1) L'Abbé Gagnon, Sulpicien & Aumonier du Fort de Chartres.

(1) Les Sauvages ont la coutume d'adopter.

soit que le Grand Esprit qui voit tout me l'eût dit. Voici comme je faisois, lorsque je voulois savoir la quantité de coups que ce Sauvage pouvoit boire. Je laissois auprès d'une barrique un verre rincé. Le Sauvage étant seul étoit tenté de boire un coup. Après quoi je faisois laver le verre dans de l'eau chaude, & on le remettoit à sa place : & chaque fois qu'il buvoit, j'en faisois de même. Ainsi il m'étoit facile de lui dire, tu as bu tant de coups. Le Sauvage étoit surpris & pensoit que j'étois sorcier.

J'ai souvent remarqué que les Sauvages sont enchantés quand les François caressent leurs petits enfans; aussi pour me faire bien venir d'eux, & craindre en même-tems, lorsque j'avois lieu d'être mécontent de leurs sottises, j'employois ce moyen ; plus je paroissois outré contre les peres, plus j'affectois de l'amitié pour leurs enfans ; je leur prodiguois des caresses & des babioles d'Europe; les Sauvages comprenoient que comme je n'avois point à me plaindre de leurs femmes & de leurs enfans, je ne les en aimois pas moins, & que je n'étois irrité que contre ceux qui m'avoient manqué, sans étendre ma colere à leur famille; ils en étoient touchés, en conséquence ils alloient tuer du petit gibier, & au retour de leur chasse, ils me l'apportoient & le jettoient par terre en disant, » voilà pour t'appaiser, ne sois plus fâché contre nous. « Je leur répondois à l'instant : j'oublie volontiers le passé, quand je vous vois revenir avec de l'esprit, c'est-à-dire, en ne venant pas chez moi les mains vuides.

Les cœurs des peres sont par-tout les mêmes ; il n'y en a point qui ne soient bien aises de l'amitié que l'on témoigne à leurs enfans qui y répondent par leurs caresses.

Vous comprenez aisément que peu de chose me concilie l'amitié de ces Peuples, & qu'il n'y a que la maniere de les prendre pour se les attacher à toute épreuve. Mais en voilà assez pour cette fois; au surplus, Monsieur, je me crois obligé de vous rappeller le plan que je me suis proposé de suivre, je ne fais qu'examiner la situation des lieux où je suis, & pendant que j'y séjournerai, je m'appliquerai particulierement à connoître le génie des Peuples avec qui je dois mener une vie passagere, étude que je ne crois pas indigne d'un voyageur. Vous êtes militaire & de plus philosophe; je me persuade que ce que je vous raconterai vous fera plaisir; car je me flate que vous comptez sur la fidélité de mon récit; je ne vous dirai effectivement rien que je n'aye vû de mes propres yeux; je ne sais ce que c'est que d'inventer ni d'exagérer. Je suis, &c.

Au Fort de Chartres des Illinois le 28 Mars 1752.

LETTRE VII.

Au Même.

Description de la guerre que la Nation des Renards a faite aux Illinois, & dont l'Auteur a été le témoin. Comment les François se sont établis parmi ces Peuples.

MONSIEUR,

JE me suis informé de la maniere dont l'émigration des François s'est faite ici. Le pays des Illinois fut d'abord découvert par des coureurs de bois (1); ils en trouverent le climat très-bon, étant au quarantieme dégré N, ils s'y fixerent, & firent alliance avec les naturels du pays. Plusieurs d'entr'eux épouserent des filles Sauva-

---

(1) On appelle coureurs de bois les François Canadiens chasseurs, parce qu'ils restent six mois ou un an dans les bois pour y faire des pelleteries.

ges,

ges, dont la plûpart se firent Chrétiennes ; & après la découverte de la Louisiane, la Compagnie des Indes y fit passer plusieurs familles, qui s'y sont maintenues & multipliées. Il y a actuellement cinq bourgades d'habitans François (1). Le lieu le plus considérable s'appelle *Kaskakias*, nom de la Tribu d'un village des Illinois, qui n'en est éloigné que d'une demie lieue. Le Sieur Saussier, Ingénieur, vient de tracer un plan pour construire ici un nouveau Fort, suivant l'intention de la Cour. Il portera le nom de l'ancien, qui s'appelle le Fort de Chartres.

Le pays des Illinois, est un des plus beaux pays qu'il y ait au monde : il fournit de farine tout le bas de la Colonie. Son commerce consiste en Pel-

---

(1) La Compagnie des Indes avoit la Louisiane : la rétrocession s'en est faite au Roi en 1731.

(1) Les cinq bourgades des François sont le village des Kaskakias, le Fort de Chartres, Saint Philippe, les Kaokias & la Prairie du Rocher ; il y en a maintenant un sixieme appellé Sainte Genevieve.

I. Partie.

léteries, en plomb, & en sel. Il y a quantité de sources salées, qui y attirent les bœufs sauvages, & les chevreuils qui aiment beaucoup les pâturages qui se trouvent sur leurs bords, & dans les environs. On fait des salaisons de leur chair, & de leurs langues; ce qui forme encore un commerce pour la Nouvelle Orléans, & des jambons qui vallent ceux de Baionne. Les fruits y sont aussi bons qu'en France.

Les Illinois ont à-peu-près les mêmes mœurs que les peuples dont je vous ai parlé : ils n'en different que par leur langage. Ils se marient & se quittent volontiers au retour d'une chasse, en s'en allant sans façon chacun de son côté.

Le mariage des Sauvages tient de la simple nature, & n'a d'autre forme que le consentement mutuel des deux parties. Comme ils n'ont point de contrat civil, lorsqu'ils ne sont pas contens l'un de l'autre, ils se séparent sans cérémonies, & disent que le mariage n'est autre chose que le lien du cœur; qu'ils ne se mettent ensemble que pour s'aimer, & se soulager mutuellement dans leurs besoins : j'ai vu parmi ces Peuples des ménages très-unis. Le divorce n'est pas commun, ni la polygamie ; quoique les loix autorisent cette derniere. Un Sauvage peut avoir deux femmes, s'il est bon chasseur ; il y en a quelquefois qui épousent les deux sœurs ; ils en donnent pour raison qu'elles s'accorderont mieux entr'elles que des étrangeres. Les femmes Sauvages sont en général fort laborieuses, on les prévient dès l'enfance, que si elles sont paresseuses ou mal adroites, elles n'auront jamais qu'un malotru pour mari. L'avarice, l'ambition, & plusieurs autres passions si connues des Européens, n'étouffent point dans les peres le sentiment de la nature, & ne les portent pas à violenter leurs enfans, encore moins à contraindre leur inclination. Par un accord admirable & assurement digne d'être imité, on ne marie que ceux qui s'aiment. Les Sauvages Illinois étoient autrefois les plus formidables de la Louisiane ; mais les guerres continuelles, qu'ils ont eu à soutenir contre les Nations du Nord, les ont réduits à un très-petit nombre. La haine que leur portent les Sauvages du Canada, vient des irruptions que les Illinois ont faites sur leurs terres, & de ce que dans leurs courses, tant de guerre que de chasse, ils ont tué & enlevé les mâles & les femelles de castor, ce qui est un crime & une lâcheté parmi ces Peuples, qui font un grand commerce des peaux de ces amphibies, qu'ils échangent avec les Européens pour des marchandises.

En 1752, les Sauvages de la tribu des *Koakias* rencontrerent à la chasse six Sauvages de la Nation des *Renards* (1); ils les firent prisonniers, quoiqu'ils ne fussent pas en guerre, & résolurent entr'eux de les brûler, afin qu'ils ne pussent jamais donner de leurs nouvelles. Un *Renard* fut assez heureux pour s'échapper du quadre où il étoit attaché. Comme il étoit poursuivi par ses bourreaux, il se précipita dans un lac, & se déroba à leurs recherches en nageant entre deux

---

(1) Le vrai nom de ces Peuples, est les Outagamis; leur pays est situé à l'Ouest du Lac Michigan.

eaux. Il resta caché dans les joncs, sortant seulement la tête de tems en tems pour prendre haleine. Il eut la constance de demeurer dans cette posture pendant le tems qu'on grilloit ses camarades. La nuit étant survenue, il échappa à la vigilance des Illinois, qui le crurent noyé ou mangé des poissons armés (1). Comme il étoit nud & sans armes, il fut contraint, pour subsister en route, de brouter l'herbe comme les bêtes. Etant de retour dans sa Nation, il raconta ce qui lui étoit arrivé chez les Illinois, & le malheureux sort qu'ils avoient fait subir à ses compagnons de voyage. Aussi-tôt les parents se mirent à pleurer suivant l'usage. Le Chef de la Nation convoqua une assemblée ; car ils n'entreprennent rien sans un conseil : & le résultat fut qu'on enverroit des buchettes (2) aux

---

(1) Le poisson armé à la Louisiane, est le plus vorace. Ses dents coupent le fer des ameçons.

(2) Les Sauvages n'ayant point l'art d'écrire, les buchettes marquent le nombre des guerriers, & le jour de l'assemblée pour le départ de l'armée.

Chefs des tributs qui leur étoient alliés, du nombre desquels étoient les Sioux, les Sakis, & les Kikapous, qui marcherent comme troupes auxiliaires sous la nate ou sous l'étendard des *Renards*. Le parti se trouva composé de 1000 guerriers. Tout étant disposé, le Général des *Renards* dirigea sa marche par eau vers les Illinois, particuliérement contre le village des Mitchigamias, qui avoient donné retraite aux Koakias.

Les guerriers étant rassemblés au nombre de mille, s'embarquerent dans 180 canots faits d'écorces d'arbre de boulleau, sur la riviere Ouisconsing, qui se décharge dans le Mississipi. Le courant du Fleuve les porta bientôt, à l'aide de la rame, chez les Illinois leurs ennemis.

Ils passerent en bon ordre devant le Fort des Koakias, où commandoit le Chevalier de Volsei, Officier de mon détachement. L'avant-garde de l'armée navale des *Renards*, étoit composée des meilleurs coureurs qui devoient mettre pied à terre pour faire la découverte. La descente où le débarquement se fit à un quart de lieue du village ennemi, qui étoit masqué par un bois & un ravin jusqu'à la portée du mousquet du village des Mitchigamias, qui ne s'attendoient pas à une pareille visite.

Les *Renards*, pour livrer bataille aux Illinois, avoient choisi positivement le jour de la Fête-Dieu. Ils sçavoient que les Sauvages venoient au Fort de Chartres voir la cérémonie que les François pratiquent en ce jour solemnel. Ce Fort n'en est effectivement éloigné que d'une lieue.

Tout étant disposé pour l'attaque le Général des *Renards* dit à douze des plus légers à la course de jetter leurs corps (1). Aussi tôt ces jeunes gens fondirent sur le village ennemi, tuerent, en entrant, tout ce qu'ils rencontrerent en faisant le cri de mort; & après avoir fait leur décharge, s'enfuirent avec autant de vîtesse qu'ils étoient venus.

―――――――――――

(1) Jetter son corps parmi les Sauvages, signifie en François exposer son corps au danger, comme font nos enfans perdus; ou comme ceux qui sont destinés à monter les premiers à l'assaut d'une place.

Les Illinois coururent aux armes, & les poursuivirent; mais le corps de l'armée des *Renards*, qui étoit ventre à terre dans de grandes herbes, fit une décharge générale qui tua 28 Illinois: en même-tems il donna tête baissée sur le village, massacra hommes, femmes, & enfans; on mit le feu au village; on lia & on emmena le reste captifs.

Les *Renards*, dans cette glorieuse journée, ne perdirent que 4 hommes, dont un Chef à médaille (1) de la Nation des Sioux qui avoit marché comme allié.

J'ai été spectateur de ce carnage, qui arriva le 6 Juin 1752. Je me trouvois dans ce moment sur une hauteur qui domine la plaine, & le village des Mitchigamias. J'ai même eu occasion de sauver la vie à une jeune fille d'environ 15 ans; elle venoit m'apporter des fraises dans le tems de l'attaque; elle se sauva; comme les en-

---

(1) Distinction, dont j'ai déjà parlé, que le Général accorde par ordre du Roi, aux Sauvages les plus valeureux & les plus attachés à la Nation Françoise.

nemis la poursuivoient, elle se jetta dans mes bras, & ces Barbares n'oserent tirer dessus dans la crainte de m'attraper.

Vous pouvez juger, par ce récit, qu'il n'y a rien de plus dangereux que d'être pris à l'improviste par ces Peuples ; il n'y eut que les Sauvages qui étoient venus par curiosité voir la procession des François au Fort de Chartres, qui échapperent à la vengeance des *Renards*. Ceux-ci contents de leur victoire, se rembarquerent sur leurs petits bâtimens, mirent les captifs bien liés à l'avant-garde ; & en repassant devant le Fort François des Koakias, firent une salve générale de leur mousqueterie.

Le Chef ou l'Amiral des *Renards* portoit pavillon François à son canot, & étoit aussi fier de sa victoire que s'il avoit subjugué un grand empire.

M. de Macarty, notre Commandant, vient d'écrire à ceux des postes du Canada, de traiter de la rançon des Illinois pris par les *Renards*.

Ces rusés Sauvages avoient si bien conduit leur entreprise, que nous n'en avons eu aucune connoissance, que lorsqu'ils l'ont exécutée; ils se sont cachés de nous, parce qu'ils ont craint que nous ne voulussions interposer notre médiation entre eux & les Illinois, comme étant nos amis & nos alliés; ce que nous n'aurions pas manqué de faire; mais la Nation offensée, vouloit satisfaire sa vengeance.

Le village des *Mitchigamias* a perdu, dans cette malheureuse affaire, environ quatre vingt personnes, tant de morts que d'esclaves.

Le 16 Juin 1752, je fus chargé, de la part du Commandant du Fort de Chartres, de faire assembler les débris des *Kaos* & *Mitchigamias* vaincus, & je leur fis cette courte harangue, par le moyen de l'Interpréte du Roi.

Je vous parle, mes enfans (1), de la part de votre pere, M. de Macarty, qui prend beaucoup de part à votre désastre; il vous exhorte en

---

(1) Les Sauvages ont coutume d'appeller les Officiers mon pere.

même-tems à bien fercler vos mahis, afin que vous puissiez sortir de la disette dans laquelle vous êtes présentement. Voilà un peu de bled d'Inde qu'il vous donne, parce que son cœur souffre de vous voir languir par la faim. Il me charge aussi de vous remettre ce peu de poudre, de balles & de pierres à fusil ; nous ne pouvons mieux faire pour le présent, attendu que nous avons des ennemis, aussi bien que vous autres, & que nous ne sçavons pas quand les batteaux arriveront du grand village (c'est-à-dire de la Nouvelle Orléans). Votre pere vous recommande aussi de partir pour la chasse, d'emmener avec vous vos familles pour les faire vivre, & de laisser seulement un nombre d'hommes pour avoir soin de vos champs; & pour empêcher que les bestiaux ne les gâtent; vous aurez aussi attention d'envoyer de tems en tems quelques-uns de vos gens pour sçavoir ce qui se passe ici.

Réponse des Chefs des deux Tributs.

« C'est bon, mon pere, que le grand

» Chef (1) ait pitié de nous. Il est bien
» de *valeur* d'avoir été surpris comme
» nous l'avons été, tu en as été té-
» moin oculaire, puisque tu as sauvé
» une de nos filles ; nous avons été
» tués par les *Renards*, & leurs alliés
» qui ont brûlés nos cabannes avec
» nos vivres, & ont pillé notre bu-
» tin pendant notre retraite chez les
» *Kaskakias*. Pense donc que nous ne
» pouvons laisser personne ici, puis-
» qu'ils mourroient de faim, & qu'ils
» ne cesseroient de pleurer la mort de
» nos parents, qui ont péri dans cette
» funeste surprise ; mais pour marquer
» notre fidélité envers notre pere,
» mande lui, par le papier qui parle,
» que nous lui enverrons, de tems en
» tems, quelques-uns de nos gens pour
» lui apporter du gibier & le voir, afin
» de sçavoir ce qui se passe.

» Nous esperons que le grand Chef
» François nous protégera, & nous
» aidera à nous mettre à l'abri de l'en-
» nemi. Nous te prions aussi de t'in-

---

(1) C'est ainsi que ces Peuples appellent l'Officier Supérieur d'une province ou d'une contrée.

» téresser auprès de lui, pour qu'il
» ait la bonté de faire dire à plusieurs
» cabannes de nos gens, qui ont resté
» chez les *Kaskakias*, qu'ils se réunis-
» sent avec nous pour travailler à la
» défense commune du Fort projeté,
» dont nous avons tiré le plan sur le
» bord du Mississipi ».

Discours de Chikagou, Chef à Médaille.

» Je te prie, mon pere, de faire ra-
» commoder nos armes, & aussitôt
» nous décamperons ; & tu diras au
» grand Chef de ne point écouter les
» mauvaises paroles que nos ennemis
» ne manqueront pas de lui porter
» contre notre Nation : qu'il se sou-
» vienne de celle que je lui ai donnée :
» elle sera vraie, & je conserve la sien-
» ne dans mon cœur.

Réponse.

Si tu es vrai, en ce que tu dis, tu
seras toujours bien reçu de ton pere ;
& tous les autres Chefs François cher-
cheront à te faire plaisir, si ton cœur
est d'accord avec ta bouche. Il est
bon aussi que tu partes bien-tôt ; consi-

dére le dégât & le tort que les chiens de ton village font aux bestiaux des habitans François (1), & avec quelle tranquillité ils le souffrent; s'ils n'ont rien dit jusqu'à présent, c'est en considération de vos malheurs qui les touchent, & ils ne vous voyent réduits en ce triste état, qu'avec douleur; mais ils commencent à s'ennuyer, c'est pourquoi il est nécessaire que vous y portiez du remede. Votre pere sera satisfait quand il vous sçaura rendu sur le lieu de chasse, parce que son cœur est affligé de vous voir souffrir la faim, & qu'il a des entrailles pour ses enfans.

Quant à moi, je vous souhaite une bonne chasse, & à votre retour une bonne récolte. J'espére que le *Grand Esprit* aura pitié de vous; ne vous moquez pas de lui; recommandez à vos jeunes gens de ne point faire les

---

(1). Les Sauvages ont quantité de chiens qui leur servent pour la chasse, ceux-ci ayant perdu leurs vivres, leurs chiens étoient affamés, & dévoroient le bétail des François. Les chiens des Sauvages sont moitié loup & moitié chiens.

fols, c'est-à-dire, de ne plus détruire les femelles des castors, sur les lacs & les lieux de chasse de vos ennemis, qui ne manqueroient pas de s'en venger, comme vous venez d'en faire la triste expérience.

Votre pere a écrit à M. Adamville, qui commande chez les *Péorias*, de faire votre paix avec les *Renards*, & de traiter de la rançon de vos femmes & de vos enfans captifs chez eux; les marchandises seront fournies sur le compte du Roi, votre pere, Grand Chef des hommes blancs & des hommes rouges.

Parmi les Sauvages, ceux qui lachent le pied, ou désertent dans une action où il s'agit de l'honneur, & de la défense de la patrie, ne sont point punis; mais ils sont regardés comme l'opprobre du genre humain. Les autres leur reprochent toujours qu'ils ne sont point des hommes; mais des vieilles. Ils sont méprisés des femmes mêmes, & les filles les plus laides n'en veulent point pour maris, & s'il arrivoit que quelqu'une en voulu épouser un, les parents s'y opposeroient, dans la crainte d'avoir dans leur famille des hommes sans cœur, & inutiles à la patrie. Ces sortes de gens sont obligés de laisser croître leurs cheveux, & de porter un *alkonan* comme les femmes (1). J'en ai vu un qui, honteux d'être en cet équipage, partit seul pour aller en guerre contre les Tchicachas, nos ennemis & les leurs. Il s'approcha d'eux en rampant comme un serpent, resta caché dans de grandes herbes pendant trois ou quatre jours, sans boire ni manger. Comme les Anglois portent aux Tchicachas des marchandises en caravane, nôtre Illinois en tua un qui étoit à l'écart, lui coupa la tête, après quoi il prit son cheval, monta dessus & se sauva. Il employa trois mois à cette belle expédition. A son retour sa Nation le réhabilita, & on lui donna une femme pour avoir des guerriers. Il est bon de vous dire qu'avant de partir il avoit mangé du chien, conformément à l'opinion reçue parmi les siens, & dont j'ai déjà eu l'honneur de vous parler.

_____

(1) Petite jupe dont se servent les femmes Sauvages pour cacher leur nudité.

Le grand Chef des Illinois sort de la famille des Princes Tamaroas, autrefois Souverains de toute cette contrée. Ce Cacique, ou Roi Sauvage, est le fils de celui qui passa en France, avec son cortége, en 1720. Il fut présenté au Roi, qui le décora d'une Médaille avec son portrait; son fils la porte présentement pendue au col. Il y avoit aussi une femme de la Nation des Missouris, qu'on appelloit la Princesse des Missouris (1). Le Sieur Dubois, Sergent & Interpréte de ces Ambassadeurs Amériquains. ayant été élevé par le Roi au grade d'Officier, épousa, à son retour, cette Dame Missourienne. Etant devenue veuve, elle convola en secondes nôces, & épousa le Sieur Marin, Capitaine de Milice, dont elle eut une fille qui vit encore.

―――――――――――――

(1) C'étoit la fille du grand Chef de cette Nation. On dit qu'elle étoit la maîtresse de M. de Bourmont, qui, dans le tems qu'il commandoit chez les Missouris, ne cessant de vanter les merveilles de la France, en engagea plusieurs à le suivre; la fille se fit Chrétienne, & fut baptisée à Notre Dame.

La Princesse Indienne raconta à ses compatriotes la magnificence qu'elle avoit vu à la Cour de France, où elle avoit été bien accueillie, & comblée de présens; elle avoit eu, entr'autres choses, une belle montre à répétition, garnie de diamans, que les Sauvages appelloient un esprit, à cause de son mouvement, qui leur paroissoit surnaturel.

J'ai parlé ici à un vieux Sauvage, qui étoit à la suite du Prince Tamaroas; je lui fis plusieurs questions touchant la France, & lui demandai ce qu'il avoit vu de beau à Paris; il me répondit que c'étoit la rue des Boucheries, parce qu'il y avoit vu beaucoup de viande, puis celle de Saint Honoré. Lorsqu'il disoit à ses compatriotes qu'il avoit vu l'Opéra, & que tous ces gens là étoient des Jongleurs ou sorciers; qu'il avoit aussi vu, sur le Pont-neuf, des petits hommes qui parloient & chantoient (1), ils ne vouloient pas le croire. Quand il leur ra-

_____

(1) On entend aisément que ce sont des Marionnettes.

conta qu'il avoit vu au grand village des François, (Paris,) autant de monde qu'il y a de feuilles aux arbres de leurs forêts, hiperbole dont se servent les Sauvages pour exprimer le plus grand nombre, n'ayant point d'expression pour compter au-delà de cent; ils lui répondoient qu'apparemment les Européens lui avoient fasciné les yeux, que cela étoit impossible, & que c'étoit toujours les mêmes objets qu'on lui présentoit à la vue. Il ajouta qu'il avoit vu les cabanes du Grand Chef des François, c'est-à-dire, Versailles & le Louvre, qu'elles contenoient plus de monde qu'il n'y en avoit dans leur pays. Il dit aussi qu'il avoit vu la Cabanne des vieux guerriers, (l'Hôtel Royal des Invalides.) Comme ce vieillard commençoit à radoter, il convint, avec les autres Sauvages, que les François l'avoient ensorcelé. Un autre Illinois, qui avoit pareillement fait ce voyage, disoit à ses compatriotes qu'il avoit remarqué aux Thuileries, & dans d'autres promenades, des hommes moitié femmes, frisés en chignon comme elles, portant de même des pendants d'oreilles, & de gros bouquets fur leurs poitrines ; qu'il les avoit foupçonnés de mettre du rouge, & qu'il avoit trouvé qu'ils fentoient le crocodile (1).

Cet Amériquain parloit avec le plus profond mépris de cette efpéce, que nous connoiffons fous le nom de *Petits Maîtres*, qui ont reçu en naiffant la foibleffe & les mignardifes naturelles aux femmes; la nature femble avoir commencé à les rendre tels, & s'être trompée enfuite dans le fexe qu'elle leur a donné.

Ce Sauvage avoit auffi remarqué la hauteur énorme de la coëffure de nos femmes de ce tems-là (1), ainfi que celles de leurs talons poftiches; mais que n'eut-il pas dit, s'il eut vu l'extravagante largeur de leurs paniers, & la fineffe de leur taille étranglée dès l'enfance par cette élégante cuiraffe,

---

(1) Le Crocodile du Miffiffipi a des bourfes garnies d'un mufc plus fort que celui des Indes Orientales; fon odeur eft fi violente, qu'elle fe fait fentir fouvent avant qu'on puiffe voir l'animal.

(1) C'étoit du tems de la Régence.

connue fous le nom de corps de baleine ? Ces femmes coquettes ne font pas moins ridicules par leurs artifices, que leurs fots adorateurs. Vous avez remarqué, comme moi, dans le cours de vos voyages en Europe, que les Etrangers & les gens de province qui font venus à Paris, & qui ont voulu copier nos Petits-Maîtres & nos Petites-Maîtreffes, fe font rendus infupportables à leurs compatriotes, par cette façon d'agir fi contraire à la nature; en effet, difoit notre Amériquain, des manieres fi efféminées, déshonorent une Nation refpectable.

J'ai reçu une lettre du Marquis de Vaudreuil, qui me témoigne prendre une part très-fenfible au trifte événement qui m'eft arrivé par le naufrage de mon batteau. Ce Gouverneur, par un effet de génerofité qui lui eft naturelle, a voulu adoucir, autant qu'il eft en fon pouvoir, le fort d'un Officier infortuné, qui a tout perdu dans une occafion où il s'agiffoit du fervice du Roi.

Il m'a permis de venir à la Nouvelle Orléans, en m'offrant fa bourfe & fa table; j'ai bien peur de le trouver parti pour la France. On peu dire, avec vérité, qu'il a mérité l'estime, & l'attachement de tout le monde; les Sauvages ne cessent de le comparer aujourd'hui à M. de Bienville, son prédécesseur. Quand ces Peuples ne parlent point avec éloge d'un Gouverneur, & qu'aucontraire ils s'accordent avec tous les habitans pour le détester, c'est la plus forte accusation contre lui.

Avant de finir cette lettre, je vous dirai encore un mot des Missouris; le Baron de Porneuf qni a été Commandant du Fort d'Orléans établi chez cette Nation, & qui en connoît parfaitement le génie, m'a assuré qu'ils étoient autrefois belliqueux & très-bons, mais que les François coureurs de bois les avoient corrompus tant par leur mauvaise conduite que par leurs désunions entre eux; quelques fraudes dans le commerce les avoient aussi rendus méprisables; ils séduisoient & déroboient les femmes sauvages, ce que ces Peuples regardent comme le plus grand crime. Ils ne pardonnent jamais ces sortes de larcins; tous les déréglemens de ces mauvais François acheverent d'indisposer les Missouris contre eux ; c'est ce qui fit que sous le gouvernement de M. de Bienville, ils massacrerent le sieur Dubois & la petite Garnison qui étoit à ses ordres, comme aucun soldat n'en a réchappé, on n'a jamais pû sçavoir qui avoit raison ou tort.

Le trait que je vais rapporter démontrera assez que ces Peuples ne sont sauvages que de nom, & que les François qui ont voulu les tromper se sont trompés eux-mêmes. En voici une preuve ; il y a environ 40 ans que ces Américains ne connoissoient point encore les Européens, un voyageur ou coureur de bois pénétra dans leur Pays, il leur fit connoître l'usage des armes à feu, il leur vendit des fusils communs avec de la poudre ; ceux-ci firent une chasse très-abondante, & eurent par conséquent beaucoup de pelleterie. Un autre coureur de bois y alla quelque tems après avec de la munition, mais comme les Sauvages en étoient encore pourvus, ils ne s'empresserent point de traiter avec l'aventurier François, qui s'avisa d'un stratagême assez singulier pour avoir le débit de sa poudre, sans trop s'inquiéter des suites qui pouvoient résulter de son imposture, envers ses compatriotes. Il crut avoir fait une belle action en trompant ces pauvres gens.

Comme les Sauvages sont naturellement curieux, ils étoient inquiets de sçavoir comment la poudre, qu'ils appelloient de la graine, venoit en France. Le coureur de bois leur fit croire qu'on la semoit dans les *savanes*, & qu'on en faisoit des récoltes comme on fait d'indigo ou de millet en Amérique.

Les Missouris furent bien contens de cette découverte, ils ne manquerent point de semer toutes celles qui leur restoient, ce qui les obligea à traiter de celle du voyageur François, qui en retira un benefice considérable en peaux de castors, loutres & autres, &c. ensuite il descendit la Riviere jusqu'aux Illinois, où commandoit alors M. de Tonti.

Les Missouris alloient de tems en tems dans la *savane* pour voir si la poudre levoit; ils avoient eu soin de mettre un gardien, pour empêcher que

que les animaux ne ravageaſſent le champ de cette prétendue récolte; mais ils reconnurent bientôt la duplicité du François. Il eſt bon d'obſerver qu'on ne trompe les Sauvages qu'une fois, & qu'ils s'en ſouviennent; auſſi ceux-ci réſolurent-ils de ſe venger ſur le premier de notre Nation qui viendroit chez eux. Peu de tems après, l'appas du gain excita notre coureur de bois à y envoyer ſon aſſocié avec des marchandiſes aſſorties, & propres pour le commerce des Miſſouris, qui apprirent que ce François étoit collégue & envoyé par celui qui les avoit dupés; néanmoins ils diſſimulerent le tour que ſon prédéceſſeur leur avoit joué. Ils lui prêterent même la cabanne publique, qui étoit au milieu du village, pour y dépoſer ſes balots & ſes marchandiſes; & lorſqu'elles furent étalées, les Miſſouris y entrerent en confuſion, & tous ceux qui avoient eu la ſimplicité de ſemer leur poudre, emporterent chacun des marchandiſes; de ſorte que le pauvre traiteur fut defait de toute ſa pacotille, ſans aucun retour de la part des Sauvages. Le François ſe récria beaucoup contre un pareil procédé ; il s'en plaignit au Grand Chef de la Nation, qui lui répondit, d'un air grave, qu'il lui feroit rendre justice, mais qu'il falloit, pour cet effet, attendre la récolte de la poudre, que ses sujets avoient semée par le conseil de son compatriote, & qu'il pouvoit compter, foi de *Souverain*, qu'il ordonneroit après une chasse générale, & que toutes les pelléteries des bêtes fauves, qui en proviendroient, seroient pour la récompense du secret important que le François leur avoit appris.

Notre voyageur eut beau alléguer pour raison, que peut-être la terre des Missouris ne valoit rien pour la production de cette poudre, & que ses sujets avoient confondu, que ce n'étoit qu'en France qu'elle venoit. Toutes ces raisons furent inutiles, il s'en retourna fort allégé, & bien confus d'avoir été corrigé par des hommes Sauvages.

Cette leçon ne détourna pas d'autres François de se rendre encore chez les Missouris; il y en eut un qui se proposa d'y faire un coup de sa tête, il arma une pirogue qu'il chargea de bagatelles; instruit de l'aventure précédente, il remplit un barril de cendre & de charbon pilé, audessus desquels il mit un peu de poudre. Lorsqu'il fut arrivé, il étala toutes ses babioles dans la grande cabane; dans l'intention de tenter les Missouris, à les enlever; en effet, les Sauvages les pillerent. Le François fit beaucoup de bruit, injuria les Sauvages, & courant au baril de poudre qu'il avoit préparé, il le défonce, prend un tison allumé, & crie : j'ai perdu l'esprit, je vais faire sauter la cabanne; vous viendrez avec moi au pays des esprits. Les Sauvages effrayés ne sçavoient que faire; les François, qui étoient hors de la cabanne, crioient que leur frere avoit perdu l'esprit, & qu'il ne le retrouveroit que quand on lui auroit rendu ou payé ses marchandises. Les Chefs haranguerent par le village pour y exhorter les habitans; ceux qui avoient des parents dans cette cabanne se joignirent à eux; le peuple fut ému, chacun apporta dans la cabanne tout ce qu'il avoit de pelléterie, alors le François dit que l'esprit lui étoit revenu. Le Chef lui présenta le calumet, il fuma, versa de l'eau sur la poudre, pour montrer qu'elle ne serviroit plus; & en effet, pour cacher sa fraude aux Sauvages. Il en emporta pour près de mille écus en bonnes pelléteries. Les Sauvages l'ont beaucoup considéré depuis ce tems, en lui donnant le nom de *vrai homme* ou *l'homme de valeur*.

Je finirai ma lettre par la description d'une cérémonie aussi bizarre qu'extraordinaire de la part de la Nation des Missouris qui arrivèrent ici en ambassade, dans le tems que M. le Chevalier de Boisbriant y commandoit. Cette histoire tragique servira en même-tems à démontrer aux Officiers qui, par une noble ambition, aspirent à quelque commandement dans le Militaire, que des connoissances théoriques & pratiques de la géographie, leur sont absolument nécessaires, & qu'ils doivent s'attacher avec une grande application à bien connoître l'intérieur & le local d'un Pays où l'on est en guerre, afin d'éviter toute surprise de la part de l'ennemi, & de conserver la vie des hommes qui leur sont confiés. Ce que je vais vous rapporter les en convaincra suffisamment.

L'Espagne ne vit qu'avec peine du tems de la Régence nos établissemens sur les bords du Mississipi. Les Anglois, de leur côté, n'épargnerent ni ruses, ni intrigues pour renverser cette colonie naissante, comme ils le font encore aujourd'hui sur les bords de la riviere d'Oyo qu'ils prétendent leur appartenir; ils ont jetté aussi un dévolu sur le Mississipi.

En 1720, les Espagnols formerent le dessein de s'établir chez les Missouris, poste voisin des Illinois, afin de nous borner de plus en plus près de l'Ouest: cette Nation est fort éloignée du nouveau Mexique qui est la derniere Province des Espagnols du côté du Nord.

Ils penserent que pour mettre leur colonie en sûreté, il convenoit de détruire entierement les Missouris; mais ne voyant point de possibilité à exécuter ce projet avec leurs seules forces, ils résolurent de faire alliance avec les *Osages*, Peuples voisins des Missouris & leurs ennemis mortels, espérant par-là surprendre

& détruire leurs voisins. Dans cette idée ils formerent à *Santa-Fé* une caravane d'hommes, de femmes & de soldats, ayant un Jacobin pour aumonier, & un Capitaine Ingénieur pour Chef & Conducteur, avec les chevaux & les bestiaux nécessaires pour un établissement permanent.

La caravane s'étant mise en marche, se trompa dans sa route & arriva chez les Missouris, comptant arriver chez les Osages. Aussitôt le Conducteur de la Troupe fit parler son interprete au Chef des Missouris, comme s'il eût été celui des Osages, & lui dit qu'il venoit faire alliance avec eux pour détruire ensemble les Missouris leurs ennemis.

Le grand Chef de la Nation des Missouris, dissimulant ce qu'il devoit penser d'un tel dessein, témoigna d'abord de la joye aux Espagnols, & leur promit d'exécuter avec eux un projet qui lui faisoit beaucoup de plaisir. Pour cet effet il les invita à se reposer quelques jours de leur pénible voyage, en attendant qu'il eût assemblé ses Guerriers, & tenu conseil avec les Vieillards ; mais le résultat de ce conseil de guerre fut qu'on feroit faire grande chere à leurs hôtes, & qu'on affecteroit pour eux l'amitié la plus sincere.

Ils délibérerent ensemble pour partir dans trois jours. Le Capitaine Espagnol leur fit aussitôt distribuer 1500 fusils, autant de pistolets, des sabres & des haches; mais dès la nuit de cet arrêté les Missouris furent au point du jour au camp des Espagnols, & les assommerent tous à l'exception du Jacobin, à cause de la singularité de son habit qui ne l'annonçoit pas pour un guerrier; ils lui donnerent le surnom de Pie & se divertirent à lui faire faire le manege sur un cheval d'Espagne, dans leurs jours d'assemblées.

Le Jacobin, quoique caressé & bien nourri, n'étoit point sans inquiétude, croyant toujours que ces jeux finiroient par le sacrifier à leur Manitou: c'est pourquoi profitant un jour de leur confiance, il prit ses précautions pour s'esquiver à leur vûe; on a sçu ces choses des Missouris même, lorsqu'ils apporterent ici les ornemens de la Chapelle: ils s'étoient habillés de ces ornemens ; le Chef avoit sur sa peau la plus belle chasuble avec la patene pendue à son col, qu'il avoit percée avec un clou, & qui lui servoit d'hausse-col.; il marchoit gravement à la tête, étant couronné d'un bonnet de plumes, avec une paire de cornes sur sa tête. Ceux qui le suivoient avoient des chasubles, venoient après les portes étoles, suivis de ceux qui avoient les manipules à leur col ; on voyoit après ceux-ci trois ou quatre jeunes Sauvages revêtus d'aubes & d'autres de surplis ; les Acolytes, contre l'ordinaire, marchoient à la queue de cette Procession d'un goût si nouveau, ne se trouvant point assez parés de porter à la main en dansant en cadence, une croix ou un chandelier. Ces Peuples ne connoissant point le respect dû aux Vases sacrés, avoient pendu au col d'un cheval le Calice de même qu'une cloche.

Imaginez-vous le spectacle ridicule que pouvoit offrir aux yeux l'ordre singulier de cette Procession, arrivant à la maison de M. de Boisbriant Lieutenant de Roi, marchant en cadence, le grand Calumet de paix déployé suivant la coûtume.

Les premiers François qui virent arriver cette mascarade, coururent en riant en porter la nouvelle à M. de Boisbriant; cet Officier qui avoit autant de piété que de bravoure, fut pénétré de douleur à la vûe de ces Sauvages, & ne sçavoit que penser de cet évènement; il appréhendoit qu'ils n'eussent défait quelque établissement François; mais lorsqu'il put les appercevoir de loin, son chagrin s'évanouit, il eut même bien de la peine à s'empêcher d'en rire comme les autres.

Les Missouris lui racontèrent comment les Espagnols avoient voulu les détruire, & qu'ils lui apportoient tout ce qu'il voyoit, n'étant point à leur usage, & que s'il vouloit, il pouvoit leur donner des marchandises qui seroient plus de leur goût: ce qu'il fit; il envoya ensuite les ornemens à M. de Bienville, Commandant Général alors de la Province de la Louisiane.

Comme ils étoient bien pourvus des chevaux de la caravane Espagnole, le Chef des Missouris fit présent des plus beaux à M. de Boisbriant.

Ils avoient apporté aussi la carte géographique qui avoit si mal conduit les Espagnols qui vinrent eux-mêmes se livrer imprudemment, en se confessant au renard.

Je vais profiter de la permission que je viens d'obtenir pour descendre à la Nouvelle Orléans. Si j'y trouve notre Général, & une de vos lettres, ce sera une double satisfaction pour moi. Je suis, Monsieur, &c.

Aux Illinois ce 15 Mai 1753.

LETTRE VIII.

Au Même.

L'Auteur part du pays des Illinois pour la Nouvelle Orléans. Arrivée de Monsieur de Kerlerec. Départ du Marquis de Vaudreuil. Second voyage de l'Auteur chez les Illinois. Trait héroïque d'un pere qui se sacrifie pour son fils.

MONSIEUR,

J'ARRIVAI au mois de Juin à la Capitale de la Louisiane, où je trouvai une de vos Lettres, qui me fit un vrai plaisir, puisqu'elle m'apprit que vous continuiés à jouir d'une bonne santé, ce qui me dédommagea de la perte que j'ai faite de la présence de notre cher Gouverneur; je le trouvai parti pour la France. & pour comble de malheur, M. Michel de la Rouvilliere, mort d'une attaque d'apoplexie : cet Ordonnateur m'avoit écrit qu'il avoit appris, avec douleur, mon naufrage, que nonobstant l'usage où étoit le Roi de ne point entrer dans ces sortes de dépenses, il y entreroit avec plaisir pour me soulager; qu'il me falloit faire un état au juste de ce que j'avois effectivement perdu, lequel devoit être certifié par M. de Macarty, commandant le convoi; nécessité indispensable (disoit-il) pour que la dépense ait un motif, & qu'elle puisse passer dans les comptes; il me promettoit que dès qu'il auroit cette piéce, il regleroit ce qu'il conviendroit me faire avoir. Le Marquis de Vaudreuil m'avoit recommandé en partant à M. de Kerlerec, son successeur, qui n'a eu aucun égard à sa recommandation; il a des qualités de cœur bien opposées à celles de son prédécesseur; mais ce nouveau Gouverneur a pour excuse qu'il n'est pas venu de si loin seulement pour changer d'air. Il me retint à la Nouvelle Orléans, & ne me permit d'aller rejoindre ma garnison qu'en 1754, par le convoi que commandoit M. de Faverot. Je ne pus trouver de place pour embarquer mes provisions de voyage, attendu la quantité de pacotilles qui remplissoient les batteaux du Roi, je fis à ce sujet mes justes représentations à M. de Kerlerec, qui me fit essuyer, à cette occasion, toutes sortes de désagrémens. Après quoi, m'ayant demandé ce que j'emportois pour pacotille, je lui répondis, que je n'entendois rien au commerce; qu'étant militaire, Sa Majesté m'avoit envoyé à la Louisiane pour la servir, que c'étoit en quoi je faisois consister toute ma gloire; enfin M. de Kerlerec me permit d'aller joindre ma garnison.

Je partis de la Nouvelle Orléans le 17 Août; mais les bateaux, comme j'ai déjà dit, étoient si chargés de pacotilles, que les glaces nous ayant pris, il ne purent se rendre aux Illinois; il nous fallut hiverner en chemin, & le convoi n'arriva qu'en Janvier 1755, ce qui occasionna des avaries, & des frais immenses pour le compte du Roi. Les fatigues d'un si long voyage altérerent tellement ma santé, que je fus réduit à toute extrémité. Je me fis conduire à pied par les Sauvages, & lorsque j'étois fatigué ils me portoient dans une peau de bœuf passée & attachée en forme de hamac, à travers d'un gros bâton, comme une litiére. Ils se relayoient successivement, & je me rendis de cette maniere pour la seconde fois au vieux Fort de Chartres, où je me cabanai en attendant que je pusse avoir un logement dans le nouveau Fort, qui est presque achevé. Il est bâti en pierres, & flanqué de 4 bastions. il peut contenir une garnison de 300 hommes. Je demandai à M. de Macarty la permission d'aller changer d'air chez les Kaokias, qui ne sont qu'à une journée du Fort de Chartres. Le voyage se fait par eau ou par terre. Il y a dans ce poste un petit Fortin sur la rive gauche du Mississipi: c'est la grande route des Illinois en Canada, & le centre du commerce de la Nouvelle France, qui est considérable en pelleteries.

Messieurs de S. Sulpice, qui sont Seigneurs de l'Isle & de la ville de Mont-réal, ont etabli en cet endroit une mission sous le titre de la Sainte Famille de Jesus. Il n'y a que trois Prêtres. J'ai connu particuliérement l'Abbé Mercier, Canadien & grand Vicaire du pays des Illinois. C'étoit un homme d'une grande probité, dont l'amitié ne pouvoit que m'être utile, par les connoissances qu'il avoit acquises des mœurs des Sauvages qu'il édifioit par sa vertu, & son désintéressement. La langue du pays lui étoit familiere, & la facilité avec laquelle il la parloit, le faisoit extrêmement considérer des Sauvages, qui le consultoient sur toutes sortes de matiéres. Il a passé 45 ans à cultiver la vigne du Seigneur dans ces contrées éloignées ; les nations Sauvages de ces cantons, l'ont toujours respecté. Un homme de ce caractère ne pouvoit vivre trop long-tems pour le bonheur de ces Peuples. Ce digne Apôtre de la Louisiane, fut attaqué pendant le carême, d'une maladie de langueur, dont il mourut un vendredi à onze heures & demi du soir, expirant en héros Chrétien. Il avoit une présence d'esprit admirable ; en mon particulier, je l'ai beaucoup regreté. Les François & les Sauvages en étoient inconsolables ; ceux-ci envoyerent des députés, suivant leur tifage, pleurer fur fon tombeau. Ils y vinrent par bandes, & dès qu'ils étoient près de la maifon du défunt, ils s'annonçoient par de grands cris, & des gémiffemens lamentables. Ces pauvres gens paroiffoient confternés, & la douleur étoit peinte fur leur vifage. Ces Peuples, qu'il nous plaît d'appeller Sauvages, connoiffent la véritable vertu dans l'homme; celui-ci, pendant prefque toute fa vie, avoit travaillé à leur falut : ils l'appelloient leur pere, ou le Chef de la priere.

Quelle différence de ce Miffionnaire à un précédent, qui s'attribuoit fauffement la découverte de la Louifiane; c'eft du Pere Hennepin, Récolet, dont je veux vous parler.

Il donna en 1683, une Rélation dont le titre n'eft pas jufte; car le pays que ce Récolet, & le Sieur Decan découvrirent en remontant le Miffiffipi, depuis la Riviere des Illinois jufqu'au fault Saint Antoine, n'eft pas de la Louifiane, mais du Canada. Celui d'un fecond voyage du Pere Hennepin, au V. Recueil des Voyages du Nord, ne l'eft pas davantage, il porte : Voyage en un pays plus grand que l'Europe, entre la mer glaciale, & le nouveau Méxique ; car si loin que l'on ait remonté le Mississipi, on a été encore bien loin de la mer glaciale ; lorsque l'Auteur publia cette seconde Relation ; il étoit brouillé avec M. de la Salle. il paroit même qu'il avoit défense de retourner en Amérique, & que ce fut le chagrin qu'il en conçut qui le porta à se retirer en Hollande, où il fit imprimer un troisieme ouvrage intitulé : Nouvelle description d'un très-grand pays, situé dans l'Amérique entre le nouveau Méxique, & la mer glaciale, avec des reflexions sur les entreprises de M. de la Salle, & autres choses concernant la Description & l'Histoire de l'Amérique Septentrionale.

L'Auteur n'y décharge pas seulement son chagrin sur le Sieur de la Salle, il le fait encore retomber sur la France, dont il se croyoit maltraité. Il pense sauver son honneur en déclarant qu'il étoit né sujet du Roi Catholique (1); mais il devoit pen-

---

(1) Le Pere Hennepin étoit de Douay.

fer que c'étoit aux frais de la France qu'il avoit voyagé dans l'Amérique, & que c'étoit au nom du Roi très-Chrétien, que lui & le sieur Décan avoient pris possession des pays qu'ils avoient découverts; il ne craignoit pas même d'avancer; que c'étoit avec l'agrément du Roi Catholique, son premier Souverain, qu'il dédioit sa Relation au Roi d'Angleterre, Guillaume III, & qu'il sollicitoit ce Monarque à faire la conquête de ces vastes régions, à y envoyer des Missionnaires pour enseigner la Religion aux Sauvages. Démarche qui fit rire les Catholiques, & scandalisa les Protestans même, surpris de voir un Religieux qui se disoit Missionnaire & Notaire Apostolique, exhorter un Prince Protestant à fonder une Eglise Romaine dans le nouveau monde. Au reste, tous ses ouvrages sont écrits d'un stile de déclamateur qui choque par son enflure, & révolte par les libertés que se donne l'Auteur, & par ses invectives indécentes, sur ce qui regarde le fond des choses. Le Pere Hennepin a cru pouvoir profiter du privilége des voyageurs : aussi est-il fort décrié de ceux qui l'avoient accompagné, qui ont souvent protesté qu'il n'étoit rien moins que véritable dans toutes ses histoires. On reconnoît qu'il entroit plus de vanité dans son entreprise, que de véritable zéle à faire des prosélites dans le nouveau monde.

Pendant que j'étois aux Koakias ; il arriva des Sauvages de la Nation des Osages. Ils avoient pour Manitou un serpent desséché d'une grosseur énorme. Ces Peuples raconterent que cet animal prodigieux avoit fait beaucoup de ravage dans leur pays, qu'il avaloit un chat tigré entier ; qu'en conséquence, ils lui avoient déclaré la guerre, & avoient été l'attaquer. Ils le suivirent à la trace ; mais les balles ni les fléches ne pouvoient pénétrer dans son corps, qui étoit couvert d'une écaille fort dure, à-peu-près comme celle d'un crocodille. Ils parvinrent cependant à le mettre à mort en lui tirant plusieurs coups de fusils & de fléches qui lui creverent les yeux. Celui qui l'avoit tué en portoit l'empreinte sur son corps, de la maniere dont les Akansas m'imprimerent le chevreuil dont j'ai déjà parlé. Voici comme ils font cette impreſſion. Ils deſſinent avec du noir ou de la poudre à canon, la figure de l'objet ou de l'animal qu'ils veulent repréſenter ſur la chair; après quoi, on pique avec une ou pluſieurs éguilles, la peau juſqu'au ſang, puis on frotte légérement la figure avec une éponge fine, trempée dans une diſſolution de ſel de roche; ce qui mêle le ſang avec le noir, en criſpant la peau piquée, & rend la figure inéfaçable; cela ne ſe fait pas ſans douleur; mais comme c'eſt une ſorte de chevalerie où l'on n'eſt admis que pour des actions éclatantes, on l'endure avec plaiſir, afin de paſſer pour homme de valeur. Ces marques de diſtinction ſe multiplient à meſure qu'ils font des actions d'éclat à la guerre.

Si quelqu'un d'entr'eux s'aviſoit de ſe faire piquer ſans s'être diſtingué dans les combats, il ſeroit dégradé, & regardé comme un lâche, indigne de l'honneur qui n'eſt dû qu'à ceux qui expoſent généreuſement leur vie pour la défenſe de la patrie. Ils n'ont même de conſidération pour les fils des Caciques, qu'autant qu'ils ſont braves,

& vertueux à l'exemple de leur pere, & de leurs ancêtres.

J'ai vû un Sauvage qui, ne s'étant jamais signalé pour la défense de sa Nation, s'avisa néanmoins de se faire piquer, ou calquer une marque de distinction, pour en imposer à ceux qui ne jugent que sur les apparences. Ce fanfaron vouloit passer pour un homme de valeur, dans l'intention d'obtenir en mariage une des plus jolies filles de sa Nation, qui, toute Sauvage qu'elle étoit, ne laissoit pas d'avoir de l'ambition. Comme il étoit sur le point de conclure avec les parents de sa prétendue, les guerriers indignés de voir un poltron faire trophée d'une marque qui n'est due qu'au mérite militaire, tinrent une assemblée de Chefs de guerre, pour réprimer une telle audace. Le Conseil arrêta qu'afin d'obvier à de pareils abus qui confondoient les gens de cœur avec les lâches, le faux brave qui s'étoit induement décoré d'un Casse-tête sur la peau, sans jamais avoir *fait coup* à la guerre, auroit l'empreinte arrachée, c'est-à-dire, la place écorchée, & qu'on en feroit autant à tous ceux qui se trouveroient dans le même cas.

Comme il n'y avoit point de grace à espérer, & que sa condamnation étoit prononcée par un arrêt de ce Sénat Sauvage, jaloux de maintenir l'honneur de la Nation, je m'offris, par commisération pour ce malheureux, de faire la médecine Françoise en sa faveur; j'assurai que je lui enleverois la peau & la marque sans lui faire de mal; & que par la vertu de mon remède, son sang se changeroit en eau. Les Sauvages ignorant mon secret, croyoient que je me mocquois d'eux; contrefaisant donc les *Jongleurs*, je fis avaler au faux brave plein une calebasse de sirop d'érable, dans lequel j'avois mis une dose d'opium; & dans l'intervalle de son sommeil, j'appliquai, sur l'empreinte du Casse-tête qu'il portoit sur sa poitrine, des mouches cantarides, puis des feuilles de plantin qui lui causèrent des ampoules ou tumeurs; la peau & la marque tomberent, & il n'en sortit qu'une eau séreuse. Cette façon d'opérer surprit beaucoup les *Jongleurs*, qui ignoroient les propriétés des mouches cantarides, fort communes dans l'Amérique Septentrionale. Elles donnent de la lumière la nuit, on peut même lire les caractères les plus fins, en les approchant près des lettres, & en suivant la ligne.

On retrouve, souvent dans les mœurs des Sauvages, l'équivalent de celles des Européens, quelqu'opposées qu'elles paroissent entr'elles. L'exemple suivant en est une preuve.

Un Officier du Régiment de l'Isle de France, étant devenu amoureux d'une Demoiselle à Paris en 1749, la mere de cette fille, dit qu'elle la lui accorderoit volontiers s'il étoit décoré de la Croix de Saint Louis. L'amour le porta aussi-tôt pour accélérer son mariage, à prendre de lui-même cette distinction, que le Roi seul peut donner. Déjà la Dame le regarde comme gendre : mais quelques jours après, le faux Chevalier est rencontré par hasard par un Officier de son Régiment, qui, étant son ancien dans le service, est bien surpris de voir son cadet décoré avant lui. Celui-ci ayant répondu qu'on vient à bout de tout avec des protections, l'ancien Officier, qui ne savoit pas le myſtere, va auſſitôt trouver M. D'Argenſon, & lui repréſente l'injuſtice qu'on venoit de lui faire, en donnant la Croix de Saint Louis à ſon cadet. Le miniſtre nie que cela ſoit, & ſe fait apporter la feuille de la derniere promotion; l'Officier ne ſe trouvant point compris, eſt arrêté & traduit au Tribunal des Maréchaux de France, On tint, à ce ſujet aux Invalides, un conſeil de guerre où préſida le Maréchal de Belle-Iſle. Le faux Chevalier fut jugé à avoir la Croix arrachée, à être dégradé, & condamné à être renfermé pendant 20 ans dans une Citadelle.

Quant aux femmes Sauvages, elles peuvent ſans conſéquence ſe faire faire des empreintes par tout le corps; j'en ai vu pluſieurs qui étoient piquées juſques ſur le ſein, quoique cette partie ſoit extrêmement délicate & ſenſible; mais elles l'endurent avec fermeté, de même que les hommes, pour leur plaire, & en paroître plus belles.

Pour revenir au Manitou des Oſages, j'aurois voulu avoir cette prétendue Relique en ma poſſeſſion pour en orner votre cabinet d'hiſtoire naturelle;

relle; j'en voulus traiter avec le Prêtre qui la défervoit, lui offrant en échange des Marchandifes d'Europe, & lui repréfentant que le culte qu'il rendoit à cet animal étoit un abus, qu'il falloit, ainfi que nous, reconnoître le Grand Efprit, ou l'Auteur de la Nature; mais ce rufé Miniftre du Diable, en avouant que fes compatriotes groffiers & fuperftitieux, adoroient tout ce qui n'eft pas felon l'ordre commun, me dit qu'il prétendoit retirer beaucoup de fon Manitou, qu'étant Médecin & Jongleur, il leur faifoit accroire aifément que le Dieu mangeoit la nuit avec l'Efprit malin, & qu'il falloit lui apporter des vivres dans fa cabane, avec des peaux fines pour le parer.

C'eft ainfi que cet impofteur, par fes difcours artificieux, accrédite l'erreur & le préjugé de ces pauvres ignorans. Ces fortes de Devins leur font entendre qu'ils converfent avec l'efprit de ténèbres, que les Sauvages craignent beaucoup, comme ne fachant faire que du mal. Quant au Grand Efprit, ils difent qu'étant bon, il ne peut pas leur nuire.

I. Partie.   I

Je finirai cette Lettre par le récit de la mort tragique d'un Sauvage de la Nation des *Collapissas*, qui s'est sacrifié pour son fils; je l'ai admiré comme un événement héroïque, & qui met le comble à la générosité humaine. Un *Chactas*, parlant un jour fort mal des François, & disant que les *Collapissas* étoient leurs chiens, pour dire leurs Esclaves, l'un de ceux-ci indigné d'entendre des paroles aussi injurieuses, le tua d'un coup de fusil. La Nation des *Chactas*, la plus nombreuse & la plus guerriere du continent, s'arma aussitôt, & envoya des députés à la Nouvelle-Orléans pour demander au Gouverneur la tête du meurtrier, qui s'étoit mis sous la protection des François. Ceux-ci offrirent des présents pour assoupir cette querelle; mais la terrible Nation des *Chactas* ne voulut rien accepter; elle menaça même d'exterminer le village des *Collapissas*. Alors on fut obligé, pour éviter l'éfusion de sang, de leur livrer ce malheureux Sauvage. Le Sieur Ferrand, commandant le poste des Allemands, sur la rive droite du Mississipi, fut chargé de cette commission. Le rendez-vous fut à cet effet donné entre le village Colapissa, & le poste des Allemands, où se fit le sacrifice de la maniere suivante.

Le Sauvage victime se nommoit *Tichou Mingo*, c'est-à-dire, valet de Cacique. Il harangua debout, suivant l'usage de ces Peuples, en disant : « Je » suis un véritable homme, c'est-à-» dire, je ne crains point la mort, » mais je plains le sort d'une femme » & de quatre enfants, que je laisse » après moi dans un âge fort tendre, & » mon pere & ma mere qui sont vieux, » & que je faisois subsister par ma » chasse (1) ; je les recommande aux » François, puisque c'est pour avoir » pris leur parti que je suis sacrifié.

A peine avoit-il achevé cette courte & pathétique harangue, que ce bon & tendre pere, pénétré de l'amitié filiale, se leva aussitôt & parla en ces termes : « C'est de valeur (2)

---

(1) C'étoit le meilleur Chasseur de la Nation.

(2) Le terme de valeur est un mot qui signifie, en leur langue, ce qui est fort ou extraordinaire.

I ij

» que mon fils meurt. Mais étant jeu-
» ne & vigoureux, il est plus capa-
» ble que moi de nourrir sa mere, sa
» femme, & quatre jeunes enfans; il
» est donc nécessaire qu'il reste sur la
» terre pour en prendre soin. Quant
» à moi, qui suis sur la fin de ma car-
» rière, j'ai vécu assez, je souhaite
» même que mon fils vienne à mon
» âge, pour élever mes petits enfans.
» Je ne suis plus bon à rien : quelques
» années de plus ou de moins me sont
» indifférentes. J'ai vécu en homme,
» je veux mourir de même, c'est pour-
» quoi je vais prendre sa place (1) ».

A ces paroles, qui exprimoient l'a-
mour paternel d'une manière aussi forte que touchante, sa femme, son fils,
sa belle fille, & ses petits enfans fon-
doient en larmes au tour de ce tendre
& courageux vieillard; il les embrassa
pour la derniere fois, les exhorta à
être toujours fidelles aux François,

———————————————————

(2) Ces Peuples suivent la Loi du Talion,
la mort se venge par la mort, & il suffit que
ce soit quelqu'un de la Nation, quand même
il ne seroit pas parent; on n'en excepte que
les Esclaves.

I.ᵉ PARTIE.

& à mourir plutôt que de les trahir par aucune lâcheté indigne de son sang ; enfin il leur dit que sa mort étoit un sacrifice nécessaire à la Nation, & qu'il étoit content & glorieux de le lui faire. En achevant ces dernieres paroles, il présenta sa tête aux parents du mort, qui l'accepterent. Après cela il s'étendit sur un tronc d'arbre, & aussitôt on la lui fit sauter d'un coup de hache.

Tout fut assoupi par cette mort ; mais le jeune homme fut contraint de leur livrer la tête de son pere (1) ; en la ramassant, il lui adressa ces mots : « Pardonne-moi ta mort, & souviens-toi de moi au pays des ames. Tous les François, qui assisterent à cette tragédie, furent attendris jusqu'aux larmes, en admirant la constance héroïque de ce vénérable vieillard, dont la vertu est comparable à ce célèbre Orateur Romain, qui, dans le temps du Triumvirat, fut caché par son fils. Celui-ci étoit cruellement tourmenté

_____

(1) Ils la mirent au bout d'une perche, & l'emporterent comme en trophée dans leur Tribu.

pour déceler son pere, qui, ne pouvant plus supporter qu'on fît souffrir ainsi un fils si tendre, & si vertueux, vint se présenter aux meurtriers, & pria les soldats de le tuer, & de sauver la vie à son fils : le fils les conjura de le faire mourir, & d'épargner les jours de son pere ; mais les soldats plus barbares que les Sauvages, les firent mourir ensemble, en même temps, & au même endroit.

M. Ferrand, compagnon de mon dernier voyage aux Illinois, tomba dans le Mississipi pendant la saison la plus rigoureuse, en faisant manœuvrer les soldats, & au moment que la rapidité de ce Fleuve l'entraînoit dans un goufre, un chasseur Akancas, qui s'étoit heureusement embarqué dans son bateau pour le traverser, le sauva du précipice. L'Officier lui dit qu'il espéroit, dans la suite, récompenser généreusement le service qu'il lui avoit rendu : au premier mot qu'il proféra pour l'en assurer, le Sauvage lui répondit qu'il n'avoit fait que le devoir d'un frere, qui doit secourir les malheureux dans le danger, que le *Grand Esprit* lui ayant donné l'art de nager comme un poisson, il ne pouvoit mieux l'employer qu'à sauver son semblable.

Les Sauvages, hommes & femmes, apprennent à nâger dès leur plus tendre jeunesse. J'ai vu souvent les meres mettre leurs enfans dans une mare d'eau claire, & je prenois un plaisir extrême de voir ces petits innocents nager naturellement comme une grenouille. Une pareille éducation ne vaudroit-elle pas bien toutes celles dont on fait tant de cas en Europe? La question que je traite ici est de la derniere conséquence, sur-tout dans un pays où presque tous les voyages se font par eau. Je ne m'arrêterai pas sur ces détails qui pourroient enfin ennuyer: je dirai seulement, que suivant la saine raison, la premiere chose qui est dans la nature, c'est de savoir conserver son existence, & qu'il seroit à souhaiter que les meres Européennes imitassent en cela les Américaines, comme de nourrir elles-mêmes leurs enfans. Cet acte, dicté par la nature, empêcheroit bien des accidens dans des enfans supposés être légitimes : & sans citer plusieurs faits à cet égard rapportés dans les Causes Célèbres, j'ai ici sous mes yeux un exemple tout récent, des inconvéniens qui sont causés très-souvent par ces nourrices mercénaires. Un Gentilhomme, Officier de mon détachement, a été perdu long-temps en nourrice. Aussitôt qu'il fut né à Paris, on l'envoya dans le fond de la Normandie, & il n'a été reconnu de ses parents qu'à l'âge de 22 ans par un effet du hasard, après avoir essuyé pendant ce tems toutes sortes de miseres & de périls.

Je me souviens qu'en 1749, étant sur la route de Paris à Arpajon, je fus témoin oculaire d'un accident qui arriva à une de ces petites victimes que les parents éloignent de leur vue pour n'être pas importunés par leurs cris ; la nourrice chargée de cet enfant, l'avoit mis dans son tablier ; lorsqu'elle voulut monter dans une de ces grandes voitures destinées pour ces voyages, son tablier, qui étoit noué par derriere, se dénoua & l'enfant tomba mort sur le pavé.

Qu'il me soit permis de dire en

passant, qu'il y a une différence totale entre la façon de penser des Européennes, & celle des Indiennes :

Du moins votre grossiere & farouche droiture
Suit les premieres loix de la simple nature.
Jumonville, Poëme de M. Thomas.

Elles se croiroient déshonorées si elles abandonnoient leurs enfants aux soins d'une femme extrêmement éloignée de leur vue, elles ne craignent point, comme les Européennes, de voir diminuer les témoignages de la tendresse de leurs maris, pour avoir porté dans leurs flancs le gage de leur mutuel amour; mais au contraire, l'accroissement de la flamme est réciproque, & le plaisir de voir perpétuer son espèce, & de se voir revivre journellement dans une petite créature, à qui elles ont donné le jour, les dédommage infiniment des peines qu'elles ont à supporter.

Les Dames blanches que nous appellons Créoles, suivent en Amérique l'usage des Européennes, en dédaignant d'allaiter leurs enfants; elles les livrent, au sortir de leur sein, à une

Esclave noire, bazanée, ou rouge, sans penser qu'elle peut avoir le sang corrompu. Plusieurs habiles Médecins ont démontré physiquement, que le lait influe sur les inclinations des jeunes nourrissons. J'ai vu souvent en Amérique d'innocentes victimes de la vie déréglée de leurs nourrices, ce qui est funeste à la propagation de l'espéce humaine. Je laisse cette matière traitée à Messieurs de la Faculté, ils en acquitteront mieux que moi.

Je finis, en vous assurant que je suis, Monsieur, &c.

Aux Illinois le 21 Juillet 1756.

P. S. Un Courier Sauvage qui vient d'arriver nous apprend l'agréable nouvelle de la prise de Choagüen, & de ses dépendances, sur le fameux lac Ontario.

La garnison de cette place, au nombre de 1500 hommes de troupes réglées, s'est rendue prisonniere de guerres elle a accepté les articles de capitulation, qu'il a plu à M. de Montcalm de leur accorder; ce Général a envoyé aussitôt à Quebec, les

5 drapeaux des Régimens qui étoient dans la place.

M. Rigaud (1), Gouverneur des trois rivieres, commandoit les Canadiens & les Sauvages, il s'étoit emparé d'un poste avantageux, pour s'opposer à tout secours, & à la retraite de l'ennemi.

Les troupes de terre, celles de la Colonie, les Canadiens & les Sauvages se sont également distingués ; nous ne savons point encore le nombre d'hommes que les ennemis ont perdu ; on sait seulement que leur Général a été tué dès le commencement de l'attaque ; de notre côté nous n'avons perdu, dans cette glorieuse expédition, que trois soldats. M. de Bourlamaque, Colonel d'Infanterie, a été légèrement blessé avec sept ou huit Canadiens ; mais malheureusement M. Decomble, Ingénieur, a été tué d'un coup de fusil, par un de nos Sauva-

_____

(1) Frere de M. le Marquis de Vaudreuil, revenu en Amérique avec le titre de Gouverneur général du Canada, & de la nouvelle France.

ges qui le prit pour un Anglois à cause de son uniforme, qui étoit différent de celui des autres Officiers François.

Le Marquis de Montcalm est occupé à détruire les Forts de Choaguen, & à faire passer à Frontenac les vivres & les munitions qu'on y a trouvés, ainsi que cent piéces de canons.

LETTRE IX.

Au Même.

Départ de l'Auteur de chez les Kaokias, pour se rendre au Fort de Chartres. Ses observations sur la population de l'Amérique. Description d'une Caravane d'Eléphans arrivés aux environs de la riviere d'Oyo.

MONSIEUR,

SUIVANT toute apparence, voici la derniere lettre que je vous écrirai des Illinois, je me dispose à partir par ordonnance des Médecins, qui ont jugé nécessaire que je repasse en France, pour aller prendre les bains de Bourbonne, afin de prevenir les suites fâcheuses d'un coup de feu que j'ai reçu il y a long-tems à l'assaut du Château Dauphin (1).

Il est arrivé hier ici un Exprès dépêché du Fort du Quêne à notre Commandant, par lequel nous apprenons que les Anglois font de grands préparatifs pour revenir attaquer ce poste. M. de Macarty a fait partir un convoi de vivres pour ravitailler le Fort. Le Chevalier de Villiers le commande à ma place, ma mauvaise santé ne m'a pas permis d'entreprendre ce voyage; il m'auroit mis à portée d'examiner sur la route l'endroit où un Sauvage trouva des dents d'éléphans, dont il me don-

────────────

(1) Place forte en Piémont, sur le sommet d'une montagne des Alpes. Cette place fut enlevée le 19 Juillet 1744, sous les ordres de Mgr. le Prince de Conti.

La Brigade de Poitou commandée par le brave M. de Chevert, se distingua dans cette action par une valeur qui n'est pas commune, & qui a fait l'admiration de l'Europe.

Voyez les Journaux du tems.

na une mâchelière qui pesoit environ 6 liv. ½.

En 1735, les Canadiens qui venoient faire la guerre aux Tchicachas, trouverent aux environs de la belle riviere ou l'Oyo, les squeletes de sept éléphans, ce qui me fait présumer que la Louisiane tient à l'Inde, & que ces éléphans y sont venus d'Asie par la partie de l'Ouest que nous ne connoissons pas encore; une troupe de ces animaux s'étant égarés, sera entrée dans ce nouveau continent, & ayant toujours marché en terre ferme & dans les forêts, les Sauvages d'alors qui n'avoient point encore l'usage des armes à feu, n'auront pû les détruire entierement; il en aura pu arriver sept à l'endroit où j'ai dit, & qu'on a marqué d'une croix sur la carte de la Louisiane. Ces éléphans se trouverent apparemment dans une terre marécageuse où la masse énorme de leurs corps, les ayant fait enfoncer jusqu'au ventre, les aura forcés de rester.

En 1752, le Baron de Porneuf qui commandoit le Fort François au Pays des Missouris, reçut des Sauvages de cette nation la peau d'un animal jusqu'à préſent inconnu en Amérique. L'Officier l'envoya en préſent à Madame la Marquiſe de Vaudreuil qui en fit un manchon ; cet animal pouvoit être une fois auſſi gros qu'un renard d'Europe, ſon poil étoit auſſi fin & auſſi doux que du velour, taché ou marqué de noir & blanc moiré.

Pluſieurs Auteurs prétendent que c'eſt par la nouvelle Zemble ou l'iſle de Carambicée ſituée au N. de l'ancien continent, que l'on a pû paſſer ſur la glace, & continuer ſa route juſqu'au Groenland ; ils penſent que c'eſt le chemin qu'ont pris ceux qui premierement ont été habiter l'Amérique, & que le détroit qui la ſépare de la terre ferme, a en ſa partie orientale de hautes montagnes de glace ; mais tous ceux qui ont voulu tenter un paſſage aux Indes par cette partie du Nord, ont été mangés par des Ours blancs, ou ont péri au milieu des glaces.

Voici mon obſervation à ce ſujet, ſi les hommes avoient paſſé par-là pour habiter l'Amérique, ils auroient probablement préféré le Canada, la nouvelle Angleterre, & la Louisiane dont les parties les plus boréales sont analogues à leur pays : au contraire on sçait que lorsque les François & les Anglois découvrirent l'Amérique septentrionale, il n'y avoit que très-peu d'habitans, au lieu que les Espagnols qui firent la conquête du Mexique & du Pérou trouverent des Rois & des Empereurs qui mettoient sur pied des armées nombreuses, & qui sacrifioient tous les ans 20000 Captifs à leurs faux Dieux. On a donc lieu de conjecturer que les hommes ont passé en Amérique par la partie de l'Ouest, du Mexique & de la Louisiane. (1) Les Eléphans qui y sont venus sont encore une preuve qui vient à l'appui de mes observations. De plus quand j'ai interrogé les Sauvages nommés les *Sioux des prairies*, qui sont des Peu-

---

(1) Elle confine le Canada par le Nord-Est, elle tient par l'Est à la Floride, & aux Colonies Angloises, & par l'Ouest au nouveau Méxique. Ses bornes du Nord-Ouest ne sont point déterminées.

ples errans, ils m'ont répondu qu'ils avoient entendu dire par d'autres Sauvages, qu'à l'Ouest de leur Pays, il y avoit des hommes habillés qui navigeoient sur de grands lacs d'eau sallée avec de grandes Pirogues; (1) qu'ils habitoient dans de grands Villages bâtis en pierre blanche; que les Habitans obéissoient à un grand Chef despotique qui mettoit des armées formidables en campagne.

De plus les Mexiquains adorent les Idoles comme les Indiens; les Sauvages Natchez ont un Temple & un culte. On a remarqué dans leurs idiômes des termes chinois. Une partie des Sauvages se coupent ou s'arrachent les cheveux, & n'en ont qu'une touffe taillée, comme une couronne de Moine qui leur sert à attacher des plumes de différentes couleurs. Ils ne se rognent jamais les ongles; c'est à la Chine une marque de noblesse de porter les ongles de la main droite fort longs.

―――――――――

(1) Les Sauvages appellent la mer le grand lac, & les vaisseaux de grandes pirogues.

En supposant que les hommes ayent passé de notre continent en Amérique, la race des hommes blancs se seroit perpétuée; puisque nous voyons que depuis deux siècles & demi que Christophe Colomb découvrit ce nouveau Monde, les Européens qui s'y sont établis, y conservent de génération en génération la blancheur de leurs ancêtres. Les animaux qu'on y a trouvés sont tous différents des nôtres; & même ni Pline, ni les autres Naturalistes n'en font aucune mention. Nous devons nous contenter d'admirer avec respect l'ouvrage du Créateur, sans vouloir approfondir ses secrets.

J'ajouterai ici en passant que quand les Espagnols découvrirent les Isles de St Domingue & de Cuba, ils les trouverent très peuplées de Sauvages qu'ils égorgerent sous prétexte de religion, afin d'être possesseurs de leur or. C'est delà qu'un Cacique ou roitelet de cette Isle s'étant sauvé des mains des Espagnols, fit entendre à ses gens que l'or étoit le Dieu de leurs ennemis, puisqu'ils venoient de si loin & avec tant de risques pour le posséder, qu'il falloit tout abandonner pour avoir du repos. Un autre de ces Caciques étant condamné au feu par l'inquisition, fut sollicité par un Jésuite de se faire chrétien, afin d'aller en Paradis : mais il protesta hautement qu'il n'y vouloit point aller, s'il y avoit des Espagnols. Ces malheureux Sauvages les avoient tellement en horreur, qu'ils s'abstenoient de voir leurs femmes, dans la crainte de faire des esclaves à de tels maîtres; lorsqu'ils se sont avisés d'en manger, ça été plutôt pour se venger que par goût ; ils disoient franchement que la chair d'un Espagnol ne valoit rien.

J'ai oublié de vous dire dans ma derniere lettre, que j'ai été convié au festin de guerre, que le grand Chef des Illinois a donné pour lever des guerriers & marcher avec le Chevalier de Villiers. Celui-ci obtint la permission du Commandant de lever un parti de François & de Sauvages pour aller venger la mort de M. de Jumonville son frère assassiné par les Anglois avant la guerre.

Instruits dans leurs déserts de l'horrible attentat,
Les farouches humains enfants de ce climat,
Viennent de toutes parts pour hâter la vengeance,
Pour joindre leur massue aux foudres de la France.

Jumonville, Poëme par M. Thomas.

Le Grand Chef des Illinois s'appelle *Papapé-changouhias*, il est allié à plusieurs François de distinction établis chez ces Peuples. Ce Cacique a succédé au Prince Tamaroas, surnommé Chikagou mort en 1754. Il est décoré de la médaille du défunt ; ce Seigneur Illinois a fait voir aux François qu'il étoit digne de la porter par son attachement pour notre Nation ; le détachement du Chevalier de Villiers (1)

---

(1) Il ne faut point confondre M. de Villiers, surnommé le Grand Villiers, qui fut venger la mort de Jumonville immédiatement après son assassinat en 1753, avec le Chevalier de Villiers, qui commandoit ce détachement.

Voyez le Poëme qu'a fait le célèbre M. Thomas à ce sujet.

étant prêt à partir, *Papapé-changouhias* voulut lui servir de guide avec ses guerriers. Ils partirent du Fort de Chartres le premier Avril 1756. Ils arriverent vers la fin de Mai sur les frontieres de la Virginie, où les Anglois avoient un Fortin entouré de gros pieux. Les Sauvages en approcherent à la faveur de la nuit, portant chacun une fascine de bois gras & combustible qu'ils allumerent aux pieux de ce Fort. L'Officier Anglois qui commandoit, ayant paru pour le faire éteindre, un Sauvage l'ajusta à la clarté des flammes, & le tua d'un coup de fusil. Ce même Sauvage cria en leur langue, « rendez-« vous chiens d'Anglois que vous « êtes, sinon vous serez brulés ou « mangés. Les soldats intimidés par ces

---

Des sept freres qui composoient la famille de Villiers, six ont été tués pour la défense de la patrie en Canada. Le Chevalier de Villiers est le dernier qui fut fait prisonnier à l'affaire de Niagara en 1759, dans le parti que commandoit le brave M. Aubry: cet Officier avoit défait un corps de troupes Angloises au Fort du Quêne.

menacés, & n'ayant plus de Commandant, se rendirent le lendemain matin à discrétion ; les Sauvages alors les lierent deux à deux comme captifs, à l'exception du sergent qu'un Sauvage du parti reconnut pour en avoir reçu autrefois des coups de bâton en tems de paix. Ce malheureux Sergent fut la victime du ressentiment de ces Barbares qui le brûlerent sans miséricorde. J'ai dit que les Sauvages ne pardonnent jamais, & qu'ils se regardent comme libres & indépendants : c'est pourquoi il faut bien prendre garde de les frapper, car tôt ou tard ils s'en vengent.

Les Prisonniers Anglois au nombre de 40 faits dans ce Fort, furent partagés entre les François & les Sauvages qui les dépouillerent suivant leur usage, leur arracherent la barbe & les cheveux, & à la priere des François les firent seulement esclaves. Mais les Officiers François & les Habitans des Illinois plus humains se cottiserent entre eux, & par commisération les racheterent en faisant un présent à cette Nation qui les traitoit comme des chiens, par la seule raison qu'ils étoient nos ennemis, & pour se faire valoir auprès de nous.

Du Village des Kaokias, on arrive chez les Péorias alliés des Illinois, par une belle & grande prairie qui peut avoir 25 lieues de long. Les Sauvages qui m'accompagnoient, tuerent à coups de bâton des petits oiseaux qu'ils appellent becs fraizes. Ces oiseaux dont le plumage est varié de différentes couleurs, sont aussi bons que des becfigues de Provence. Les Sauvages m'ont dit qu'ils étoient passagers, que tous les ans ils se rassembloient, comme des moineaux pour venir béqueter les fraises de cette prairie qui en est toute rouge dans la saison. Le Village des Péorias est situé sur le bord d'une petite riviere, & fortifié à la maniere des Amériquains, c'est-à-dire, entouré de gros pieux.

Quand nous y fumes arrivés, je demandai où étoit l'habitation du Chef, on me conduisit à une grande cabane où toute la Nation étoit assemblée à l'occasion d'un parti de Guerriers qui avoit été battu par la

Nation des Renards leurs ennemis mortels.

Je fus bien accueilli du Cacique & de ses premiers Guerriers qui vinrent les uns après les autres me serrer la main en signe d'amitié, en disant: hau! hau! ce qui veut dire, sois le bien venu. Aussitôt un jeune Sauvage ou un Esclave alluma le calumet de paix, & le Chef me le présenta pour fumer suivant l'usage ordinaire.

Après les premieres civilités, on m'apporta une calebasse pleine de suc végétal d'un arbre qu'on appelle érable. Les Sauvages le tirent au mois de Janvier, en y faisant un trou au pied avec une vrille à laquelle ils adaptent une canule. Il en découle au premier dégel environ une barique d'eau, ou de jus qu'ils font bouillir jusqu'à ce qu'il soit réduit en syrop, lequel étant rebouilli, se convertit en sucre un peu roux, & semblable à la manne de Calabre; les Apoticaires le préférent justement au sucre de cannes. Les François établis aux Illinois, ont appris des Sauvages la façon d'en faire. Ce sirop est très-bon pour

pour les rhumes, & pour les poitrinaires.

A l'issue de l'assemblée, on m'apporta du pain de Pliakmine, des pieds d'ours, des queues de castors; je mangeai aussi du chien, plutôt par complaisance que par goût; mais j'ai pris pour maxime qu'il falloit dans l'occurence se conformer au génie des Peuples avec lesquels on est obligé de vivre, & affecter leurs manieres pour se les concilier; à l'entremêt, on m'apporta plein une gamelle de bouillie de sagamité assaisonnée avec du sirop d'érable, ragout sauvage assez bon, & très-rafraichissant. A la fin du repas, on me servit pour dessert des bluets, sorte de fruits secs, & aussi bons que des raisins de corinthe, il est très-commun au pays des Illinois.

Le lendemain j'apperçus un nombreux peuple repandu dans la campagne : l'assemblée étoit pour une danse de Religion en honneur du nouveau *Manitou*; les Prêtres étoient habillés d'une maniere qui me frappa : leurs corps étoient barbouillés d'une terre glaise avec des desseins burlesques, ils avoient le visage peint en rouge, bleu, blanc, jeaune, vert, & noir. Le Grand Prêtre avoit sur sa tête un bonnet de plumes en façon de couronne, & pour agrément une paire de cornes de bouc sauvage (1), je vous avoue que l'équipage de ce Prélat m'excita à rire. Comme ces sortes de cérémonies sont sérieuses, on doit prendre garde d'éclater, ce seroit une indécence, & une irreligion parmi eux : aussi les Sauvages n'interrompent jamais les Catholiques dans l'exercice du culte qu'ils rendent au vrai Dieu. Mais quel spectacle s'offre ici à ma vue ! J'apperçois un monstre vivant érigé en divinité ! J'étois à la porte du Temple du faux Dieu : le Maître de la cérémonie me pria d'y entrer (2), je n'étois pas encore au fait de leurs usages, j'en eus quelque

---

(1) Ces animaux se trouvent chez les Missouris, leurs cornes sont d'un beau noir, & recourbées.

(2) Le Prêtre préposé pour la garde du Temple, avant de faire son oblation, s'oignoit le corps de résine, ensuite il semoit du duvet de cigne, ou du poil de castor sur cette gomme fondue, & dans cet équipage ridicule il dansoit en l'honneur du faux Dieu.

répugnance ; mais un des Sauvages qui m'accompagnoit, s'appercevant de mon embarras, me fit connoître que si je n'entrois pas, ces Peuples prendroient mon refus pour une injure, ou du moins pour un mépris. Ce discours me détermina, j'entrai : voici le portrait du *Manitou* : sa tête s'avançoit sur son estomac, elle ressembloit à celle d'un bouc, ses oreilles à celles d'un loup cervier, avec un poil semblable, ses pieds, ses mains, ses cuisses, & ses jambes étoient de peau, & de forme humaine : cette fausse divinité pouvoit être âgée d'environ six mois, les Sauvages l'avoient trouvée dans les bois au pied d'une chaîne de montagnes, qu'on appelle montagnes de Sainte Barbe, qui communique aux riches mines de Santa-Fé au Méxique. La convocation de l'assemblée générale de la Nation, étoit pour implorer sa protection contre leurs ennemis.

Je fis entendre à ces pauvres ignorans que leur *Manitou* étoit un mauvais génie, & la preuve que je leur en donnai, étoit qu'il avoit permis que la Nation des Renards, leurs

plus cruels ennemis, remportât un avantage sur leurs compatriotes, qu'ils devoient le quitter au plutôt, & se venger sur cet esprit mauvais; ils me répondirent, *tikalabé, houé ni gué,* c'est-à-dire, nous te croyons, tu as raison. On recueillit les voix, & le résultat fut qu'il seroit brûlé vif. Le Grand Prêtre ou Sacrificateur lui prononça sa sentence, elle étoit conçue en ces termes, suivant le rapport de l'Interprète : « Monstre engendré
» des excrémens du mauvais Esprit,
» pour le malheur de notre Nation;
» qui mal avisée t'a pris pour *Manitou*,
» tu n'as point eu d'égard aux offran-
» des qu'elle te fait, tu as souffert
» qu'un parti de nos compatriotes ait
» été battu, & fait esclave par nos
» ennemis que tu protége ouvertement : tous les vieillards assemblés,
» ont délibéré d'une voix unanime,
» & de l'avis du Chef des guerriers
» blancs, que pour expier ton ingra-
» titude envers nous, tu seras brûlé
» vif. La fin de la sentence de mort du faux Dieu vivant, fut terminée par les cris des assistants en disant, *hou, hou, hou, hou, hou,*

Comme j'avois envie d'avoir ce monstre, n'ayant pû obtenir celui dont je vous ai déja parlé, voici comme je m'y pris : je m'adreſſai au devin à qui je fis un petit préſent, & je lui fis dire par mon interprête de perſuader à ſes compatriotes, que s'ils brûloient ce génie de mauvaiſe augure, il pourroit renaître de ſes cendres un autre monstre qui leur ſeroit funeſte; & que j'allois paſſer le grand lac exprès pour les en délivrer. Il goûta mes raiſons, & moyennant la petite généroſité, que je lui fis pour appuyer ma parole, la propoſition fut agréée, & la peine du feu commuée en celle d'être aſſommé à coup de maſſue ou de caſſe-tête, mon but étant d'avoir le faux Dieu ſans être mutilé, je fis encore dire qu'il falloit le livrer à mes gens qui l'étrangleroient : que ſi quelqu'un de la Nation le tuoit, il pourroit lui en arriver malheur ; ils approuverent encore mes raiſons qu'ils dirent être juſtes. Enfin ils me l'abandonnerent, à condition que je l'éloignerois de leurs terres. Il fut donc étranglé ; mais n'ayant point d'eſprit de vin ni d'eau de vie pour le con-

ferver, j'ai été obligé de le faire dif-
féquer pour pouvoir l'emporter en
France, afin de fatisfaire votre curio-
fité pour l'Hiftoire Naturelle (1).

Je vais finir cette Lettre par un
autre trait de la fuperftition de ces
Peuples, & du culte qu'ils rendent à
des animaux affreux. En 1756, on
vit arriver au Fort de Chartres, une
députation des Sauvages appellés Mif-
fouris (2); il y avoit parmi eux une
vieille femme qui paffoit pour magi-
cienne. Elle portoit au tour de fon
corps nud un ferpent à fonnettes tout
vivant, dont la morfure eft mortelle
fi l'on n'eft pas fecouru dans le moment.

Cette Prêtreffe de Satan parloit à
ce ferpent, qui fembloit entendre ce
qu'elle lui difoit : je vois bien, lui
dit-elle, que tu t'ennuye ici, va, retourne à ton domicile, où je te trou-

---

(1) Le fquelete de ce monftre ou faux Dieu
eft préfentement dans le cabinet de l'Hiftoire
Naturelle de M. Fayolles, Commis au Bureau des Colonies Françoifes de l'Amérique.

(2) Peuples fitués à l'Oueft de la Louifiane
fur la riviere qui porte leur nom, & qui tombe dans le Miffiffipi.

verai à mon retour ; aussitôt le reptile se sauva dans le bois, & prit la route des Missouris. Si j'avois voulu donner dans la superstition, ou dans le faux merveilleux, je vous aurois marqué que j'avois vu le demon apparoître à ces Peuples sous cette forme de serpent. Nombre de Missionnaires nous ont persuadé dans leurs relations & lettres édifiantes, que le demon apparoissoit à ces Peuples, pour s'en faire rendre un culte d'adoration ; mais il est aisé de voir qu'il n'y a rien en cela de surnaturel, & que ce n'est qu'une pure charlatanerie.

Au surplus, vous savez que tous les animaux, même les plus féroces, s'apprivoisent avec l'homme ; je ne vous dirai point, si le serpent de la prétendue sorciére s'est rendu dans son pays. Tout ce que je puis vous assurer, c'est que j'ai toujours eu une grande antipathie pour ces animaux, & que mon plaisir est, lorsque j'en rencontre, de leur écraser la tête.

Je me rappellet qu'au village des Péanguichias, Naion alliée des Illinois ; il manqua d'arriver une terrible affaire à l'un de nos soldats ; étant entré dans une cabane, il y trouva un serpent vivant, qu'il tua d'un coup de hache, sans savoir que le maître du logis en avoit fait son *Manitou*. Le Sauvage arrivant dans le moment fremit de colere de ne plus trouver son Dieu vivant, il assuroit que c'étoit l'ame de son pere qui étoit mort depuis un an ; qu'ayant eu le malheur de tuer d'un coup de fusil deux serpens qui frayoient sur la pointe d'un rocher, il tomba malade, & mourut peu de tems après.

L'imagination de ce vieillard étant troublée par l'ardeur de la fièvre, il croyoit voir les deux serpens lui reprocher de les avoir tués, ce qui lui avoit fait recommander à son fils en mourant de ne point faire de mal à ces animaux, dans la crainte qu'ils ne le fissent mourir aussi (1). Comme je connoissois déjà le génie de ces Peu-

―――――――――――――

(1) J'ai vû en France un paysan qui tua une chouette sur le toît de son voisin, son pére étant mort quelque tems après, il crut que c'étoit l'oiseau de mauvaise augure qui en étoit la cause.

ples, je conseillai au soldat, que le Sauvage regardoit comme déicide, de contrefaire l'ivrogne ou le fol, & de faire semblant de vouloir me tuer, de même que ses camarades : les Sauvages qui ne sçavoient pas que c'étoit une comédie, furent les premiers à crier que le guerrier blanc (1) avoit perdu l'esprit. Je leur demandai des cordes pour le faire lier ; comme je paroissois fort en colere contre lui, les Chefs & les guerriers vinrent me demander sa grace, disant que c'étoit un homme qui, à force de boire, avoit perdu l'esprit, que le même cas arrivoit quelquefois aux hommes rouges ; pour donner plus de couleur à l'affaire, je me fis encore prier par la femme du Cacique, à laquelle je feignis d'acquiescer par déférence pour son sexe, que je respectois beaucoup.

Je fis présent au maître du serpent d'une bouteille d'eau-de-vie pour noyer sa douleur. Les Sauvages ont une passion excessive pour cette liqueur ; & ils sont furieux lorsqu'ils en

---

(1) C'est ainsi qu'ils appellent nos soldats.

ont trop bû. Leur ivresse étant passée, ils disent que ce n'est pas eux qui ont parlé ou agi, ils attribuent toutes leurs sottises à l'eau-de-vie, & croyent se justifier en avouant qu'ils ont perdu l'esprit. Si un Sauvage étant ivre en tue un autre, le coup n'est point vengé. Mais ces Peuples ont l'attention de ne jamais boire tous à la fois, ceux qui sont de sang froid retiennent les autres, & les femmes serrent les armes offensives & défensives. On peut encore mettre l'eau-de-vie au nombre des fleaux qui ont causé la dépopulation des Peuples de l'Amérique Septentrionale ; cette liqueur réduit l'homme au rang des bêtes, & souvent le met au tombeau. J'ai vu quelquefois des Sauvages étant ivres s'assommer entre eux à coup de haches ou de massue.

Enfin me voici à la veille de mon départ des Illinois, Je compte être à la Nouvelle Orléans dans le courant de Janvier 1757, je fais partir la présente par une pirogue que M. de Macarty expédie pour porter ses dépêches au Gouverneur. Je suis, M. &c.

Aux Illinois le 10 *Novembre* 1756.

LETTRE X.

Au Même.

L'Auteur quitte les Illinois. Sa navigation en descendant le Mississipi. il campe dans une isle que forme ce Fleuve. Ses Soldats l'en reçoivent Gouverneur.

MONSIEUR,

Vous me demandez si les Sauvages ont parmi eux des Capitaines, & un Roi qui les commande. Le tems que j'ai resté parmi eux me procure le plaisir de satisfaire votre curiosité. Vous sçaurez qu'ils sont divisés par Tribus ou Nations, dont chacune est gouvernée par un Cacique ou petit Roi, qui ne releve que du *Grand Esprit*, ou de l'Etre suprême ; ces Caciques, en régnant despotiquement, ont le secret de se faire respecter, & aimer sans rendre leur autorité odieuse. Aussi ont-ils la douce satisfaction d'être regardés de leurs sujets comme des demi Dieux, nés pour leur bonheur en ce monde : car ils ont, pour les Petples de leurs Tribus, des entrailles de pere, qualité qui les flatte plus que tous les titres pompeux, & tous le faste du Grand Seigneur, ou du Grand Mogol. Ces Empereurs d'Asie sont en effet souvent exposés, dans leurs vastes Etats, à des révolutions, où leur vie même n'est pas en sureté, puisqu'on a vu des Rois leurs tributaires se soulever contr'eux, & les massacrer avec toute leur famille.

Le crime de Leze-Majesté est ignoré chez les Américains; les Chefs ou Caciques vont par tout sans rien craindre. Si quelqu'un avoit la témérité d'attenter à leur vie, il seroit puni comme un monstre horrible, & toute la famille du parricide seroit exterminée sans miséricorde.

A l'égard des Capitaines ou Chefs de guerre, pour commander les armées contre les Nations ennemies; cette fonction n'est exercée que par ceux qui ont donné, dans plusieurs combats, des marques signalées de leur valeur pour la défense de la patrie; & comme ces Généraux vont nuds, ainsi que les autres, les cicatrices qu'ils portent sur leurs corps, font les marques qui les diſtinguent des autres, & leur tiennent lieu de brevet ou de proviſions.

Les vieillards qui ne peuvent plus marcher en guerre, ne reſtent pas pour cela inutiles à la Nation. Ils haranguent le Peuple, qui les écoute comme des oracles. Tout ſe fait par leurs conſeils, & les jeunes gens diſent qu'ayant plus vécu qu'eux, ils doivent avoir plus d'expérience & de ſcience. Quand j'admirois l'eſpéce de contentement dont ces vieillards jouiſſoient, ils me faiſoient comprendre que puiſqu'ils ne pouvoient plus ſe battre pour la patrie, ils enſeignoient du moins à la défendre. Auſſi les guerriers ne manquent jamais au retour de leurs expéditions militaires, de jetter une partie de leur butin dans les cabanes des vieillards Orateurs qui par leurs exhortations, ont excité leur valeur. C'eſt aux plus anciens de la Nation qu'on donne les priſonniers de guerre. Ils en font leurs eſclaves. Les vieux guerriers qui ne peuvent plus aller en guerre, haranguent la milice. L'Orateur commence par frapper au poteau avec un caſſe-tête.

il accuse tous les coups qu'il a fait à la guerre, c'est-à-dire, la quantité de chevelure qu'il a levé sur différentes Nations. Les assistans répondent en disant, *hau, hau*, c'est-à-dire, cela est vrai. Les Sauvages ont en horreur le mensonge, & disent qu'un homme qui ment, est un fanfaron & non un véritable homme.

Le vieillard Orateur commence son discours, & dit : « Si j'étois plus
» jeune & plus vigoureux, pour vous
» conduire à la guerre contre nos en-
» nemis, comme j'ai fait autrefois,
» vous me verriez marcher sur la poin-
» te des pieds. Partez, mes camara-
» des, en hommes de valeur, ayez le
» cœur du lion ; ne fermez jamais
» vos oreilles, dormez comme les liè-
» vres, marchez comme le chevreuil,
» n'ayez point peur du froid, n'hési-
» tez pas de vous jetter à l'eau com-
» me un canard; si vous êtes poursuivis
» cachez bien votre retraite. Sur-tout
» ne craignez point les flêches de l'en-
» nemi, faites voir que vous êtes de
» vrais guerriers, & des hommes. Enfin
» si vous vous trouvés dans l'occasion
» usez toutes vos flêches sur l'ennemi,

» & après foncez à coups de casse-tête,
» frappez, assommez jusqu'à extinction;
» il vaut mieux mourir en combattant,
» que de se laisser prendre pour être
» brûlés au quadre.

La harangue finie, le vieux guerrier présente le Calumet au *Tacha-Mingo*, c'est-à-dire, au Général ou Chef de guerre, & à tous ses Officiers, qui fument chacun suivant leur rang, & tous ceux qui n'ont point encore marché en guerre viennent fumer, comme pour s'enroller; ils dansent la guerre, & après la cérémonie on distribue la chair de chien, qui est, comme j'ai déjà dit, le principal mêts des guerriers.

M. du Tissenet m'a raconté l'histoire qui est arrivée à son pere, qui étoit un des premiers Officiers venu à la Louisiane, avec M. de Bienville. M. du Tissenet étant chez une Nation Sauvage avec des traiteurs (1); les naturels du pays vouloient leur lever la chevelure; M. du Tissenet

---

(1) Ceux qui vont traiter des pelleteries qu'on échange contre des marchandises d'Europe.

avoit appris la langue en route, il entendit tout ce discours, & comme il portoit perruque, il l'arracha de dessus sa tête, & la jetta par terre, en disant en même-tems dans la langue des Sauvages : Tu veux donc ma chevelure ? ramasse-là si tu ose le faire. L'étonnement de ces Peuples ne peut s'exprimer, ils demeurerent comme pétrifiés ; il s'étoit fait raser la veille. M. du Tissenet leur dit ensuite qu'ils avoient grand tort de vouloir lui faire du mal, qu'il venoit pour faire alliance avec eux, que s'ils vouloient, il feroit brûler l'eau des lacs, & des rivieres pour les empêcher de naviguer, & qu'il embraseroit les forêts ; il se fit apporter une gamelle, & y versa de l'eau-de-vie qu'il avoit dans un petit baril, ensuite avec une allumette il y mit le feu ; les Sauvages, qui ne connoissoient pas encore l'eau-de-vie, furent étonnés, en même tems il tira de sa poche un verre ardent, & par le moyen du soleil, il mit le feu à un arbre pourri. Ces Peuples crurent véritablement que cet Officier avoit le pouvoir de faire brûler les rivieres & les forêts, ils le carent beaucoup, le comblerent de préfents & le renvoyerent bien efcorté pour qu'on ne lui fit point de mal. Depuis ce tems M. de Bienville s'eft fervi de M. du Tiffenet dans plufieurs négociations pour contracter des alliances avec les Sauvages.

L'aventure de M. du Tiffenet me fait reffouvenir de celle d'un Italien de la fuite de M. Tonty, alors commandant au Fort Louis des Illinois, cet Italien partit de ce pofte par terre pour aller joindre M. de la Salle, il lui auroit été fort utile en l'inftruifant de la route qu'il devoit tenir pour gagner le Miffiffipi, s'il avoit pu fe rendre affez-tôt auprès de lui ; il fauva auffi fa vie par un ftratagême affez fingulier. Des Sauvages fe mettant en devoir de le tuer, il leur dit qu'ils avoient grand tort de vouloir faire périr un homme qui les portoit tous dans fon cœur. Ce difcours étonna les Barbares, il les affura que s'ils vouloient lui donner jufqu'au lendemain, il leur feroit voir la vérité de ce qu'il avoit avançoit, ajoutant que s'il les trompoit, ils feroient de lui tout ce qu'ils voudroient. Il obtint sans peine le délai qu'il demandoit. Alors ayant ajusté un petit miroir sur sa poitrine, il alla trouver les Sauvages qui furent très-surpris de se voir comme ils croyoient dans le cœur de cet homme, & lui accorderent la vie.

J'ai commandé, en descendant, le convoi qu'avoit monté M. Aubri, M. de Macarty m'a chargé de conduire à la Nouvelle Orléans les prisonniers Anglois faits par le Chevalier de Villiers, & *Papapéchangouhia* ; je me suis hâté de me rendre à la Capitale avant la débacle des glaces qui se détachent des rivieres du Nord, & suivent le courant; j'aurois couru risque d'être arrêté, si je n'eusse fait ramer de force, je me suis servi des prisonniers Anglois pour relayer mes soldats. Comme dans ces sortes d'occasions chacun a un égal droit à la vie, les Officiers prêtent aussi la main pour encourager l'équipage.

Lorsque l'on a passé les écorres (1)

―――――――――――――――

(1) Ces écorres sont les bords du Mississipi, qui sont escarpés comme un mur de plus de 500 pieds de haut. Il y avoit autrefois en cet endroit le Fort-Prud-homme, nom

à Prud-homme, il n'y a plus d'écueils dans le Fleuve du Mississipi, & quand il y a plusieurs bateaux, on les amare ensemble, & l'on dérive jour & nuit. Il y a seulement un homme au gouvernail, & un autre en avant de chaque bateau pour veiller au bois de dérive. C'est un plaisir que de naviguer en descendant ce beau Fleuve; le chemin qu'on fait en trois mois & demi en le remontant, se fait à la dérive en dix ou douze jours aux grandes crues d'eaux.

Je ne dois pas oublier de vous dire, que c'est la coutume dans les voyages, que les soldats souhaitent à la pointe du jour du premier Janvier la bonne année au Commandant de la troupe, & aux autres Officiers, qui y répondent d'ordinaire par une petite libéralité d'eau-de-vie. J'étois alors campé dans une isle d'environ 2 lieues de tour, située dans un des bras du Mississipi, que je descendois. Cette Isle étoit toute couverte d'arbres de hautes futayes. Un soldat gascon &

---

d'un compagnon de voyage de M. Cavelier de la Salle, ce Prud-homme étant mort en ce lieu, le nom lui en a resté.

facétieux, comme le font ordinairement tous ceux de cette Nation, insinua à ses camarades qu'ils pourroient avoir une surérogation d'étrenes, s'ils vouloient faire la cérémonie de me recevoir Gouverneur de l'Isle. Le Sergent approuva cette idée bouffonne, & donna aussitôt ses ordres en conséquence. Il commença par graver sur l'écorce d'un arbre mon nom, fit charger les pierriers à poudre, & prendre les armes à la troupe. Le tambour bat un ban, & le Sergent, comme maître de la cérémonie, ôtant son chapeau dit « DE PAR LE ROI, tigres, ours, loups, bœufs, cerfs, chevreuils, & autres animaux de cette Isle, vous reconnoîtrez notre Commandant pour votre Gouverneur, & vous lui obéirez en tout ce qu'il vous commandera pour son service »; ensuite un soldat mit le feu aux pierriers des bateaux qui furent accompagnés d'une salve générale de leur mousqueterie. Le bruit subit de l'artillerie donne l'allarme aux bœufs sauvages qui se jettent dans le Fleuve pour le traverser à la nage, & gagner le continent;

les soldats courent après dans des pirogues, & en tuent quatre avec deux chevreuils qui abordoient terre, & qu'ils me préfenterent comme un droit feigneurial, ce qui m'obligea de féjourner en cet endroit pour y faire boucaner leurs chairs, à l'ufage du refte de notre voyage. Pour me prêter au badinage des foldats, que j'eus foin de bien payer d'abord, je voulus pénétrer dans l'intérieur de mon gouvernement; mais à peine avois-je fait une demi lieue, que je rencontrai un ours qui mangeoit tranquillement des glands fous un gros chêne; je lui lachai mon coup de fufil; mais la bale n'entra que dans le lard de cet animal, qui étoit exceffivement gras; dès qu'il fe fentit bleffé, il voulut venir fur le coup, mais il fe trouva trop péfant de graiffe pour pouvoir courir; alors feignant de me fauver de lui, en l'attirant vers le cabanage de mes foldats, il en fut bientôt invefti, & puni comme criminel de félonie, & de rebellion. Ils tinrent un confeil de guerre, où le Sergent préfidoit. L'opinion du Caporal qui faifoit les fonctions de Procureur du Roi, fut que pour ne point gâter la belle peau de l'ours qui s'étoit révolté contre son Seigneur, il n'auroit que la tête cassée, ce qui fut exécuté ponctuellement.

Après quoi on l'écorcha, & j'ai pris sa peau qui est très-noire, que je ne quitterai pas plus qu'Hercule faisoit la peau du lion de Nemée qu'il avoit vaincu.

Les soldats firent fondre sa graisse dont ils tirerent plus de cent vingt pots d'huile (1); vous sçaurez, Monsieur, que l'ours sort de sa taniere aussitôt que les fruits commencent à murir; il n'y rentre que lorsqu'il n'y en a plus. Il y reste jusqu'à la prochaine récolte; durant cet intervalle, il ne boit ni ne mange. Sa graisse étant le seul aliment qu'il prend en léchant ses pattes. Il est dangereux de le rencontrer quand il est maigre, & que l'on est seul; les Sauvages font un grand commerce de sa peau, & font un regal de ses pieds & de sa langue boucanée, ils m'en ont souvent regalé en voyage; je les ai trouvés fort bons.

―――――――――――――
(1) L'huile d'ours est très-bonne à manger, on s'en sert à la Louisiane pour les salades, la friture, & pour des sauces, on la préfére même au sain-doux.

J'adresse la présente à Campêche, à M. d'Arragory, Agent de la Marine de France, qui la fera passer à Cadix, d'où elle vous parviendra plus sûrement que par nos vaisseaux; l'Espagne n'étant point en guerre avec l'Angleterre; je ne vous écris pas par duplicata, d'ailleurs j'espére partir pour l'Europe dans le mois d'Avril prochain. Je suis, Monsieur, &c.

A la Nouvelle Orléans le 25 Février 1757.

LETTRE XI.

Au Même.

L'Auteur part pour l'Europe. Il combat en route un Corsaire Anglois. Il s'embarque au Cap-François sur une flote de 26 Vaisseaux Marchands qui furent presque tous pris à sa vue par les Corsaires. Prise d'un petit Navire ennemi. Son arrivée à Brest.

MONSIEUR,

N'AYANT trouvé aucun vaisseau pour repasser en France, j'ai été obligé de m'embarquer sur le Brigantin l'*Union*, armé en guerre, & commandé par le Capitaine Gau-Jean, connu pour avoir pris cinq Bâtimens aux Anglois, depuis la guerre, dans sa route de France à la Louisiane.

Nous fîmes voile de la Balise le premier Avril 1757, pour le Cap-François le 20 Mai, étant à la vue de l'Isle Turque, nous apperçûmes un vaisseau que nous jugeâmes être ennemi, il nous donna la chasse pendant la nuit, & comme il étoit bon voilier, au bout de trois heures nous nous trouvâmes bord à bord; le Corsaire Anglois nous salua d'un coup de canon à boulet, & nous cria en même tems de nous rendre au Roi d'Angleterre; à quoi nous répondîmes par toute notre bordée, accompagnée d'une salve de mousqueterie; ensuite je lui criai avec un porte-voix d'amener son pavillon pour le Roi de France, sans quoi on le couleroit bas; le Corsaire Anglois sentit bien qu'il avoit à faire à un marchand de boulets, il s'esquiva, & gagna les recifs ou écueils, qui sont aux environs de l'Isle Turque, pour nous attirer dans ſes parages, & nous faire échouer. Mais le Capitaine prudent, d'ailleurs bon marin, pénétra le piége qu'on vouloit lui tendre. Au lieu de ſuivre le Corſaire, il fit route pour ſa deſtination, & nous arrivâmes heureuſement dans la rade du Cap-François le premier Mai. Nous y avons trouvé l'Eſcadre de M. de Beaufremont deſtinée pour aller au ſecours du Canada ; elle avoit amené M. de Bart, nommé par le Roi, Gouverneur & ſon Lieutenant Général dans l'Iſle de Saint Domingue. Mes premiers ſoins en deſcendant, furent d'aller lui rendre mes devoirs. Ce Général toujours diſposé à rendre ſervice aux Officiers infortunés, prévint mes beſoins en me faiſant partir quatre jours après, & pour m'épargner les frais que j'aurois été obligé de faire en ſéjournant dans cette Iſle, il me procura mon paſſage aux frais du Roi par l'occaſion d'une flote de vingt-ſix vaiſſeaux Marchands, qui partirent pour la France ſous l'eſcorte de M. de Beaufremont, qui les débouqua juſqu'aux *Iſles Cayques*, où il les quitta pour aller à sa destination, suivant les ordres de la Cour.

Je vous dirai, Monsieur, que j'avois choisi par prédilection un navire de Bordeaux nommé le Soleil, commandé par le Capitaine Odouoir, (à l'imitation des Sauvages qui font leur Dieu de cet Astre.) l'événement m'a montré que j'avois bien pensé en lui donnant la préférence, puisque les vingt-six vaisseaux Marchands qui composoient cette flote, ont été presque tous pris à ma vue. Il ne s'en est rendu en France que quatre, dont le Soleil est le premier ; il est arrivé à Brest en quarante-cinq jours de traversée, après avoir pris un vaisseau Anglois à la hauteur du banc de Terre-Neuve. Je suis descendu à Brest le 15 Juin 1757 ; je fus rendre aussi-tôt mes devoirs à M. le Comte du Guai, commandant la Marine en ce Port ; j'allai ensuite faire une visite à M. Hocquart, Conseiller d'Etat & Intendant de la Marine en ce département, à qui j'appris la mort de M. d'Auberville, qui avoit remplacé par interim M. Michel de la Rouvilliere, Commissaire général de la Marine,

& Ordonnateur de la Louisiane. M. Hocquart étoit connu par sa probité lorsqu'il étoit Intendant de la Nouvelle France. Il est constant qu'il en revint endetté de 40000 liv. que Sa Majesté, contente de ses services, lui a passées en gratification : bel exemple pour M. Bigot son successeur ; mais s'il n'a pas rapporté des trésors de son administration, il a eu du moins la satisfaction de passer pour un des plus galants hommes de son état : il a été regreté de tous les Canadïens, & même des Sauvages, qui, comme j'ai déja dit, distinguent la vertu.

Sur l'aveu que je fis à cet Intendant, que j'étois sans argent pour me rendre à la Cour, il eut la bonté de m'en faire donner par M. Gaucher, Commis du Trésorier général des colonies. Indépendamment de cela il m'a invité à manger chez lui pendant mon séjour en cette ville, d'où je compte partir le vingt-deux de ce mois.

Vous serez peut-être surpris, Monsieur, d'apprendre que dans l'intervalle de huit mois de tems, j'ai vu deux hivers, deux étés, & deux printems en voici l'explication. Je vous

ai mandé que j'avois quitté le pays des Illinois à la fin du mois de Décembre 1756, où le Mississipi commençoit à charier des glaces, & qu'ayant descendu ce grand Fleuve, j'arrivai au mois de Janvier 1757, à la Nouvelle Orléans, dont le climat est comparable à celui des Isles d'Hieres, où notre Régiment étoit en 1744. C'est le tems des jardinages. Je partis de la Louisiane le premier Avril 1757, pour le Cap-François, où j'arrivai le premier Mai, j'y trouvai l'Eté; je m'embarquai le quatre pour l'Europe, & après le débouquement du canal de Bahama, on trouve le printems; faisant route sur le grand banc de Terre-Neuve, nous apperçûmes le vingt-deux, au Soleil levant, une montagne de glace flotante, que nous prîmes d'abord pour une voile; mais nous jugeâmes, par la fraicheur de l'air, que c'étoit une glace qui s'étoit détachée de la mer glaciale. Le 15 Juin 1757, nous arrivâmes à Brest, où nous trouvâmes l'Eté. Ce cas est assez extraordinaire. Je suis, Monsieur, &c.
A Brest le 18 Juin 1757.

Fin de la premiere Partie.

NOUVEAUX VOYAGES AUX INDES OCCIDENTALES.

SECONDE PARTIE.

II.ᴱ PARTIE FRONTIS.

NOUVEAUX VOYAGES AUX INDES OCCIDENTALES;

Contenant une Relation des différens Peuples qui habitent les environs du grand Fleuve Saint-Louis, appellé vulgairement le Mississipi; leur Religion; leur gouvernement; leurs mœurs; leurs guerres & leur commerce.

Par M. BOSSU,
Capitaine dans les Troupes de la Marine.

SECONDE PARTIE.

SECONDE ÉDITION.

A PARIS,
Chez LE JAY, Libraire, Quai de Gêvres, au Grand Corneille.

M. DCC LXVIII.
Avec Approbation & Privilége du Roi.

NOUVEAUX VOYAGES AUX INDES OCCIDENTALES.

LETTRE XII.

Au Même.

L'auteur arrive à la Cour, y reçoit une gratification du Roi avec ordre de se rendre à Rochefort. Il s'y embarque pour la Louisiane.

MONSIEUR,

Me voici encore une fois arrivé à Rochefort, où je m'embarquai il y a huit ans pour la Louisiane. Je reviens de la Cour, où j'ai présenté à M. de Moras, Controleur Général & Ministre de la Marine, la lettre du Gouverneur qui expose les motifs de mon voyage. Il a eu la bonté de me parler dans son cabinet en présence de M. de la Porte Chef du Bureau des Colonies. Il m'a questionné sur l'etat actuel de la Louisiane. J'ai assuré ce Ministre, que j'avois laissé dans nos intérêts toutes les nations de ce vaste Continent que j'avois parcourues, & que les Cheraquis étoient venus traiter de paix avec les François. Il me demanda aussi si je pensois que la Colonie pût être attaquée. Je lui repondis qu'il n'y avoit pas d'apparence que les Anglois y songeassent à cause de la difficulté de pénétrer dans le Pays par rapport à l'entrée de la Balise; enfin que la Colonie n'avoit pas besoin d'autres fortifications que de celles qu'elle tenoit de la nature.

M. de Moras me fit accorder par le Roi une gratification de 1000 liv. pour me mettre en état d'aller aux eaux qu'exigeoit le rétablissement de ma santé; après quoi je reçus ordre

aux Indes Occidentales
de Sa Majesté de repasser à la Louisiane, pour y continuer mes services; en
conséquence je me suis rendu ici sans
perte de tems pour m'embarquer ; nous
comptons mettre à la voile sitôt que
le convoi de l'Isle Royale sera expédié.

M. Druis Imbuto, Intendant de
la Marine, a succédé à M. le Norman
de Mési. Sa Majesté ne pouvoit faire
un meilleur choix, tant par sa capacité, son intégrité, que par son zèle
pour les intérêts du Roy, dans cet
place importante ; cet Intendant m
fait les mêmes avances que me fit il
7 ans son Prédécesseur. Je suis, M. &

Rochefort le 12 Septembre 1757.

LETTRE XIII.

Au Même.

L'Auteur part de Rochefort. Rencontre de trois vaisseaux Marchands Anglois, pris par M. de Place, dont un fut brûlé & l'autre coulé à fond Il relache à l'isle de la Grenade. Navigation près de la Jamaique.

MONSIEUR,

JE vous avois mandé de Rochefort, que nous comptions partir en Décembre 1757; mais le convoi destiné au secours de l'Isle Royale, ayant été, en partie, pris par la flotte Angloise, il a fallu en armer un autre. Pendant ce tems une escadre de dix gros vaisseaux Anglois, ayant donné l'allarme sur les Côtes d'Aunis, cela nous a retardé jusqu'au mois de Mai. Cette Escadre étant disparue, nous avons appareillé le 10 du même mois.

J'étois embarqué sur la flute du Roi nommée la Fortune avec Monsieur de Rochemore, Commissaire Général de la Marine, & Ordonnateur de la Province de la Louisiane. M. de Place, Capitaine de vaisseau, commandoit l'Eopalme, Frégate de 30 canons, destinée à nous convoyer; nous trouvâmes en route trois bâtimens Anglois, qui ne nous coutérent que trois coups de canon. M. de Place en fit couler un à fond, & bruler l'autre après en avoir enlevé les équipages & les effets. Quant au troisiéme, il venoit de la Côte de Guinée; il étoit richement chargé, & avoit à son bord 440 Negres qui furent vendus en partie à la Grenade. Le Baron de Bonvoust qui vient d'en être nommé Gouverneur, nous a comblé de politesse & de générosité pendant notre séjour en cette Isle, où nous sommes restés jusqu'au 22 Juillet, jour auquel nous avons appareillé pour la Louisiane, faisant route en dehors de la Jamaique pour éviter les gros vaisseaux ennemis qui ne vont jamais dans ces parages ; nous avons fait cette route pour tromper l'Espion, & nous sommes arrivés à bon port le 12 Août à l'embouchure du Mississipi.

M. de Rochemore (1), Ordonateur intégre & extrémement zélé pour les intérêts du Roi, aura bien de la peine à réformer les abus qui se sont multipliés, depuis la guerre, dans cette colonie, & je l'ài prévenu pendant la traversée, qu'il seroit tracassé dans son administration; tout ce que j'avois prévû s'en est ensuivi, & par les mêmes vaisseaux qui nous ont amené, on a prevenu la Cour contre lui pour le destituer de sa place. A peine ai-je été arrivé à la Nouvelle Orléans, que le Gouverneur m'a notifié l'ordre de me préparer pour aller en détachement chez les *Allibamons*, nation sauvage à 250 lieues de la Capitale. Je profite de l'occasion des vaisseaux du Roi qui partiront à la fin de l'année, & je vous écris par duplicata, afin que

---

[1] Frere de M. de Rochemore actuellement Chef d'Escadre.

si un vaisseau vient à être pris, l'autre puisse arriver. Losque je serai instruit des mœurs des peuples que je vais parcourir, & qui sont à l'Est de la Nouvelle Orléans, je vous ferai la description de ce Pays qu'on dit être très-beau & très-bon.

A la Nouvelle Orléans les 10 *Novembre* 1758.

LETTRE XIV.

Au Même.

L'Auteur part de la Nouvelle Orléans pour les Allibamons. Sa navigation sur le Lac Pontchartrain. Courte description de la Mobile.

MONSIEUR,

JE partis de la Nouvelle Orléans le 14 Décembre conformément aux ordres de M. de Kerlerec pour me rendre au Pays des *Allibamons.* Je fis voile du *Bayouc-S. Jean*, petit port situé sur le lac Pontchartrain : il y a un portage d'environ un quart de lieue de la Nouvelle Orléans pour entrer dans ce Bayouc (1), qui a a deux lieues de long ; les vents nous furent favorables, & j'arrivai le 20 Décembre à la Baye, & au port de la Mobile, éloigné de la Capitale de 50 lieues.

La Mobile étoit autrefois le premier établissement de la Louisiane ; le Gouverneur, l'Ordonnateur, l'Etat Major y résidoient. Le Conseil supérieur y tenoit ses séances.

Il y a un Fort assez régulier, il peut résister à une armée de Sauvages ; mais les Européens l'auroient bientôt pris. Ce Fort est assis sur une baye que la mer refoule ; il est entre deux riviéres, dont l'une qui est petite s'appelle la riviére de Chactaux ; l'autre plus considérable que n'est la Seine devant Rouen s'appelle Mo-

---

(1) Espece de petit canal où la mer refoule.

bile ; elle prend sa source dans les montagnes des Apalaches ; celle-ci est le rendez-vous de tous les Sauvages qui habitent la partie de l'Est. Ils y viennent recevoir les présents que le Roi leur fait distribuer tous les ans par le Gouverneur. Le sol des environs de la Mobile, est un sable gros, néanmoins le bétail y vient très-bien, & les troupeaux y multiplient beaucoup ; les habitans y sont fort laborieux ; ils font le commerce avec les Espagnols. Du Préside de Pensacola, pays voisin de ce poste, ils viennent chercher des salaisons de bœufs, des volailles, du bled d'Inde, du ris & d'autres denrées. Les Mobiliens font aussi le commerce de gaudron. Quant au commerce de pelleteries avec les sauvages, les traites en sont accordées à des Officiers, qui font ce commerce exclusivement, contre les intentions du Roi.

Il y a dans ce poste du laurier blanc & rouge, & du mérisier. On y trouve de deux sortes de cédre, du blanc & du rouge ; ce dernier est très-beau pour les ouvrages de marqueterie.

son odeur chasse les insectes : en un mot, il est incorruptible. Il y a dans les forêts plusieurs bois inconnus en Europe, & d'autres qui abondent en gomme semblable à de la thérebentine. On y trouve des cyprès si gros, que les Sauvages en font des pirogues d'une seule piéce qui peuvent contenir jusqu'à 60 hommes.

Voici comment les sauvages construisoient leur marine avant l'arrivée des François à la Louisiane. Ces peuples alloient sur le bord des riviéres qui sont en grand nombre dans cette vaste région, & qui par leur rapidité, déracinent les arbres qui les bordent ; ils prenoient leurs dimensions pour la grosseur & la grandeur qu'il leur falloit ; après quoi ils mettoient le feu dessus, & à mesure que l'arbre brûloit, ils enlevoient le charbon avec une pierre à fusil ou à flêche, & lorsqu'ils l'avoient assez creusé, ils le mettoient à flôt : les Sauvages sont très-adroits à conduire ces petits bâtîmens sur les lacs & les riviéres. Ils s'en servent pour la guerre, & pour voiturer les pelleteries & la viande boucanée qu'ils rapportent de la chasse.

Voici encore comme ils faisoient leurs outils & leurs armes pour la guerre : ils choisissoient pour cet effet un arbrisseau auquel ils faisoient une fente avec une pierre à fusil d'un caillou aigu, & tranchant comme un rasoir, après quoi ils mettoient dans cette fente ou incision une pierre taillée en forme de hache : & à mesure que l'arbrisseau croissoit, la pierre se trouvoit enchassée & inséparable du jeune arbre, ensuite ils le coupoient pour s'en servir au besoin ; ils faisoient de même des lances & des dards. Ils avoient des massues d'un bois fort dur.

A l'égard des instrumens d'agriculture, ils ne faisoient usage que des os d'animaux, ou de bêches de bois très-dures; la terre est extrêmement fertile par toute l'Amérique : les herbes y viennent hautes & touffues, & lorsque l'hiver ou la gelée les a séchées, ils y mettent le feu, puis ils bêchent & ensemencent les terres, & trois mois après ils font la recolte.

Elle consiste en bled d'Inde ou de Turquie, millet, feves & autres légumes, des patates, des pistaches, des melons d'eau; les citrouilles sont aussi très-communes, & les habitans du pays les appellent Giromonds.

Quant aux ustensiles de cuisine, ils faisoient des plats & des pots de terre, ou des gamelles de bois. Ils faisoient des tasses avec des callebasses & des *micouenes* ou cuiléres avec la corne d'un bœuf sauvage qu'ils fendoient par le milieu, & les ajustoient par le moyen du feu. Dès que nous aurons ramassé les vivres nécessaires pour notre voyage & pour la garnison du Fort des Allibamons, nous partirons, M. Aubert & moi, avec un bateau armé de soldats & de Sauvages Mobiliens qui se sont loués pour ramer en route. M. Aubert, quoique Aide-Major de la place de la Mobile, a été nommé par M. de Kerlerec pour commander le Fort Toulouse aux Allibamons, ce qui est contre l'ordonnance du Roi qui défend aux Majors & Aides-Majors, de faire d'autres fonctions que celles de la place à laquelle ils sont attachés.

S'il arrive des vaisseaux d'Europe, je recevrai peut-être de vos lettres.

M. de Velle qui commande ici, aura la bonté de me les faire passer par le premier convoi. Je suis, Monsieur, &c.

A la Mobile le 6 Janvier 1759.

―――――――――――――

LETTRE XV.

Au Même.

L'Auteur part de la Mobile pour les Allibamons. Ample description des mœurs de ces Peuples. Leur maniere de punir l'adultere.

MONSIEUR,

Me voilà arrivé au Fort Toulouse chez les Allibamons. J'ai resté 50 jours en route, parcequ'en m'embarquant dans la saison des pluyes, j'ai vû la riviere des Allibamons s'enfler quelques fois de 12 à 15 pieds; cette subite inondation procédoit des orages qui sont fréquents dans cette contrée à cause des hautes montagnes qui bordent la riviére.

Il nous a fallu voguer contre la rapidité du courant, de sorte qu'il y a eu des jours que nous ne faisions qu'une lieue ; on ne peut aller à la voile à cause des bois, des montagnes & des sinuosités de la riviere ; on ne va que terre à terre, ou le long du rivage. Il arriva un jour que mon bateau se trouva afourché sur un arbre (1) qui étoit submergé, & la nuit étant survenue, il fallut attendre au lendemain. Mais comme cette riviére monte & descend suivant l'orage, je me trouvai sur l'arbre en l'air avec mon bateau. Il est bon de dire que nous n'étions encore qu'à 25 lieues de son embouchure ; les Sauvages Mobiliens qui m'accompagnoient me rassurerent en me disant que je ne devois nullement m'épouvanter de cet accident,

---

[1] Il y a des cyprès si gros sur le bord des rivieres, que dix hommes auroient peine à les embrasser, ce qui fait voir la bonté & la fécondité de son terroir, qui est des plus sains du monde.

qu'il falloit attendre l'heure de la marée ; effectivement, la marée ayant refoulé la riviere qui se décharge dans la baye de la Mobile, mon bateau revint à flot. Vous voyez, Monsieur, par ce recit, qu'il y a bien de la différence entre les riviéres de l'Amérique & celles d'Europe.

M. Aubert étant tombé malade en route, je l'engageai à relâcher à la Mobile pour se rétablir : il s'est ensuite rendu ici à cheval à travers des forêts de sapins, qui sont fort claires. M. de Montberaut doit lui céder le commandement suivant l'ordre du Gouverneur, après qu'il aura resté trois mois en ce poste pour le mettre au fait du local du pays. M. de Montberaut (3) jouit d'une grande réputation parmi les Sauvages de ce canton, qui l'appellent l'Homme de valeur, c'est-à-dire Héros ou homme par excellence ; il s'est distingué parmi ces peuples par les harangues spirituelles qu'il leur faisoit d'une maniere très-

---

(1) Cet Officier est frere de M. le Comte de Montaut, attaché à M. le Dauphin.

analogue à leur génie. Cet Officier ayant été tracassé par les Jésuites, demanda son rapel ; & il a eu pour successeur le sieur Aubert, frere du Pere Aubert, Jésuite & Missionnaire à la Louisiane. M. de Montberaut est ennemi déclaré de ces Missionnaires ; le Pere le Roi, dans le tems qu'il étoit aux Allibamons, écrivit au Gouverneur contre cet Officier à qui cette lettre fut remise par le soldat qui en étoit porteur ; ce Commandant vit depuis le Jésuite qui lui fit beaucoup de politesses suivant la politique de ces bons Peres ; cet Officier lui demanda s'il n'avoit point écrit contre lui ? Le Jésuite ne sachant pas que sa lettre étoit entre ses mains, lui protesta surtout ce qu'il y a de plus sacré, que non. Alors le Pere le Roi fut traité de fourbe & d'imposteur par M. de Montberaut qui lui montra aussitôt sa lettre, puis alla l'afficher à la porte du Fort en la consignant à la sentinelle ; & tant qu'il a resté ici, il n'y a plus eu de Jésuite Missionnaire aux Allibamons.

Je vais encore avoir sujet de m'étendre sur les Sauvages de la Louisiane, en parlant ici des *Allibamons*, des *Taskikis*, des *Outachepas*, des *Tonicas*, des *Kaouytas*, des *Abékas*, des *Talapouches*, des *Conchakis*, & des *Pakanas*, dont les mœurs ont beaucoup de ressemblance les unes avec les autres. Ces Nations ensemble peuvent former 4000 guerriers, ce sont des hommes d'une belle taille; ils habitent sur le bord des riviéres; aussitôt qu'on est arrivé chez ces peuples qui sont fort affables, ainsi que leurs femmes dont la plus part sont très-belles, ils viennent vous recevoir à l'endroit du débarquement, en vous donnant la main, & en vous présentant le calumet. Lorsque vous avez fumé, ils vous demandent le sujet de votre voyage, & le tems que vous avez mis en route : ensuite si vous comptez rester longtems chez eux, si vous avez une femme & des enfans : (1) ils s'informent aussi de la

---

[1] La politesse des Sauvages est de vous offrir des filles, en conséquence les Chefs haranguent le matin par le village en ces termes: » Jeunes gens & guerriers, ne soyez point

guerre du Canada, demandant en même tems des nouvelles du Roi leur Pere. Ils vous apportent après cela à manger, de la sagamité composée de mahis concassé, autrement dit bled de Turquie. Ce bled a bouilli dans de l'eau, le plus souvent avec de la viande de Chevreuil. On vous sert aussi du pain de la même farine, qui a cui sous la cendre, des poulets d'Inde rôtis, des grillades de Chévreuil, des begnets frits dans l'huile de noix, des chataignes, dans leur tems, cuites dans de l'huile d'ours, des langues de Chevreuil, des œufs de poules & de tortues.

Le sol de la Louisiane ressemble, vers le bas de la colonie, à celui de l'Egypte lorsque le Nil a débordé; il est

---

» fols, aimez le Maître de la vie ;
» chassez pour faire vivre les François qui
» nous apportent nos besoins ; & vous jeunes
» filles, ne soyez point dures ni ingrates de
» votre corps, vis-à-vis des guerriers blancs
» pour avoir de leur sang; c'est par cette al-
» liance que nous aurons de l'esprit comme
» eux, & que nous serons redoutés de nos
ennemis.

excellent, sur-tout dans la contrée des peuples dont je parle. Il rend abondamment tout ce qu'on y seme. Les melons y sont d'une grosseur extraordinaire, succulens, & en grande quantité; il y a beaucoup de melons d'eau qui sont si délicieux qu'on en donne aux malades pour étancher la soif dans l'ardeur de la fiévre; les Giromonds sont plus délicats que nos citrouilles. Il y a des patates en quantité. La patate est une espéce de pomme de terre, que les Européens aiment beaucoup, & qui a le goût de la chataigne cuite sous la cendre chaude.

Les Sauvages se contentent ordinairement d'une seule femme, dont ils sont excessivement jaloux. Quand un Sauvage passe par un village, & qu'il n'a point de femme, il loue une fille pour une nuit ou deux, selon sa fantaisie, & les parens n'y trouvent rien à redire; ils s'inquiettent fort peu de leur fille, disant pour raison qu'elle est libre de son corps; les filles Sauvages n'abusent point de la liberté qu'elles ont: aussi trouvent-elles leurs intérêts à paroître modestes pour être recherchées en mariage; mais à l'égard des femmes, ils disent que par le mariage, elles ont vendu leur liberté, & qu'ainsi elles ne doivent point avoir d'autres hommes que leur mari. Pour eux, ils se réservent le droit d'avoir plusieurs femmes; un homme parmi ces Peuples a la liberté de quitter sa femme, mais cela n'arrive guères; si une femme est surprise en adultère, le moindre mal qui lui puisse arriver, c'est d'être repudiée. Alors le mari abandonne la cabane; s'il a des enfans, il se charge des garçons, & la femme des filles; la femme doit cependant rester un an veuve, au lieu que le mari peut se remarier d'abord. Il peut reprendre sa femme; c'est pourquoi elle ne doit point convoler à de secondes noces avant l'année revolue.

Le mariage des Sauvages, comme je l'ai déjà dit, tient de la simple nature, & n'a d'autre forme que le mutuel consentement des parties. Le futur époux fait des présents en pelleterie, & en vivres à la cabane du pere de sa prétendue; les presents agréés, on fait un festin où le village est convié; après le repas on danse, on chante les exploits de guerre des ancêtres du marié. Le lendemain, le plus ancien vieillard présente la nouvelle mariée aux parens de son mari. Voilà toute la cérémonie du mariage. Tous les Sauvages tirent leurs origines du côté des femmes; la raison qu'ils en alléguent, c'est, disent-ils, qu'il est certain que l'enfant vient de la femme, & parconséquent, ajoutent-ils, il sort de la bonne souche, aulieu qu'ils ne sont pas surs s'il vient d'eux. Ceux qui sont bons guerriers & bons chasseurs, choisissent les plus jolies filles; les autres n'ont que le rebut & les laides. Les filles prévenues qu'elles ne seront plus maitresses de leur cœur dès qu'elles seront mariées, scavent en disposer à leur avantage; car quand elles ont une fois un mari, il n'y a plus d'amourettes; leur occupation dans le menage, est d'apprêter le manger de leur mari, de passer les peaux, de faire des souliers, de filer de la laine des bœufs sauvages, de faire des vans & de petits paniers; elles sont fort adroites & fort industrieuses.

Voici comme ils punissent l'infidélité de leurs femmes ; il faut premiérement que le mari en soit bien assuré par ses yeux, & alors la femme délinquante est épiée par les parents du mari, & par les siens propres. Le mari auroit beau vouloir garder sa femme infidelle, il n'en seroit plus le maitre : en voici la raison, c'est que ces Sauvages regardent comme indigne, disent-ils, d'un véritable homme d'habiter avec une femme qui lui a manqué aussi essentiellement. Dans une telle conjoncture, le mari va trouver le Cacique, & lui conte le cas. Le Chef alors commande du monde pour aller couper des baguettes ; on garde un grand secrét. Le Chef ordonne ensuite une danse, où tout le monde est obligé de se trouver, hommes, femmes, filles & garçons ; si l'on y manque, l'on est mis à l'amende ; mais personne ordinairement ne s'absente ; au moment que la danse est le plus animée, on prend la femme adultère, on la jette par terre, & puis on la frappe sur le dos, sur le ventre, sans l'épargner. Celui qui l'a séduite, éprouve le même traitement.

Quand ces malheureux ont été bien fustigés, il survient un parent de chaque côté, qui met un baton à travers les flagellés, & les flagellans. Dans l'instant tous les coups cessent ; mais la femme n'en est pas quitte ; le mari vient qui lui coupe les cheveux ras de la tête, [1] & puis il lui fait ses reproches en présence de l'assemblée ; c'est-à-dire, il lui représente, qu'elle a bien eû tort d'agir comme elle a fait avec lui, ne l'ayant jamais laissé manquer de rien, que puisqu'il en est ainsi, elle peut aller avec son séducteur. On lui coupe à lui tout le tour des cheveux tressés, qui tombent partie sur le front de ces Peuples ; après cela, on lui dit, en lui montrant la femme infidelle, voilà ton épouse. Il est le maître de l'epouser sur le champ ; mais il est obligé de changer de village.

Lorsqu'il arrive qu'une femme débauche le mari d'une autre, les femmes s'assemblent entr'elles avec des

---

(1) Les femmes Sauvages ont de grands cheveux tressés à l'Allemande.

bâtons longs comme le bras, & vont trouver la coupable qu'elles battent fans miféricorde, ce qui fait beaucoup rire les jeunes gens; à la fin s'ils n'arrachoient les bâtons des mains de ces furieufes, elles tueroient la malheureufe coupable.

Les feuls arts qui font l'ambition des Sauvages, confiftent dans la médecine, la guerre, la chaffe & la pêche. Ils élevent très-durement leurs enfans, les font baigner & nager dans l'hyver dès la pointe du jour; enfuite les jeunes gens viennent d'eux-mêmes fe préfenter devant le Chef de guerre qui les harangue, leur difant qu'ils ne doivent jamais avoir peur de l'eau, qu'ils peuvent être pourfuivis par leurs ennemis, que s'ils font pris ils font mis au cadre, & brûlés vifs, que c'eft alors qu'ils doivent prouver en ne pleurant pas, qu'ils font de véritables hommes [1].

La harangue finie, le Chef leur

___

(1) Les Sauvages doivent fupporter leur malheur avec une conftance héroïque pour faire paffer leur valeur à la poftérité.

fait

fait des scarifications aux cuisses, à la poitrine, sur le dos, afin de les endurcir au mal, ensuite il leur donne de grands coups de colier, [1] après quoi les jeunes gens vont prendre rang parmi les Guerriers ; & lorsqu'ils se sont signalés à la guerre par quelques belles actions, on leur pique des marques, comme je vous l'ai expliqué à l'article des Illinois.

Les enfans à la mammelle sont baignés en hiver dans l'eau froide, & lorsqu'ils deviennent grands, on les fait coucher sur la dure. Comme les Sauvages aiment beaucoup leurs enfans, c'est par cette raison qu'ils les accoutument de bonne heure à la fatigue; ils disent aussi que l'habitude est une seconde nature. Il est vrai que leur corps qui est nud, n'est pas plus sensible au froid, que le visage & les mains.

Les vieillards qui ne peuvent suivre dans une retraite, demandent à être

---

(1) Il est fait de lanieres de cuir, larges de trois doigts. Il leur sert à porter la charge en voyage, c'est une sorte de bretelle.

Seconde Partie. B

assommés à coups de massue, tant pour leur épargner le chagrin de la décrépitude, que dans la crainte de tomber entre les mains de leurs ennemis, & d'en être brulés, ou mangés; car les Sauvages dans leurs guerres, massacrent hommes, femmes & même les enfants à la mammelle; c'est encore une cause de la dépopulation de l'Amérique, jointe à la petite vérole, maladie pestilentielle chez les Sauvages.

Il est bon de vous observer, Monsieur, en passant, que ce n'est que par un acte d'humanité, que quelquefois le fils est forcé d'abréger les jours de son pere, par la raison que je viens d'expliquer. Les Sauvages ont beaucoup de vénération pour leurs vieillards: c'est par leurs conseils qu'ils se conduisent; car ils n'entreprennent rien sans avoir auparavant leur consentement, aussi en ont-ils toujours grand soin. J'ai vû souvent que lorsqu'ils revenoient de la chasse, les Chefs avoient grande attention, avant que de faire le partage des viandes, de mettre de côté la part des vieillards qui doit revenir aux veuves & aux orphelins, dont les peres ont été tués à la guerre pour la deffense de la patrie. Les Sauvages sont très hospitaliers envers les étrangers avec qui ils sont en paix, bons envers leurs alliez & leurs amis ; mais cruels & inéxorables envers leurs ennemis. Ils sont très surpris, & même scandalisés de voir à la nouvelle Orléans nombre d'Anglois qu'on y attire pendant la guerre, pour y faire le commerce sous le spécieux prétexte de Parlementaires (1) & se

---

(1) Ce sont des vaisseaux qui amenent des prisonniers de guerre pour en faire l'échange, & lorsqu'ils n'en ont point, Ils sont saisis en contravention, & regardés en temps de guerre comme des espions qui viennent prendre connoissance de nos forces, comme il est arrivé à l'occasion du Capitaine Anglois Bouls, qui a causé tant de troubles dans cette colonie, où il a fait deux voyages de suite.

Ce commerce ne peut être que très-dangereux pour nous, & très-avantageux pour nos ennemis, puisque les pelleteries provenant de la chasse des Sauvages qu'on y employe tandis qu'on auroit pû mieux s'en servir, sont chargées publiquement sur les vaisseaux Anglois, qui indépendamment de la contravention aux loix, prennent des connoissances certaines de notre local.

répandre dans les habitations. Un Cacique ou Seigneur de cette contrée, arrivé depuis peu de la nouvelle Orléans, m'a avoué tout naturellement qu'il avoit eu envie de leur casser la tête comme à des chiens qui tuoient les François dans le Nord, c'est-à-dire pendant le siége de Québec, & qu'il avoit été tenté de s'en venger là sur eux. Il ajouta que parmi eux, ils ne parloient plus à leurs ennemis qu'avec le casse-tête, aussi-tôt que la hache meurtriére est déterrée : cette phrase signifie qu'on ne doit, lorsque la guerre est déclarée, parler aux ennemis que la hache sur la tête, c'est-à-dire n'avoir ni commerce, ni correspondance avec l'ennemi pendant la guerre, directement ni indirectement, sous quelque prétexte que ce soit, sous peine d'être traité comme traître à la patrie, & d'être puni de-même.

Lorsque la paix est conclue, ils enterrent la hache où la massue de guerre, pour signifier aux ennemis que toute haine est ensevelie, que toutes les horreurs & la désolation de la guerre sont finies, que l'amitié & la bonne harmonie vont renaître entr'eux & leurs voisins, comme les fleurs blanches de l'arbre de paix, qui est le laurier blanc qui doit étendre ses rameaux sur la terre blanche, parabole qui veut dire la terre de paix.

Le Cacique, dont j'ai parlé, s'appelle *Tamathlémingo*; il est très attaché aux François. Je sçai même que les Anglois ont voulu le combler de présents, qu'il a toujours rejettez comme indignes de lui; il a même voulu leur casser la tête pour cette proposition, disant pour raison *qu'il ne vouloit rien recevoir de ces chiens, ennemis de son pere le Roi de France:* telle est la réponse qu'il fit aux Députés Anglois; il seroit à souhaiter pour *nous que tous les Chefs pensassent comme ce Seigneur Sauvage*. Il est décoré d'une médaille d'argent, qu'il porte à son col avec une laniere de cuir. Il m'a dit plusieurs fois qu'il vouloit être enterré après sa mort avec l'image de son pere, où le portrait du Roi qu'il portoit sur son cœur, que lui ayant toujours été fidéle, il espéroit lui tenir la main au pays des âmes où il comptoit le voir un jour. Après que ce digne Chef m'eut exprimé les beaux sentiments qui partoient du cœur, je lui donnai une bouteille d'eau de vie pour boire à la santé de son pere, & à la mienne. Quelque fois une petite générosité faite à propos à ces peuples, fait beaucoup d'effet, comme par exemple, lorsque je voulois leur témoigner l'amitié que j'avois pour eux, j'otois ma chemise, & je la leur donnois au nom de leur pere, qui avoit pitié d'eux; je leur disois qu'il sçavoit, sur le rapport du papier qui parle, que ses enfants étoient nuds, & cette façon d'agir les touchoit sensiblement.

Ces peuples en général n'ont pas d'idée du système politique qui régne parmi les Puissances de l'Europe. Les amis d'une Nation doivent, selon eux, entrer dans son parti lorsqu'elle est en guerre, & ne point avoir de commerce avec ses ennemis ; j'ai eu une longue & sérieuse conférence avec un *Allekxi Mingo*, c'est-à-dire un Jongleur & Chef de canton, qui prétend avoir été outragé par des soldats Espagnols du Préside de Pensacola ; ce Cacique m'a avoué tout naturellement qu'il avoit formé le dessein, pour s'en venger, de faire avec ses guerriers une rruption sur les terres de la Floride, jusqu'aux portes du Fort de Pensacola. Ce Sauvage crut me faire sa cour & me faire approuver son dessein, en m'assurant qu'il y étoit aussi porté, parce qu'ils se reposent sur leurs nates, c'est-à-dire qu'ils sont en paix avec les Anglois, & qu'ils reçoivent chez-eux dans leurs ports, ces derniers, nos ennemis.

Je répondis au discours de ce Cacique Allibamon, en termes expressifs, & les plus capables de le faire renoncer à son entreprise; afin d'éviter l'effusion de sang envers les Espagnols nos Alliez & nos voisins, j'adressai à ce Chef Indien un discours analogue au génie & au caractère de la Nation.

Allekxi Mingo, lui dis-je, prépare ton cœur, ouvre tes oreilles, pour entendre la force de ma parole; car elle va te faire revenir l'esprit que tu as perdu aujourd'hui.

Je t'apprens donc que le *Grand-Chef Souverain* des Espagnols, qui demeure audelà du grand Lac d'eau sallée, dans l'ancien monde où les hommes fourmillent, est frere (1) du pere des hommes rouges, c'est-à-dire du Roi de France, en conséquence je suis obligé de dire que je désaprouve très fort ton téméraire dessein.

Je te déclare hautement que si tu persistes encore à vouloir l'éxécuter, tu n'as qu'a commencer par me casser la tête. Ce Cacique me répondit : » ton sang m'est aussi cher que le » mien, d'ailleurs jamais les François » ne m'ont fait de mal, je suis même » prêt à me sacrifier pour eux ; tu peux » en assurer notre pere. Que n'ai-je, » comme, toi l'étoffe parlante pour lui » faire parvenir ma parole? Mais, non, » je voudrois plutôt que mon cœur » eut cent bouches qu'il pût entendre ». (2) Après cette protestation d'amitié

---

(1) Les Sauvages appellent freres leurs alliés.

(2) Quelque tems après le départ de l'Auteur, les Sauvages de cette contrée massacrerent plusieurs Anglois qui s'étoient approchés à deux lieues du Fort Toulouse, où commandoit pour lors M. de Grand-Maison, actuellement Major des troupes entretenues à la Nouvelle Orléans.

de la part de ce Chef, il me présenta son calumet; & quand j'eus fumé une touche je le lui rendis, comme ayant fait la paix pour les Espagnols, dont il prétendoit avoir été offensé, & pour y mettre le sceau, voila lui dis-je un flacon d'eau de feu, ou d'eau de vie, que je te donne pour purifier ta bouche, afin qu'elle ne profére plus de mauvaises paroles contre les Espagnols nos confédérez; & pour appuyer mon discours, j'ajoutai un roulleau de tabac pour faire fumer dans le grand calumet de paix, ses guerriers; ma harangue finie, tous les jeunes gens vinrent les uns après les autres me serrer la main, en signe d'amitié, suivant l'usage.

Je voulus néanmoins satisfaire entiérement ce Cacique ou Chef de canton, qui m'avoit témoigné être si piqué contre les Espagnols, qui parce qu'ils sont en paix, reçoivent à Pensacola les vaisseaux Anglois; ceux-ci, disoit-il, viennent prendre connoissance comme espions du local des côtes maritimes. Il est vrai que les soupçons de cette nature ne sont jamais légers, puisqu'il n'y a point d'ombre qui n'ait un corps.

Pour appaiser ce Sauvage, je lui dis que le Gouverneur attendoit de jour à autre une grande pirogue, & pour parler le langage de ces Peuples, qu'elle apporteroit du papier qui parle, dans lequel le Grand-Chef des Espagnols ordonneroit de déterrer la hache de guerre, & de lever en même tems la massue sur la tête des blonds : c'est ainsi que les Sauvages appellent les Anglois pour les distinguer des François, & des Espagnols.

Ce Cacique parut fort content de mon discours ; comme il avoit bû un petit coup d'eau de vie, & qu'il étoit en train de causer, je lui fis des questions touchant la haine qu'il me paroissoit avoir contre les Espagnols de la Floride. Ce Chef Sauvage me raconta qu'il tenoit par tradition que les premiers guerriers de feu (1) qui pas-

―――――――――――――――――

(1) L'histoire nous apprend qu'en 1544, Ferdinand Soto fit des courses dans ce pays ; les Sauvages qui n'avoient jamais vu d'Européens, appellerent les Espagnols guerriers

ferent par leurs terres, y avoient commis des actes d'hostilités, & violé le droit des gens. Aussi depuis cette époque, les ancêtres de sa Nation avoient toujours recommandé de pere en fils de venger le sang qui avoit été répandu sans aucun sujet ; je répondis à ce Cacique Jongleur, que le maître de la vie les avoient bien vengés par la mort de Ferdinand Soto, & de presque tous ses guerriers.

J'ajoutai que quant à eux, ils ne devoient plus avoir de rancune contre les Espagnols d'aujourd'hui : que Philipe II leur Grand Chef, qui régnoit dans ce tems, avoit désavoué tout le mal que ses Capitaines avoient commis, contre ses intentions, dans ces climats extrêmement éloignés.

Je racontai à ce Prince Américain, un trait de l'Histoire de Dom François de Toléde, Vice-roi du Pérou, lequel fit pendre publiquement l'hé-

---

de feu, à cause qu'ils étoient armés de fusils & de pistolets ; ils disoient que le canon étoit le tonnerre, qu'il faisoit trembler la terre en tuant les hommes de fort loin.

ritier présomptif du Royaume, & fit massacrer tous les Princes de la Famille Royale des Incas; les Espagnols mêmes issus par leur mere du sang d'Atahualipa, éprouverent un sort pareil. Dom François de Toléde, après cette expédition, s'attendoit à être élevé aux premieres dignités de l'Etat, à son retour en Espagne; mais il fut très mal reçu du Grand Chef de la Nation, qui lui ordonna d'un ton aigre de se retirer de sa présence. » je » ne vous avois point choisi, lui dit » ce Prince, pour être le bourreau des » Rois; mais pour me servir & être » l'appui des malheureux «. Ces paroles furent un coup de foudre pour ce Vice-roi; elles lui causerent un si grand serrement de cœur, qu'il en mourut peu de jours après. Le même Roi donna la mort à un Ministre qui lui en avoit imposé, en lui disant ce seul mot, *Houlabé*, c'est-à-dire: quoi, tu mens !

Ce Cacique me répondit gravement : » mais si ce Grand Chef des » hommes de feu paroissoit, comme » tu le dis, si indigné contre ce Vice-» roi, des cruautés qu'il avoit exercées

« contre ses ordres, pourquoi ne le
» faisoit-il pas mettre au quadre ? (1)
» Ou ne lui faisoit-il pas couper la
» tête, qu'il auroit fait repasser au Pé-
» rou. Cet exemple de sévérité & de
» justice, auroit en partie satisfait les
» Peuples, que ce Capitaine avoit
» traités si indignement, en faisant
» mourir à un gibet, comme un vo-
» leur, l'héritier d'un grand Empire,
» qui ne dépendoit que du *Maître de*
» *la vie* ou de l'Etre suprême.

» C'est ainsi, me dit-il, que nous
» autres hommes rouges, que les Eu-
» ropéens appellent Sauvages & Bar-
» bares, en usons envers les méchans
» & les homicides, qui doivent être
» traités comme les bêtes les plus fé-
» roces de nos forêts.

Je répondis encore à ce Chef Indien, en ces termes : » Tu sauras que
» les Grands Chefs des hommes blancs
» qui habitent la vieille terre, sont
» despotiques, & qu'ils chassent de

---

(1) Supplice que les Sauvages font subir à ceux qui ont fait des cruautés lorsqu'ils sont pris à la guerre.

» leur présence les Capitaines ou Chefs
» de guerre, qui ont véxés leurs en-
» fans ou sujets, & que cet affront est
» mille fois plus cruel pour ces Chefs
» pêtris d'orgueil, hais *du Grand Esprit*
» ou de Dieu, à cause de leurs préva-
» rications, que n'est le supplice du
» quaîre, ou cent coups de massue
» sur la tête des hommes rouges. «

J'ai enfin si bien adouci la haine que ces Peuples avoient conçue contre les Espagnols, par les raisons dont je me suis avisé, que je présume que tout est assoupi; cette explication satisfit beaucoup mon Jongleur.

Je crois vous avoir déja observé, Monsieur, que les Sauvages sont très-sensibles aux injures, c'est ordinairement dans l'yvresse qu'ils se rappellent ceux qui les ont outragés. J'ai souvent été médiateur, pour terminer leurs différents de Sauvage à Sauvage; je leur remontrois qu'ils devoient vivre en bons freres, oublier le passé, & n'employer leur mâle courage que pour la défense de notre patrie commune. Je les assurois en outre que s'ils n'écoutoient pas ma parole, le *Grand Esprit* seroit fâché contre eux, & feroit manquer leur récolte de mahis.

Auſſi quand ils étoient prêts d'en venir aux mains, les femmes Sauvages venoient vîte me chercher pour être arbitre, & je faiſois mon poſſible pour concilier les deux partis, obſervant de mettre leur honneur à couvert, ce qui faiſoit plaiſir à ces femmes, qui n'ont rien de farouche que le nom qu'on leur donne, ayant les traits fort réguliers. Enfin dans le nouveau monde comme dans l'ancien, cet aimable ſexe eſt né pour peupler, & non pour détruire.

La matiere des mœurs de ces Peuples eſt ſi ample, que je ſuis obligé de la partager; je réſerve donc à vous parler dans une autre lettre de leurs deuils, de la maniere dont ils enterrent leurs morts. Je ſuis, M. &c.

Aux Allibamons le 28 Avril 1759.

LETTRE XVI.

Au Même.

Deuil & façon d'enterrer les morts chez les Allibamons ; justice qu'ils rendirent au Chevalier d'Erneville pour un soldat tué par un jeune Sauvage ; leur Religion : leurs ruses pour attraper les chevreuils à la chasse, & les dindes sauvages.

MONSIEUR,

J'AI reçu avant hier une de vos lettres, qui m'apprend que vous êtes en bonne santé, & que vous continuez à me donner des marques de votre souvenir. Je vous ai parlé dans ma précédente du mariage des Sauvages ; je vais présentement vous parler de leur deuil. Quand un Grand Chef de la Nation meurt, ce deuil consiste à ne se point peigner, ni baigner ; les hommes se barbouillent tout le corps avec du noir de fumée qu'ils délayent dans de l'huile d'ours; en un mot, ils renoncent à toutes sortes de divertissements; lorsqu'une femme perd son mari, elle est obligée de porter le deuil un an, en renonçant à toute parure.

Tous les Sauvages de la contrée des Allibamons boivent la cassine; c'est la feuille d'un arbrisseau extrêmement touffu; elle n'est pas plus grande qu'un liard, mais dentelée tout au tour. Ils la font rissoler comme nous faisons le caffé, & en boivent l'infusion avec beaucoup de cérémonies. Quand cette boisson diurétique est faite, les jeunes gens vont la présenter dans des calebasses ouvertes en maniere de tasses, suivant la qualité & le rang des Chefs, & des Guerriers: c'est-à-dire, aux Considérés, ensuite à d'autres guerriers, suivant leur grade. Ils observent le même ordre, lorsqu'ils présentent le calumet pour fumer; pendant que vous buvez, ils heurlent d'une voix forte, & diminuent par gradation; lorsque vous avez cessé de boire, ils prennent haleine, & quand vous recommencez, ils continuent le même hurlement. Cette sorte d'orgie dure quelquefois depuis six heures du matin jusqu'à 2 heures après midi. Ces Sauvages ne sont point autrement incommodés de leur boisson, à laquelle ils attribuent beaucoup de vertus. Ils la rendent sans efforts & sans gêne.

Les femmes ne boivent jamais de ce breuvage fait pour les seuls guerriers. C'est dans de pareilles assemblées où elles ne sont jamais admises, que les Sauvages débitent toutes leurs nouvelles, & qu'ils délibèrent de leurs affaires politiques touchant la guerre, ou la paix. Cependant M. le Chevalier d'Erneville rapporte qu'il y a vu une femme, qui étoit celle du Grand Chef; elle y entroit à titre de guerriere, & à cause de son esprit vif & pénétrant. Son sentiment prévaloit quelquefois pour la conclusion des traités.

Les *Allibamons* aiment beaucoup les François; il y a même une convention de part & d'autre, que si un François tuoit un Sauvage, il faudroit qu'il perdit la vie, & de même un Sauvage s'il tuoit un François; cet accident arriva pendant que le Chevalier d'Erneville commandoit aux *Allibamons*; un jeune Sauvage tira un coup de fusil sur un soldat de sa garnison, & disparut tout de suite. Comme cet Officier ne pouvoit sçavoir où étoit le criminel, il s'adressa aux Chefs de la Nation leur disant, qu'il falloit lui rendre justice. Ils répondirent que le jeune homme s'étoit réfugié chez une autre Nation. Le Chevalier d'Erneville ne se contenta pas de cette excuse; il leur dit que le mort crioit vengeance, & que le sang devoit se venger par le sang, c'est leur façon de s'exprimer : que le meurtrier avoit sa mere, qu'il falloit qu'elle pérît à sa place. Ils lui répondirent que ce n'étoit point elle qui avoit fait le coup. L'Officier repliqua qu'il parloit comme les hommes rouges, qui, lorsqu'on leur tuoit quelqu'un & qu'on ne leur rendoit pas justice, se vengeoient sur un de la Nation du coupable. Enfin il leur remontra qu'il falloit, pour maintenir la bonne intelligence entre les hommes blancs, & les hommes rouges, ne pas s'opposer à la punition des criminels, Ils lui offritent beaucoup de pelleteries, des chevaux même chargés de butin. Cet Officier connu de tout tems par son zele & par son désintéressement, préférant l'intérêt du Roi au sien, & l'honneur de la Nation à sa fortune, refusa tous ces présents. Il ajouta qu'il ne pouvoit plus reposer depuis la mort de son guerrier, qu'il lui crioit toutes les nuits : *vengez mon sang.* Ces pauvres gens voyant qu'ils ne pouvoient le fléchir, tinrent conseil sur son refus, & commanderent huit hommes conduits par un jeune Chef de guerriers. Celui-ci partit sur le champ avec son monde, & fut droit chez la mere du meurtrier, à laquelle il dit que puisqu'on ne trouvoit pas son fils, il falloit que ce fut elle qui lava le sang du François. Cette femme surprise se laissa conduire toute éplorée; les parents suivoient d'un air fort triste; voyant qu'il n'y avoit point de grace à espérer pour la mere, l'un d'eux dit au Chef de la troupe : *c'est de valeur que meurt ma belle-mere n'ayant pas fait le coup.* Il proposa d'attendre, pendant qu'il iroit chercher le meurtrier; en effet, il l'amena dans l'assemblée où étoit le Chevalier d'Erneville, &

lui dit : voilà le coupable, fais en ce que tu voudras. Ce Commandant leur répondit que c'étoit à eux à lui renre justice ; à l'instant on lui cassa la tête (1).

La justice étant rendue, les Chefs haranguerent leurs jeunes gens, & leur recommanderent beaucoup de tenir la main du François ; ils ajouterent que toutes les fois qu'il leur arriveroit de perdre l'esprit, & de tuer de nos gens, ils rendroient la même justice.

Le Chevalier d'Erneville harangua l'assemblée à son tour ; après quoi il fit, à la Nation, un présent que le Gouverneur lui avoit envoyé. Les Sauvages le firent fumer dans le grand calumet de paix ; tous les soldats & habitants François fumerent aussi en signe d'amnistie ; ensuite ils bûrent la

---

(1) C'est ainsi que la justice se rend chez les Sauvages ; il n'est pas nécessaire d'instruire des procédures ; on ignore toutes ces formalités ; la loi est que celui qui a tué doit être tué, à moins d'un malheur, comme dans l'yvresse, dans un transport, ou dans les jeux d'exercice.

cassine, qui est la boisson de la parole blanche, c'est-à-dire, la boisson de l'oubli.

Depuis ce tems la Nation ne nous a jamais manqué. Les Sauvages *Alli-bamons* s'offrirent en 1714, de bâtir sur leurs terres, à leurs frais, un Fort qui fut nommé depuis le Fort Toulouse, & y introduisirent les François. M. de Bienville alors Gouverneur fut prendre possession de leur pays au nom du Roi (1).

Ils n'ont jamais voulu permettre aux Anglois d'en faire autant; ils se mocquent des menaces du Roi d'Angleterre; chaque Cacique ou Chef de village, se regarde comme un Souverain, qui ne dépend que du *Maître de la vie*, ou du *Grand Esprit*.

___

(1) Ce Gouverneur est en si haute estime chez eux, qu'ils le citent toujours dans leurs harangues. Son nom est si profondément gravé dans les cœurs de ces bons Sauvages, que sa mémoire leur sera toujours chere. Dès qu'ils me virent, ils me demanderent de ses nouvelles, & je leur dis qu'il étoit au grand Village, ou à Paris, en bonne santé, ce dont ils témoignerent une grande satisfaction.

Les *Allibamons* ont appellé leur pays la terre blanche, ou pays de paix, & se reposent sur leurs nates, c'est-à-dire, *n'attaquent personne*. Espèce d'allégorie par laquelle ils semblent annoncer à toutes les Nations de la terre, que la hâche meurtriere est enterrée, & qu'on peut y venir, & commercer en toute sûreté.

Voici une harangue que j'ai entendu faire aux Chefs de cette Nation. « Jeunes gens & guerriers, ne
» vous mocquez point du *Maître de
» la vie*; le Ciel est bleu, le Soleil est
» sans tâche, le tems est serein, la
» terre est blanche, tout est tranquille
» sur sa face, le sang humain ne doit
» point y être répandu. Il faut prier
» l'Esprit de paix de la conserver
» pure & sans tâche entre les Nations
» qui nous entourent. Nous ne de-
» vons nous occuper maintenant qu'à
» faire la guerre aux tigres, aux ours,
» aux loups, aux cerfs, & aux che-
» vreuils, pour avoir leurs peaux afin
» de commercer avec les Européens,
» qui nous apporteront nos besoins
» pour entretenir nos femmes & nos
» enfans ».

Les Ameriquains en général n'ont point la connoissance des lettres. L'art d'écrire leur est inconnu ; ils sont surpris de voir qu'avec du papier, on se parle de si loin ; ils regardent les lettres missives avec admiration.

Lorsqu'on leur en confie, ils les remettent exactement à leur adresse ; & quelque pluye qu'il fasse, quelques rivieres qu'ils ayent à passer, ces lettres ne sont jamais mouillées. Les *Allibamons* font également le commerce avec les François, les Anglois, & les Espagnols ; mais ils n'aiment pas beaucoup ces derniers : ils leur font la guerre plutôt qu'à toute autre Nation, à cause des traitemens cruels qu'ils ont fait aux Sauvages du Méxique ; leur mémoire est admirable, ils se ressouviennent toujours du mal qu'on leur a fait.

Ceux dont il s'agit ici reconnoissent un Etre suprême qu'ils appellent *Soulbiéche*. Je leur ai demandé ce qu'ils pensoient de l'autre monde, ils m'ont répondu, que s'ils n'ont point pris la femme d'autrui, s'ils n'ont volé, ni tué personne pendant leur vie, ils iront après leur mort dans un pays extrêmement

extrêmement fertile, où ils ne manqueront ni de femmes ni d'endroits propres pour la chasse, que tout leur deviendra facile ; que si au contraire ils ont fait les fols, s'ils se sont mocqués du Grand Esprit, ils iront après leur mort dans un pays ingrat, rempli d'épines & de ronces, où il n'y aura ni chasse, ni femmes ; voilà tout ce que j'ai pû apprendre touchant la croyance de ces Peuples sur l'autre vie.

Les *Allibamons* enterrent leurs morts assis ; pour justifier cet usage, ils disent que l'homme est droit, & a la tête tournée vers le Ciel sa demeure, & que c'est pour cette raison qu'ils enterrent leurs semblables dans cette attitude ; on lui donne un calumet & du tabac pour fumer, afin qu'il fasse la paix avec les gens de l'autre monde ; si c'est un guerrier, il est enterré avec ses armes, qui sont un fusil, de la poudre, & des bales, un carquois garni de fléches, un arc, un casse-tête soit massue ou hâche, de plus un miroir (1), & du vermillon pour

---

(1) Les jeunes Sauvages ne marchent

faire toilette au pays des ames.

Lorsqu'un homme se détruit soit par désespoir ou dans une maladie, il est privé de la sépulture, & jetté dans la riviere, parce qu'il passe alors pour un lâche.

J'ai dit que les Sauvages doivent supporter leurs malheurs avec une constance héroïque. Le fanatisme de ces Peuples, est que lorsqu'un d'eux est pris en guerre, il s'attend à être brûlé; alors il compose sa chanson de mort, en disant : « Je ne crains ni la » mort, ni le feu, faites-moi bien » souffrir, parce que ma mort sera » bien vengée par ma Nation ». Ce qui fait que les ennemis abrégent son supplice, ou quelquefois l'adoptent en disant que c'est un homme de valeur.

Lorsqu'il se trouve parmi eux quelque tapageur ou perturbateur du repos public, les vieillards lui parlent ainsi : « Tu peux partir; mais souviens- » toi, que si tu es tué, tu seras dé-

─────────────

jamais sans avoir une petite hache ou un miroir pendu au poignet.

aux Indes Occidentales. 51

» favoué par la Nation, que nous ne
» te pleurerons point, & que nous
» ne tirerons point vengeance de ta
» mort ». Une vie aussi déréglée est
parmi ces Peuples, comme par-tout
ailleurs, notée du dernier mépris (1).

Les Sauvages partent ordinairement pour la chasse à la fin d'Octobre. Les Allibamons vont à 60, 80 & quelquefois à 100 lieues loin de leur village, & ils emmenent avec eux, dans leurs pirogues, toute leur famille; ils ne reviennent qu'en Mars, qui est le tems d'ensemencer leurs terres. Ils rapportent beaucoup de pelleteries, & de viande boucanée. Lorsqu'ils sont rendus dans leurs villages,

─────────────────────────

(1) Les jeunes Sauvages vont en effet quelquefois courir les villages pour enlever des femmes; ce sont ces sortes de rapts qui occasionnent les guerres que ces différentes Tribus se font car ils ne combattent point pour de la terre, puisqu'ils en ont plus qu'ils n'en peuvent cultiver. C'est un crime capital parmi les Sauvages d'enlever la femme d'un autre. Si c'est la femme d'un Cacique, la Nation est obligée de venger l'affront fait à son Chef.

C ij

ils régalent leurs amis, & font des présens aux vieillards qui n'ont pu les suivre, & qui ont gardé les cabanes du village pendant le tems de cette chasse.

Ces peuples ont des ruses singulieres pour attraper le chevreuil ; ils prennent pour cet effet la tête d'un mâle de cette espèce, qu'ils font dessécher. Ils la portent avec eux dans le bois ; là se couvrant le dos d'une peau de cet animal, ils fourent le bras dans le col de la tête desséchée, qu'ils ont eu soin de garnir sous la peau avec de petits cercles de bois pour la tenir ferme à la main ; puis ils se mettent à genoux, & dans cette attitude, ils présentent la tête en contrefaisant le cri, ou le bêlement des chevreuils ; ces animaux prennent le change par cette posture, s'approchent fort près des chasseurs qui les tuent alors à coup sûr.

Il y a des Sauvages qui en ont détruit par ce stratagême jusqu'à 400 dans une chasse d'hiver ; ils employent à-peu-près la même ruse pour attraper dans le bois les dindes sauvages ; quelques-uns d'entr'eux se mettent sur les épaules des peaux de ces volatilles, & au haut de la tête un morceau d'écarlate ou d'étoffe rouge qui voltige, & pendant que ceux-ci amusent ces animaux, les autres les tuent à coup de flèches; ils ne se servent point de fusils de peur de les épouvanter; & tant qu'il y en a de perchés sur l'arbre, ils tirent sur eux avec beaucoup de dextérité; ces dindes attendent ordinairement que leurs camarades reviennent; les Sauvages m'ont souvent régalé de ces volailles, qui sont excellentes pendant l'Automne.

Ces Peuples sont aussi très-adroits à la pêche; ils ne se servent ni d'ameçons ni de filets; ils prennent pour cet effet des cannes de roseaux qui sont fort communes sur le bord des rivieres; après les avoir fait sécher au feu ou au Soleil, il les aiguisent par un bout en façon de dards, & de l'autre ils y attachent une corde faite d'écorce de pitre; étant sur des lacs dans leurs canots, ils lancent à l'eau le dard sur le poisson, & le retirent à l'aide de la canne; d'autres les tirent avec l'arc, & lorsqu'il est blessé, il vient sur l'eau.

Avant que de finir l'article des *Allibamons*, je ne dois pas oublier de vous dire qu'ils font au mois de Juillet, tems de leur récolte, une très-grande fête. Dans ce jour solemnel qu'ils passent sans manger, ils allument pour la Medecine ou Jonglerie le feu nouveau, après quoi ils se purgent, & offrent à leur *Manitou* les prémices de leurs fruits; ils achevent la journée en danses de religion.

Ces Peuples ont aussi des Jongleurs; je vous ferai part d'une petite avanture assez risible, qui m'est arrivée avec un homme de cette profession. Dans le tems que je montois à force de rames le courant de la riviere des *Allibamons*, un Jongleur vint me voir accompagné de plusieurs autres Sauvages, tant hommes que femmes, il me demanda de l'eau-de-vie; je lui en donnai une bouteille, qu'il bût avec ses compagnons. Il m'en redemanda encore; je lui dis que je n'en avois plus, il ne voulut pas me croire; & comme il vit qu'il ne pouvoit rien gagner, il crut m'intimider en me déclarant fièrement qu'il étoit magicien, & que si je ne lui en donnois pas, il alloit faire la médecine contre moi ; c'est-à-dire, m'enchanter avec mon bateau pour l'empêcher de marcher. Je lui dis que je ne le craignois pas, que j'étois Médecin moi-même. Ce mot étourdit mon adversaire.

Ce prétendu sorcier me dit de lui faire voir les effets de ma médecine ; je lui repliquai que c'étoit à lui à commencer ; il ajouta que comme étranger c'étoit à moi ; enfin après bien des débats, je commençai à faire des gestes ridicules en m'agitant & regardant dans un livre où le Jongleur ne comprenoit rien ; je lui dis de se retirer, & de me laisser seul, ce qu'il fit, parce que c'est la coutume des Jongleurs pour ôter aux autres Sauvages la connoissance de leurs fourberies. J'avois la peau d'un chat tigré, dont on avoit tiré la chair & les os par une fente dessous le col, je la donnai u Sauvage Médecin ; en lui disant de lui rendre la vue, & de la faire marcher. Il me répondit qu'il ne le pouvoit pas ; je vois que tu n'es encore qu'un novice dans cet art, lui dis-je, je vais le faire, moi.

Il est bon de vous dire, Monsieur, que j'avois apporté de France à mon dernier voyage, des yeux d'émail qui imitoient parfaitement bien les yeux naturels, chose que ces Peuples n'avoient jamais vue; je les ajustai avec de la gomme de pin, à la place de ceux qui manquoient : ensuite je mis dans la peau un écureuil en vie, je l'enfermai dedans, la tête exposée en avant du col du chat; un soldat, à qui j'avois donné le mot, étoit tout prêt avec une massue; tout étant ainsi disposé, j'ouvris la chambre du bateau; les Sauvages s'avancerent, le Jongleur ou Médecin à leur tête. Je tenois la peau du chat où étoit l'écureuil qui faisoit des bonds entre mes bras, ce qui surprit d'abord ce prétendu sorcier; il se mit à crier que j'étois un véritable Médecin ou magicien, puisque je faisois revivre, voir clair, & marcher les chats morts. Quand les autres Sauvages l'eurent bien consideré entre mes bras, je le lâchai à terre, en piquant l'écureuil d'une épingle, ce qui le fit courir avec la peau du chat du côté où étoient les spectateurs qui crurent qu'il alloit les dévorer; ils reculerent en arriere, & les femmes, par une terreur naturelle à leur sexe, se sauverent de mon bateau en assurant que j'étois un sorcier. Je saute alors sur le chat tigré, paroissant fort en colere contre cet animal; j'en escamote adroitement l'écureuil & les yeux d'émail; puis me serrant fortement la peau du ventre avec les dents de la tête du chat, je fis un grand cri comme si j'avois été mordu de cet animal que je rejettai aussitôt par terre; le soldat armé frappe à grands coups de massue, comme pour tuer le chat ressuscité, de s'être révolté contre son maître, & d'avoir voulu sauter sur les hommes rouges nos alliés & nos amis.

Après cette scene comique, je mis la peau du chat entre les mains du Jongleur, lui disant de la faire revivre comme j'avois fait. Il convint que ma médecine étoit plus forte que la sienne. Je lui dis en même-tems de faire son sortilége contre mon bateau pour l'empécher de marcher; il me répondit qu'à Médecin contre Médecin il n'y avoit rien à faire, que j'étois son maître en cet art, & qu'il étoit un ignorant (1). Tous les Sauvages des cabanes qui étoient en chasse d'hiver le long de la riviere, m'apporterent des provisions de chevreuils & de poulets d'indes, pour recommencer à faire encore une fois la médecine ; mais dans la crainte d'être découvert, & pour conserver mon honneur, je leur dis que je ne pouvois plus la faire, attendu que peut-être quelqu'un d'eux seroit dévoré, & pour mieux les convain-

―――――――――――

(1) Les Sauvages ont beaucoup de confiance en leurs Médecins, la cabane du Jongleur est couverte de peaux qui lui servent de couverture ou de vêtement. Il y entre tout nud, commence à prononcer quelques paroles que personne n'entend : c'est, dit-il, pour invoquer l'esprit ; après quoi il se leve, crie, s'agite, paroît hors de lui-même, & l'eau découle de toutes les parties de son corps.

La cabane s'ébranle, & les assistans croient que c'est la présence de l'Esprit ; le langage qu'il parle dans ces invocations, n'a rien de commun avec le langage sauvage ; ce n'est qu'une imagination échauffée, que ces charlatans ont trouvé le moyen de faire passer pour un langage divin, c'est de tout tems que les plus ingénieux ont dupé les autres.

cre, je leur fis voir l'empreinte des dents du prétendu tigre sur la peau de mon ventre. Pour lors, ils m'approuverent fort, & me remercierent de l'intérêt que je prenois à eux en m'exposant généreusement comme j'avois fait pour empêcher la fureur du tigre ressuscité, qui avoit voulu étrangler leurs femmes, & leurs enfans, & que j'avois bien fait de l'avoir fait rentrer dans le néant, pour servir d'exemple aux autres, puisque c'étoit un mauvais génie; ces pauvres gens regardent les François comme des hommes surnaturels.

Il est quelquefois dangereux d'être Médecin; si quelqu'un meurt, ils attribuent la mort du malade à la médecine, & non à la disposition du malade; c'est pourquoi je ne conseillerois jamais d'abuser de la crédulité de ces Peuples. Aussi je leur fis entendre que depuis que j'avois été mordu, j'avois abjuré la Religion des Magiciens, & que je ne reconnoissois plus d'autre Médecin que le *Maître de la vie*; qu'ils n'avoient qu'à l'implorer, qu'il étoit le pere des hommes rouges, comme des hommes blancs, qui font leurs freres aînés.

La prétendue resurrection du chat tigré, me donna néanmoins un grand relief parmi les Médecins ou Jongleurs de cette contrée, & parmi même ceux de la Floride Espagnole, que la curiosité naturelle aux Sauvages engagea à venir me rendre visite; ils se joignirent aux Médecins *Allibamons*, & me prierent de faire la médecine que j'avois faite en route, pour m'exprimer à leur maniere; je leur dis que j'étois bien fâché de ne pouvoir pas les satisfaire, parce que j'avois frappé au poteau; cependant pour ne les pas renvoyer mécontents de moi, je leurs dis que leur présence me réjouissoit beaucoup, que le *Grand Chef* des François, & le pere des Sauvages, étoit content de leur Nation, & en particulier d'eux: que comme les Médecins étoient plus éclairés que les autres, soit dans l'art de guerir les maladies, soit dans leur zéle à inspirer à leurs compatriotes des sentimens de fidélité & d'attachement pour les François, c'étoit en cette considération que j'étois venu exprès

aux Indes Occidentales.

leur apporter un préfent qui étoit la parole de leur pere, que M. Aubert étoit chargé de la part du Gouverneur d'en faire la répartition.

Je leur dis de plus, qu'étant bien aife de faire connoiffance, & de conférer avec eux, je les priois de me donner leurs noms propres. Comme ces Peuples ne font ni baptifés ni circoncis, ils prennent ordinairement le nom d'un animal, tel qu'un Ours, un Tigre, un Loup, un Renard &c. La gravité que j'affectois pour me donner plus de relief parmi ces Docteurs Indiens, fit qu'ils me demanderent fi c'étoit pour rendre compte d'eux à leur pere par le papier parlant que j'écrivois leurs noms, & je leur repondis que oui.

Lorfque j'eus pris leurs noms, je m'en fervis quelques fois pour faire le devin parmi eux.

Alors me renfermant dans la cabane d'un de ces Médecins, un foldat à qui j'avois donné la quantité de lettres qui compofoient chaque nom, mettoit la main fur l'épaule d'un des jongleurs, & frappoit avec une baguette, autant de coups que de lettres dans son nom ; je devinois en dehors, quel homme le soldat touchoit, & ainsi des autres ; ils ne pouvoient pas comprendre comment je pouvois faire cette divination sans les voir ; ils avouerent que cela les surpassoit.

Le Sr. Godeau, Garde magasin & Chirurgien Major du Fort des Allibamons, avoit aussi fait avant moi la médecine en présence des Sauvages qui regardoient une petite phiole remplie de mercure : ces Peuples n'en avoient jamais vû ; après l'avoir considérée avec attention, ils la lui demanderent. Celui-ci leur dit qu'il acquiesçoit volontiers à leur demande; mais qu'il avoit besoin de la phiole ; & sur le champ renversant le vif argent sur le plancher, il leur dit de le ramasser ; ils n'en purent jamais venir à bout : ce mercure rouloit çà & là de tous côtés ; ce qui fit dire aux Sauvages étonnés, que c'étoit un esprit qui se divisoit en plusieurs parties, qui étant réunies n'en faisoient plus qu'une ; mais leur étonnement devint encore bien plus grand, lorsque le Sr. Godeau ayant pris une carte, ramassa le mercure, & le fit rentrer dans la phiole en leur préfence, ce qu'aucun d'eux n'avoit pû faire, ce Chirurgien fit plus, il verfa de l'eau forte deffus, ce qui fit diffoudre entierement le mercure qui difparut; depuis cette époque, il étoit révéré comme un grand Médecin parmi ces peuples.

M. de Montbéraut vient de remettre le commandement du Fort des Allibamons à M. Aubert, Aide-Major de la place de l. Mobile. Je prends la liberté d'écrire au Gouverneur pour lui repréfenter avec refpect, qu'étant l'ancien de cet Officier, je ne pouvois refter ici à fes ordres; que d'ailleurs il ne doit faire aucun fervice étranger à fes fonctions, [1] que l'ordonnance du Roi y eft bien formelle, que comme notre métier eft fondé fur l'honneur, j'aurois cru déroger à celui

---

(1) Je fuis cependant obligé de rendre juftice à M. Aubert qui a eu le commandement des Allibamons à mon préjudice, & de me louer des égards qu'il a eus pour moi, en m'offrant de partager l'autorité, & de vivre enfemble comme amis.

que j'ai acquis au service de Sa Majesté, si je manquois de lui faire les observations d'un militaire, dont le zèle pour le service lui est connu, & qu'il m'est bien naturel de penser que par cette considération, il se croira engagé à me faire jouir des emolumens attachés à mon état, autrement que je le priois de m'accorder mon rappel à la Nouvelle Orléans, afin d'être plus à portée de saisir la premiere occasion pour l'Europe, où j'aurai le plaisir de vous assurer que je suis, Monsieur, &c.

Aux Allibamons le 2 May 1759.

P. S. J'ai oublié de vous faire part, Monsieur, d'une visite que l'Empereur des *Kaouytas* nous a faite quelque tems après le départ de M. de Montberaut; je vais vous en faire le détail. Comme nous avions été prévenus par un Courier, j'allai au devant de Sa Majesté Indienne pour la recevoir à quelque distance du Fort. J'avois posté des soldats qui tirerent des coups de fusils, pour faire signe aux Cannoniers de mettre le feu au canon à l'inſtant que le Prince mettroit ſa main dans la mienne [1] ; il étoit monté ſur un cheval d'Eſpagne ſellé à l'Angloiſe, & caparaçonné d'une peau de Tigre.

Cet Empereur marchoit gravement à la tête de ſon cortège ; je pouvois à peine m'empêcher de rire de voir des hommes grands & bien faits, le corps nud, *mattaché* ou peint de toutes ſortes de couleurs ; car ils ſe ſuivoient tous à la file, ſuivant leûr rang, comme des Capucins.

Ce Prince Sauvage paroiſſoit enthouſiaſmé de l'honneur qu'on lui faiſoit ; il n'avoit jamais vû de canons, il les appelloit des gros fuſils.

Il portoit ſur ſa tête un panache de plumes rouges, ſon habit étoit d'écarlate avec des revers à l'Angloiſe, & galonné d'or de clinquant ; il n'avoit ni veſte ni culote ; mais ſeulement un brayer fait d'un quart

---

(1) Les Sauvages ſont ſans complimens ni cérémonies ; ils ſe moquent de nos révérences & de nos façons de ſaluer, le corps recourbé, le pied en avant ou en reculant,

de drap rouge passé entre ses cuisses, & attaché avec une ceinture ; il avoit par dessous son habit, une chemise de toile blanche garnie ; sa chaussure étoit des especes de brodequins de peaux de Chévreuil passées & teintes en jaune. Comme c'étoit un jeune homme d'environ dix-huit à dix-neuf ans, sa nation lui avoit choisi un noble & sage Vieillard pour lui servir de Régent ; ce fut lui qui harangua au nom de son Souverain, & qui présenta à M. Aubert le calumet de paix. Ce Commandant lui dit, après les complimens réciproques, d'aller se reposer, parceque c'est la coutume parmi les Sauvages de ne parler d'affaires politiques que le lendemain pour avoir le tems de la réflexion.

Le Sr. Laubène, Interprête du Roi, rendit le discours du Régent qui faisoit aussi les fonctions de Chancellier de l'Empereur ; il ne manqua pas de rappeller les grands services qu'avoit rendus deffunt son pere aux François, & que le fils avoit toujours eu envie de venir les voir pour renouveller l'amitié qui n'avoit jamais cessé d'exister entre sa nation & la nôtre, & pour fumer tous ensemble dans le même calumet.

Il est vrai que son Prédecesseur avoit de tout tems été inviolablement attaché à M. de Bienville, & c'étoit en cette considération qu'il avoit accordé à ce Cacique le titre d'Empereur.

Ce Gouverneur avoit voulu aussi obliger toutes les Tribus Allibamonnes à le reconnoître pour leur Grand Chef, ce qu'elles refuserent, alléguant pour raison, que c'étoit bien assez que chaque village fut subordonné à un Chef; enfin elles ne voulurent rien changer à la forme de leur Gouvernement.

L'Empereur, son Régent, son Chef de guerre, son Médecin ou Jongleur, & son Loué, parurent le lendemain sur les dix heures du matin devant notre commandant, où nous étions tous, habillés en uniforme, & rassemblés pour lui composer une petite Cour. Quant à l'Empereur, son habit impérial n'étoit pas plus magnifique ce jour-là que celui des Seigneurs de sa Cour; car ils étoient tous vetus comme l'étoit Adam dans le Paradis Tereftre. [1]

Ce jeune Prince étoit d'une taille majeftueufe, & d'une figure aimable; il avoit l'air noble & fpirituel ; pendant le féjour qu'il a fait ici, il a été défrayé fur le compte du Roi; comme il étoit de ma grandeur, le Commandant me pria de me défaire en fa faveur, d'un habit bleu & d'une de mes veftes galonnée en or, d'un chapeau bordé avec un plumet, en outre d'une chemife garnie de manchettes brodées.

M. Aubert fit auffi, fur le compte de Sa Majefté, quelques préfens de peu de conféquence, au Prince Américain, ainfi qu'aux Officiers de fa fuite, lefquels s'en retournérent très-fatisfaits.

Leur pays eft fitué entre la Caroline & la Floride Orientale, à l'Eft de

---

(1) L'habit que l'Empereur avoit en arrivant aux Allibamons lui avoit été donné par un Capitaine des troupes du Roi d'Angleterre. Ce Prince l'ôta, tant par politique que pour en avoir un autre des François.

la Mobile : ces Peuples n'ont jamais été conquis par les Espagnols, devenus leurs ennemis déclarés. Le Commandant a toujours fait manger à sa table l'Empereur, ainsi que son Régent ; à l'égard des autres, on ne leur fait pas cet honneur, afin de leur donner plus de vénération pour les Officiers François. J'ajouterai ici, Monsieur, que le fils de ce noble *Kaouytas* que les François ont honoré du titre pompeux d'Empereur fut fort embarrassé la premiere fois qu'il mangea avec nous ; car il n'avoit jamais fait usage de la fourchette ; c'est pourquoi il nous regardoit attentivement pour pouvoir nous imiter en mangeant. Quant à son Régent, il n'eut point cette patience ; il prit la carcasse d'un poulet d'Inde, la rompit avec ses doigts, & alléguat pour excuse que le *Maître de la vie* les avoit faits avant les couteaux & les fourchettes.

Vers la fin du repas nous eumes une petite farce ; ce fut à l'occasion du loué de l'Empereur ; ce premier domestique étoit derriere Sa Majesté Indienne pendant le repas ; ce naturel ayant remarqué que nous mangions de la moutarde avec notre bouilli, s'informa auprès de M. Boudin, de ce que c'étoit que ce mets dont nous paroissions si frians : comme cet Officier parle la langue de ces Peuples, ayant demeuré 40 ans parmi eux il lui repondit que s'il en avoit envie, il pouvoit se satisfaire, que les François n'étoient pas avares de ce qu'ils possédoient ; aussitôt le Sauvage en porta une cuillerée à sa bouche ; la moutarde qui étoit forte lui fit faire des contorsions ridicules qui firent éclatter de rire son Maitre ; il n'en fut pas de même de ce domestique qui se crut empoisonné ; aussitôt M. Aubert se fit apporter une bouteille d'eau de vie ; il en fit avaler une rasade au prétendu empoisonné, en l'assurant très fort qu'il alloit être guéri dans l'instant.

Les Kaouytas sont fort réservés envers les étrangers en matiere de Religion ; ils ne parlent jamais en public sans avoir mûrement réfléchi sur ce qu'ils ont à dire.

Ces Peuples tiennent annuellement une assemblée générale, dans le principal village, ou chef lieu de la Nation; il y a une grande cabane faite exprès; chacun s'y place suivant son rang, & a droit de parler à son tour (1) selon son âge, sa capacité, sa sagesse, & les services qu'il a rendus à la patrie.

Le Grand Chef de la tribu ouvre la séance par un discours qui roule sur l'histoire ou la tradition de leur pays; il rapporte les exploits militaires de ses ancêtres qui se sont signalés pour la défense de la patrie, exhortant ses sujets à imiter leurs vertus, en supportant patiemment les besoins & les miseres humaines, surtout en ne murmurant point contre le *Grand Esprit*, qui est maître de la vie de tous les êtres d'ici-bas; & en soutenant avec courage les adversités; enfin en sacrifiant tout pour l'amour de la patrie & de la liberté; étant mille fois plus glorieux de mourir en vérita-

---

(1) Les Sauvages n'approuvent point les Européens qui parlent tous à la fois lorsqu'ils sont assemblés.

ritable homme, que de vivre en vil esclave.

Le Chef ayant cessé de parler, le plus ancien noble vieillard se leve, salue son Souverain, & harangue, le corps nud jusqu'à la ceinture ; l'eau lui découle de toutes les parties de son corps, par la chaleur & l'action qu'il montre en déclamant, avec des gestes naturels, & des métaphores qui expriment sa pensée ; il persuade ses auditeurs à croire tout ce qu'il dit par la force & l'éloquence de son discours. Rien de plus édifiant que ces sortes d'assemblées, on n'y entend point parler, point d'indécence, point d'applaudissemens déplacés, ni de ris immodérés. Les jeunes gens y sont très-circonspects, & attentifs à écouter avec respect la parole des vieillards, persuadés que c'est pour leur bien.

LETTRE XVII.

Au Même.

L'Auteur part du pays des Allibamons. Sa navigation dans la riviere de Tombekbé. Comment il échappe à la voracité d'un Crocodile. Rencontre d'un parti de Chactas revoltés. L'Auteur les ramene au devoir. Son retour à la Mobile.

MONSIEUR,

Pour toute reponſe à la Lettre que j'avois écrite au Gouverneur, je reçus aux Allibamons un ordre de me rendre à la Mobile, & d'y ſervir ſous les ordres de M. de Velle, Lieutenant de Roi de cette place; ainſi, aulieu d'obtenir la permiſſion d'aller en France, comme je vous l'avois mandé, j'ai eu ordre de partir pour commander un convoi de vivres & de munition au Fort de Tombekbé, situé sur la rivière de ce nom ; ce poste est à dix lieues de la nation des Chactas ; j'ai suivi mes instructions avec la derniere exactitude, & la satisfaction entiere de mes Supérieurs ; les lettres & les certificats que je suis en état de représenter en font foi.

Je partis de la Mobile le 22 Août 1759, avec trois bateaux montés de soldats & de Sauvages Mobiliens ; ceux-ci viennent s'offrir d'eux-mêmes pour aider le François à voguer, moyennant quelque bagatelle qu'on leur donne.

On s'embarque sur la Mobile, & après avoir navigé environ 15 lieues, on arrive à un endroit nommé la Fourche, c'est-à-dire, au confluent de deux rivieres qui se jettent ensemble dans la Mobile, sçavoir la riviere des Allibamons, & celle de Tombekbé ; j'entrai le 27 Août dans cette derniere pour la remonter jusqu'au Fort ; nous étions dans la belle saison, & j'avois choisi sur le bord de la riviere, un endroit fort propre pour cabaner ou camper ; les Sauvages y ayant fait une pêche abondante, me firent présent d'une barbue, sorte de poisson qu'ils font sécher, & qui pouvoit avoir 4 pieds de long ; comme le temps étoit sérein ; je ne me donnai point la peine de tendre ma tente, je me mis seulement à l'écart sur une plate-forme, couverte de gason, qui donnoit sur la riviére ; cet endroit m'ayant parû plus commode pour réposer, j'y étendis la peau de l'Ours que j'avois eu de mon prétendu Gouvernement, & je m'envelopai dans ma tente en me couvrant le visage à cause du serein qui est dangereux dans cette saison ; ce petit rafinement de délicatesse pensa me couter cher, comme vous allez voir.

J'avois eu soin de mettre à mes pieds mon poisson dans la crainte qu'on ne le volat ; mais il arriva pis. J'avois déja dormi une heure d'un sommeil profond & tranquille, car les habitans de ces bords sont nos alliés, & nos amis ; tout à coup je me sens entrainé par une force extraordinaire ; je m'éveille en sursaut, comptant qu'on vouloit me faire piéce ; je vous assure que je n'ai jamais eû tant de peur, & je crois qu'on l'auroit à moins ; je crus que c'etoit le Diable qui m'entrainoit ; je criai au secours ; on crut que je rêvois, & que j'étois un visionnaire ; mais quelle fut ma surprise lorsque je fus éveillé ! J'apperçus un Crocodile de plus de vingt pieds de long ; (1) il étoit sorti de la riviére pendant le calme de la nuit, attiré par l'appas de la Barbue que j'avois au bas de ma tente ; comme ces amphibies sont extrêmement voraces, celui-là se jetta avec avidité sur mon poisson, & en emportant sa proie dans la riviere, il m'entrainoit par un coin de la tente dans laquelle j'étois enveloppé. Mais j'eus le tems de me débarasser au bord du précipice, & j'en fus quitte pour la peur. Je sauvai seulement la peau de l'Ours qui ne me quitte plus. Cette histoire, toute simple qu'elle est, pourra passer pour un prodige chez ceux qui aiment le merveilleux.

Les Sauvages *Collapissas*, & *Ouan-*

―――――――――

(1) Non seulement sa grandeur m'effraya ; mais encore je fus infecté de la mauvaise odeur de musc qu'il exhaloit.

chas, petites Nations qui habitent au-dessus de la Nouvelle Orléans, se battent avec les Crocodiles, dans l'eau; voici comme ils font.

Ils s'arment d'un morceau de bois dûr, ou de fer pointu par les deux bouts; ils l'empoignent par le milieu, & nagent le bras tendu; le Crocodile s'avance la gueule béante pour dévorer le bras du Sauvage qui lui enfonce sa main armée de ce morceau de bois, & le Crocodile se perce lui-même les deux machoires qu'il ne peut plus fermer ni ouvrir, & les Sauvages l'amènent à terre; ces Peuples prennent souvent ce divertissement; autant en font les Négres de Guinée ou du Sénégal.

Après avoir navigé environ 60 lieues entre des forets & des montagnes qui bordent la riviére, on a les eaux si basses, qu'on est obligé de faire décharger les bateaux, & de faire cacher dans le bois les marchandises. C'est ce que je fus obligé de faire, à l'exception des munitions de guerre, & de bouche auxquelles je donnai toute mon attention; je ne me suis jamais vû dans un état aussi facheux:

il a fallu traîner les bateaux plus de 35 lieues ; je me suis mis moi-même à la tête des soldats & des Sauvages, & j'ai tiré à la cordelle pour leur montrer l'exemple. On peut juger de mon embarras, si l'on fait attention que pendant cette manœuvre, il auroit été facile de nous défaire, & de nous piller. J'ai rencontré un parti de *Chactas* revoltés, allant chez les Anglois ; je les ai exhortés à retourner sur leurs pas ; ces Sauvages ont traversé la riviere à un endroit nommé en leur langue *Taskaloussas*, qui veut dire Montagne blanche [1] ; leur Chef, nommé *Mingo-Houmas*, a eu l'insolence de me vouloir forcer à lui donner de l'eau de vie ; il a même eu d'audace de lever la hache sur ma tête. Dans cette conjoncture, je lui ai dit, que j'étois un *Véritable-Homme*, que je ne craignois pas la mort, que j'avois jetté mon corps, [2] & que j'étois

---

(1) C'est une espéce de marne ou craie qui vaudroit beaucoup en Europe.

(2) C'est-à-dire se dévouer à la mort pour la patrie.

content de mourir, étant bien persuadé que s'il me tuoit ainsi que mes Guerriers qui étoient en petit nombre, le Grand Chef des François, au delà du grand lac, vengeroit mon sang sur leur Nation en y envoyant autant de Guerriers qu'il y avoit de feuilles aux arbres.

Ces peuples furent surpris de ma fermeté ; ils dirent » que j'étois un » *Homme de valeur* ; que je leur fai- » sois revenir l'esprit qu'ils avoient » perdu, en formant le détestable » dessein de quitter la main de leur » pere ; mais qu'ils esperoient que » j'oublierois le passé, parceque j'étois » bon. « La harangue finie, on me présenta le calumet de paix que j'acceptai à condition que je fumerois dedans avec du feu nouveau, pour marquer un oubli éternel du passé, & renouveller l'alliance avec les *Chactas*, enfans du Grand Chef des François, pour les convaincre que le passé alloit être oublié, je dis que le feu devoit se produire de lui-même. J'avois sur moi une petite phiole de phosphore que j'avois apportée de France à mon dernier voyage ; je mis de cette poudre dans le calumet de paix, & je regardai le Ciel en proférant quelques paroles au Grand Esprit ! pendant ce tems, la poudre qui avoit pris l'air, alluma le tabac : ce qui surprit, non-seulement les Sauvages, mais encore les François qui étoient avec moi, & qui n'avoient jamais vû l'expérience de cette poudre.

Après cette cérémonie mistérieuse, je fis présent de quelques bagatelles d'Europe à ces Gens, & au Chef d'une bouteille d'eau de vie. C'est un usage, en traitant avec les Sauvages, de donner pour confirmer sa parole. Ensuite ils me prirent tous la main, me la serrerent en signe d'amitié, & reprirent la route de leur village. Ils me témoignérent qu'ils étoient honteux de leur folle démarche, & nous nous separâmes contens les uns des autres.

Peu de tems après, les pluyes furent si abondantes qu'elles grossirent extraordinairement la riviere.

Comme j'avois dépêché un Sauvage à M. de Chabert, Commandant au Fort de Tombekbé, il m'envoya un détachement commandé par M. de Cabaret, Officier très-intelligent, & qui m'a été d'un grand secours dans l'occurence, en apportant en même tems des rafraichissemens à ma troupe qui n'avoit plus de munition de bouche.

Nos Petits-maitres d'Europe qui trainent après eux des miroirs, des toilettes, des robes de chambre, &c. passeroient dans l'esprit des Sauvages pour des femmes, & non pour des des Chefs de Guerriers, ils ne brilleroient point dans ces sortes de campagnes, où il faut braver les chaleurs excessives de l'été & les rigueurs de l'hyver, coucher sur la dure, & aux injures de l'air pour se garantir des surprises de la part des Sauvages; M. Braddock, Général de la Nouvelle Angleterre en 1755, en a fait la funeste expérience, lorsqu'il venoit s'emparer du Fort du Quêne; à quelque distance de ce poste, il fut massacré avec toute son armée par un petit nombre de François & de Sauvages nos fidelles alliés, conduits par de braves Officiers Canadiens & Européens, qui firent en cette action des prodiges de valeur.

Enfin, j'arrivai heureusement le

25 de Septembre au Fort de Tombekbé, après avoir fait environ 100 lieues par eau, sans avoir vû aucune habitation. On est obligé de cabaner tous les soirs dans les bois sur le bord de la riviere ; mais ce qu'il y a de plus incommode dans cette saison, ce sont les Maringouins, que nous appellons en France Cousins, & qui sont insuportables par toute la Louisiane. Pour s'en garantir, l'on pique à terre de grands roseaux que l'on replie en maniere de berceau ; on le couvre après d'une toile ou linceul ; audessous on met une peau d'Ours qui sert de matelas ; tous les voyages de la colonie, se font ordinairement par eau, & de cette maniere.

Lorsque l'on a débarqué pour le Cabanage, l'Officier commandant doit avoir soin d'établir un corps de garde, & de poser des sentinelles dans le bois pour se garantir des surprises. On doit avoir une grande attention de toujours choisir, pour l'assiéte du camp, un endroit avantageux par sa position, comme une Isle, une pointe ou cap, ou une bature.

Si le S. D. *. *. *. avoit pris ces précautions lorsqu'il montoit, en 1735. un bateau chargé de poudre que M. de Bienville envoyoit aux Illinois pour faire la guerre aux *Tchikachas*, il n'auroit point été surpris comme il le fut par un parti de Guerriers de cette nation ; on peut assurer que la négligence de cet Officier, ne nous a pas été moins funeste que la lâcheté, l'ignorance & la cupidité du Commandant des Natchez ; ce bateau chargé de poudre, pris par les *Tchikachas*, leur servit à nous faire la guerre pendant plus de 30 ans, ce qui causa la mort d'un grand nombre de braves gens, & plusieurs millions de dépenses au Roi.

Voici en peu de mots, comme le sieur D. *. *. *. fut surpris & fait prisonnier. Un jour que le vent du Nord souffloit, il fut contraint d'amarrer le bateau à terre, & de se cabaner pour attendre les vents ; ayant fait débarquer tout son monde, il fut à la chasse ; les soldats à l'imitation de leur chef, en firent de même ; mais les *Tchikachas*, qui depuis longtems, les suivoient & les guetoient à l'œil, s'emparerent du bateau & de la poudre, & firent tous les soldats esclaves. Le sieur D***** étant de retour de la chasse, fut bientôt investi & pris comme les autres ; les Sauvages, contens d'une pareille capture, & n'ayant perdu personne, leur accordérent la vie ; quelque tems après, le sieur D***** eut le bonheur de se sauver, & de revenir à la nouvelle Orléans. Losque l'on est en route, l'on doit aussi avoir quelque avant-Coureur Sauvage, tant pour la guerre que pour la chasse. Il m'ariva, en montant la riviére de Tombekbé, que les vivres me manquérent, mais la providence y suppléa visiblement. Les Sauvages qui sont de vrais furêts dans les bois, vinrent m'avertir qu'ils venoient de faire une bonne découverte ; effectivement, ils trouverent le nid d'un aigle de la grosse espéce que l'on nomme race Royale ; comme l'Arbre où étoit ce nid étoit extrêmement haut, ils vinrent chercher des haches pour l'abattre ; mais ils furent bien recompensés de leurs peines, puisqu'ils y trouvérent une quantité de gibier de toute espéce, comme de petits chevreaux, des lapins, des dindes sauvages, des gélinotes, des perdrix & des pigeons ramiers; il y avoit dans le nid quatre aiglons déjà grands que les Sauvages prirent pour eux, au grand regrêt du pere & de la mere qui leur auroient arrachés les yeux, s'ils n'eussent point été armés de fusils; ces animaux ailés étoient furieux : & c'est bien à juste titre qu'on appelle l'Aigle le Roi des oiseaux par son intrépidité ; mais le plomb meurtrier n'épargna nullement leurs Majestés emplumées, qui furent les victimes de leur amour paternel. Les Sauvages me dirent que c'étoit le Grand Esprit qui nous envoyoit de quoi manger. En effet, c'étoit une espéce de manne dont la Province nous favorisoit dans ce désert.

Il vient d'arriver ici des nouvelles de la Capitale; un de mes amis me marque que tout est en combustion à la Nouvelle Orléans, à l'occasion d'un vaisseau Anglois, venu de la Jamaique à la Louisiane en qualité d'interloppe (1).

---

(1) On appelle interloppes, des bâtimens qui font le commerce prohibé.

Ce bâtiment se nomme le Texel ; le Capitaine qui le commande s'appelle Dias-Arias, Juif, Anglois de nation. L'Ordonnateur l'ayant trouvé dans le cas de la confiscation, suivant l'ordonnance de la Marine, l'a saisi au profit du Roi ; M. de Belleisle, Major de la place & Commandant par *interim*, a été requis de donner main forte à cet effet ; mais M. de Kerlerec étant de retour de la Mobile, a interdit M. de Belleisle de ses fonctions ; ce Gouverneur a fait ensuite enlever à 3 heures du matin, le Secrétaire de M. de Rochemore, par un détachement qui, après avoir brisé portes & fenêtres, l'a arraché de son lit & transporté dans un bâtiment dont on ignore la destination ; sur quoi M. de Rochemore a pris le parti de députer au Ministre, Monsieur de Fontenette, Conseiller au Conseil Supérieur.

Lorsque je ferai mieux informé de tout ce qui s'est passé, je vous en ferai part ; j'écris au Gouverneur de m'accorder mon rappel à la Nouvelle Orléans. Je suis, Monsieur, &c.

A Tombekbé le 19 Septembre 1759.

LETTRE XVIII.

Au Même.

Description du pays des Chactas. Leurs guerres. Leur maniere de traiter leurs maladies. Leurs superstitions. Leur commerce. Leurs jeux d'exercice. Pays des Tchikachas, nos ennemis.

MONSIEUR,

Je comptois partir d'ici dans deux jours, mais l'envie que j'ai de connoître la nation la plus belliqueuse, & la plus nombreuse du continent de la Louisiane, m'a fait changer de sentiment ; je profite de mon loisir pour vous faire une description de ce que j'en ai vû & appris. Les *Chactas*, sont entiérement dévoués aux François ; ils en donnérent des marques sous le Gouvernement de M. Perrier, qui s'en servit avec succès pour châtier les *Natchez*, qui massacrerent les François établis chez eux. Aussi la Cour leur fait-elle des présents tous les ans pour les entretenir dans nos intérêts. Cette Nation peut mettre sur pied 4000 guerriers qui marcheroient volontiers. Il seroit facile, en s'y prenant bien, de leur faire chanter la guerre, & de les exciter à nous venger contre les Anglois qui commettent des hostilités dans nos possessions en Canada; ces Peuples pourroient nous servir avantageusement dans l'occurence, s'ils faisoient des incursions sur les terres Britanniques, notamment sur les Provinces de la Georgie & de la Caroline qui ne sont munies d'aucune force, ayant envoyé leurs troupes & leurs milices nationales au siége de Québec. Plusieurs braves Officiers de cette Colonie, qui parlent la langue naturelle des Sauvages, tels que M. de Rouville, Dutissenet & autres, brulent d'envie de se signaler, & de marcher à la tête des partis de ces Nations, nos alliées qui ravageroient la recolte des ennemis, pilleroient, bruleroient les habitations & donneroient l'allarme jusqu'aux portes de Charlestown, ce qui pourroit faire faire diversion au Canada.

Les *Chactas* aiment la guerre, & ont entr'eux de bonnes ruses. Ils ne se battent jamais de pied ferme ; ils ne font que voltiger ; ils narguent beaucoup leurs ennemis, sans pour cela être fanfarons ; car, lorsqu'ils en viennent aux mains, ils se battent avec beaucoup de sang froid. Il y a des femmes qui portent une telle amitié à leurs maris, qu'elles les suivent à la guerre. Elles se tiennent à côté d'eux dans les combats, avec un carquois garni de flêches, & les encourageant en leur criant continuellement qu'ils ne doivent pas redouter leurs ennemis, qu'il faut mourir en *véritables hommes*.

Les *Chactas* sont extrêmement superstitieux ; losqu'ils vont en guerre, ils consultent leur Manitou, c'est le Chef qui le porte. Ils l'éxposent toujours du côté où ils doivent marcher à l'ennemi ; des Guerriers font sentinelle autour. Ils on tant de vénération pour lui, qu'ils ne mangent point que le Chef ne lui donne la premiere part.

Tant que la guerre dure, le Chef

est exactement obéi ; mais dès qu'ils sont de retour, ils n'ont de considération pour lui, qu'autant qu'il est libéral de ce qu'il possède.

C'est un usage établi parmi eux, que lorsque le Chef d'un parti de guerre a fait du butin sur l'ennemi, il doit le distribuer aux Guerriers, & aux parents de ceux qui ont été tués dans les combats, pour *essuyer*, disent-ils, *leurs larmes*. Le Chef ne se réserve rien pour lui, que l'honneur d'être le Restaurateur de la Nation.

Sous leurs toits de roseaux, ils bravent la mollesse,
Leur arc, & leur carquois sont leur seule richesse.
M. Thomas dans son Poëme de Jumonville.

L'intérêt qui fait commettre un si grand nombre de crimes parmi les Peuples de l'ancien Monde, est ignoré parmi ceux du nouveau ; ce n'est point sans fondement que les Indiens de Cuba disoient, que l'or étoit le véritable Dieu des Espagnols, & qu'il falloit le leur abandonner pour avoir la paix. On ne voit point en Amérique, de ces hommes que nous appellons Sauvages, qui soyent assez barbares ponr égorger de fang froid leurs freres, ni fervir de faux temoins pour les perdre afin d'avoir leurs biens. On n'y connoit point l'intrigue pour s'enrichir par des voyes indignes de l'humanité. On n'y voit point de femme empoifonner comme en Europe, fon mari pour convoler à de fecondes noces. On ne voit point de ces femmes affez lafcives ni audacieufes, pour déclarer publiquement l'impuiffance de leurs maris, comme font les Européennes, ni de femmes de Cacique, faire comme cette Princeffe de Naples, qui fit étrangler fes maris, parcequ'ils n'affouviffoient pas fa brutale paffion, ni de filles détruire leur fruit pour paroître chaftes aux yeux des hommes. Les femmes Sauvages ont en horreur les filles chretiennes qu'elles voyent tomber dans ce cas; elles leur oppofent les bêtes les plus féroces de leurs forêts, qui ont un grand foin de leur progéniture.

Si le Chef d'un parti de *Chaƈtas* ne réuffit pas dans la guerre qu'il a entreprife, il perd tout fon crédit; perfonne n'a plus de confiance à fon commandement, & il eft obligé de descendre au rang de simple guerrier. Cependant admirez la variété des opinions dans les différentes Nations. Il n'y a point de honte pour ceux qui lâchent le pied parmi ces peuples guerriers. Ils attribuent leur désertion à un mauvais rêve ; si le Chef même d'un grand parti, ayant rêvé la nuit qu'il perdra du monde, assure à ses Guerriers qu'il a fait un mauvais rêve, ils se replient tout aussitôt sur leur village ; Dès qu'ils s'y sont rendus, ils font la médecine ; car ils l'employent en toutes sortes d'affaires ; puis ils retournent à l'ennemi ; si dans leur route, ils le rencontrent, ils lui tuent 5 ou 6 des siens, & ils reviennent alors sur leurs pas, aussi contents que s'il savoient subjugué un grand Empire.

Un Général qui remporteroit une victoire avec une perte de beaucoup de monde, seroit très mal reçu de sa Nation, parceque ces Peuples comptent pour rien la victoire quand elle est achetée au prix du sang de leurs parens & de leurs amis : aussi les Chefs de parti, ont grand soin de conserver leurs Guerriers, & de n'attaquer l'ennemi, que lorsqu'ils sont surs de vaincre, soit par le nombre, ou l'avantage & la position des lieux; mais comme leurs adversaires ont la même ruse, & qu'ils sçavent aussi bien qu'eux, éviter les piéges qu'on veut leur tendre, c'est le plus fin qui l'emportera; pour cet effet, ils se cachent dans les bois le jour, & ne marchent que la nuit; s'ils ne sont point découverts, ils attaquent au point du jour. Comme ils sont ordinairement dans des Pays couverts, celui qui marche le premier porte quelquefois devant lui, un buisson fort touffu, & comme ils se suivent tous à la file, le dernier efface les traces des premiers, en arrangeant les feuilles ou la terre sur laquelle ils passent, de maniére qu'il ne reste aucun vestige qui puisse les déceler.

Les principales choses qui servent à les faire découvrir de leurs ennemis, sont la fumée de leurs feux qu'ils sentent de fort loin, & leurs pistes qu'ils distinguent d'une maniere presqu'incroyable; un jour un Sauvage me montra dans un endroit où je n'avois rien apperçu, l'empreinte des pieds de François, de Sauvages &

de Negres qui avoient passé, & le tems qu'il y avoit ; j'avoue que cette connoissance me parut tenir du prodige : on peut dire que les Sauvages, lorsqu'ils s'appliquent à une seule chose, y excellent.

L'art de la guerre, chez eux, comme vous voyez, consiste dans la vigilance, l'attention à éviter les surprises, & à prendre l'ennemi au dépourvu, la patience & la force pour supporter la faim, la soif, l'intemperie des saisons, les travaux & les fatigues inséparables de la guerre.

Celui qui a fait coup, porte en trophée la chevelure du mort, s'en fait piquer ou calquer la marque sur son corps, puis en prend le deuil, pendant lequel tems, qui dure une lune, il ne peut se peigner. ensorte que si la tête lui démange, il ne lui est permis de se gratter qu'avec une petite baguette, qu'il s'attache exprès au poignet.

Les *Chactas*, & leurs femmes sont très-malpropres, habitant la plûpart des lieux éloignés des riviéres. Ils n'ont aucun culte ; ils prennent le tems comme il vient, sans souci pour l'avenir,

& croyent cependant l'ame immortelle; ils ont une grande vénération pour leurs morts qu'ils n'enterrent point; lorsqu'un *Chaétas* est expiré, on expose son cadavre dans une bierre, faite exprès, d'écorce de cyprès, & posée sur quatre fourches d'environ quinze pieds de haut. Quand les vers en ont consumé les chairs, toute la famille s'assemble; le désosseur vient qui démembre le squélette: il en arrache les muscles, les nerfs & les tendons qui peuvent être restés, puis ils les enterrent & deposent les os dans un coffre, après en avoir vermillonné la tête. Les parents pleurent pendant toute la cérémonie qui est suivie d'un repas qu'on fait aux amis qui sont venus faire leur compliment de condoléance, après quoi on porte les reliques du deffunt au cimetiere commun, dans l'endroit où sont déposés celles de ses ancêtres. Pendant qu'on fait ces cérémonies lugubres, on observe un morne silence; on n'y chante ni ne danse; chacun se retire en pleurant.

Dans les premiers jours de Novembre, ils célébrent une grande fête qu'ils appellent la fête des morts ou des ames ; chaque famille alors se rassemble au cimetiere commun, & y visitent en pleurant, les coffres funébres de ses parens, & quand elles sont de retour, elles font un grand festin qui termine la fête.

On peut assurer, à la louange de ces Amériquains, que l'amitié entre les parens, si rare parmi les Européens, mérite d'être imitée ; j'en ai rapporté quelques traits qui l'emportent sur ceux de l'antiquité ; L'amour que les Sauvages ont les uns pour les autres, les porte humainement à se secourir mutuellement lorsqu'ils sont infirmes.

On reconnoit cet amour sincere par les derniers devoirs qu'ils rendent à leurs proches & à leurs amis, par leurs pleurs & leurs regrêts, lors même qu'ils n'existent plus.

Les Sauvages en général ont beaucoup de vénération pour leurs Médecins ou Devins, vrais Charlatans qui en imposent au sot vulgaire, pour vivre gracieusement à ses dépens. Ils ont aussi beaucoup d'autorité, & c'est à eux qu'ils s'adressent en toute forte d'occasion pour recevoir leurs avis

avis, ils les consultent comme l'oracle. Lorsqu'un *Chaĉtas* est malade, il donne tout ce qu'il a pour se faire traiter; mais si le malade meurt, ses parents attribuent sa mort à la médecine, & non à la disposition du malade : en conséquence ils tuent le médecin s'ils le veulent (1); mais ce cas n'arrive gueres, parce qu'ils ont toujours une porte de derriere; au reste, ces Médecins ont la connoissance de plusieurs plantes excellentes pour la guérison des maladies auxquelles on est sujet dans ce pays; ils sçavent guérir surement la morsure des Serpens à sonettes, & des autres animaux vénimeux.

Lorsque les Sauvages sont blessés d'un coup de feu ou de fléches, les Jongleurs ou les Médecins commencent par succer la playe du malade, & en crachent le sang, ce qu'on appelle

---

(1) J'ai vu bien de gens en France qui croyoient que leurs parents n'étoient morts que par la faute du Médecin, ce qui ressemble assez à la maniere de penser des Sauvages à cet égard.

en France guérir du secret ; ils ne se servent dans leurs pansemens ni de charpie, ni de plumaceaux ; mais de la poudre d'une racine qu'ils soufflent dans la playe, pour la faire supurer, & d'une autre qui la fait sécher & cicatriser ; ils garantissent les playes de la cangréne, en les bassinant avec une décoction de certaines racines qu'ils connoissent.

Lorsqu'au retour d'une guerre ou d'une chasse, ils sont las & excédés de fatigues, ils se restaurent en se faisant suer dans des étuves (1) ; ils font bouillir pour cet effet dans l'étuve toutes sortes d'herbes médicinales, & odoriférantes, dont les esprits & les sels enlevés avec la vapeur de l'eau, entrent par la respiration & par les pores dans le corps du malade, qui recouvre ses forces abbattues. Ce remede n'est pas moins bon pour calmer & dissiper toutes sortes de dou-

---

(1) Ce sont des cabanes rondes, construites en forme de tour au milieu du village, ces étuves sont entretenues par un Alexxi ou Médecin public.

leurs ; aussi ne voit-on chez eux ni goutte, ni gravelle, & autres infirmités auxquelles nous sommes sujets en Europe : ce qui peut aussi venir en partie de leurs fréquents exercices du corps. On n'y voit point de gros ventres comme en Hollande, ni de grosses tumeurs à la gorge appellées goëtres comme en Piedmont.

Les *Chactas* croyent beaucoup aux sorciers ou enchanteurs, & lorsqu'ils en découvrent, ils leur font sauter la tête (1) sans autre forme de procès.

J'ai vu un Sauvage de cette Nation, qui s'étoit fait baptiser depuis peu ; comme il ne réussissoit pas à la chasse, ainsi que ses camarades, il s'imagina qu'il étoit ensorcelé ; ce nouveau profélite fut aussitôt trouver le Pere Lefévre (2), Jésuite, qui l'a-

---

(1) En 1752, lorsque j'étois à la Mobile, j'en vis un que l'on assomma à coups de hâche, à cause qu'il se disoit sorcier. Les Sauvages lui attribuoient les malheurs qui arrivoient par hazard à leur Nation.

(2) Les Sauvages appellent les Jésuites, les hommes à robes noires ; ils disent que ce ne sont point des hommes comme les autres & les traitent par dérision de femmes.

E ij

voit converti, & lui dit que sa médecine ne valoit rien, que depuis qu'il l'avoit reçue, il ne tuoit ni cerfs ni chevreuils. Il le conjura de vouloir bien lui ôter sa medécine ; le Jésuite, pour éviter le ressentiment du Sauvage, fit semblant de le débaptiser. Quelques tems après ce prétendu débaptisé ayant tué par hazard ou par adresse un chevreuil, se crut désorcelé, & fut content.

L'esprit de cette Nation est en général fort brute & fort grossier. On a beau leur parler des mysteres de notre Religion, ils répondent toujours que ce qu'on leur dit, est au-dessus de leur connoissance. Ils sont au surplus fort pervers dans leurs mœurs ; la plupart étant adonnés à la sodomie. Ces hommes corrompus, portent de grands cheveux, & une petite jupe comme les femmes, dont ils sont en revanche souverainement méprisés.

Les *Chaĉtas* sont très-alertes & très-dispos. Ils ont un jeu semblable à notre longue paume, auquel ils sont fort adroits ; ils y invitent les villages voisins, en les narguant de mille propos agaçans, les uns plus que les autres. Les hommes & les femmes s'assemblent dans leurs plus belles parures; ils passent la journée à chanter & à danser; on danse même toute la nuit au son du tambour & du chichikois. Chaque village est distingué par un feu particulier qu'il allume au milieu d'une grande prairie; le jour qui suit est celui du jeu; ils conviennent d'un but qui est éloigné de 60 pas, & désigné par deux grandes perches entre lesquelles il faut faire passer la balle. La partie est ordinairement en 16. Ils sont 40 contre 40, & tiennent chacun en main une raquette longue de deux pieds & demi : elle est à-peu-près de la même forme que les nôtres, faite de bois de noyer, ou de châtaigner, & garnie de peau de chevreuil.

Un vieillard jette en l'air, au milieu du jeu, une balle ou ballon fait de de peau de chevreuil, roulées les unes sur les autres. Les joueurs alors courent aussitôt à qui attrapera la balle avec sa raquette; c'est un plaisir de voir ces joueurs, le corps nud, peint de toutes sortes de couleurs, ayant une queue de tigre attachée au derriere, & des plumes aux bras & sur la tête, qui voltigent en courant, ce qui fait un effet singulier; ils se poussent, se culbutent les uns les autres; celui, qui a l'adresse d'attraper la balle, la renvoye à ceux de son parti; ceux du parti opposé courent contre celui qui a saisi la balle, la renvoyent au leur, à qui on la dispute, & ainsi réciproquement parti contre parti, ce que les uns & les autres font avec tant d'ardeur, que quelquefois il y a des épaules démises. Ces joueurs ne se fachent jamais: des vieillards qui assistent à ces jeux, se rendent les médiateurs, & concluent que le jeu n'est que pour se recréer, & non pour se quereller. Les paris sont considérables; les femmes parient contre d'autres femmes.

Quand les joueurs ont cessé, les femmes s'assemblent entr'elles pour venger leurs maris perdans. La raquette dont elles se servent différe de celle des hommes, en ce qu'elle est recourbée; elles ont beaucoup de dexterité; elles courent les unes contre les autres avec une grande vîtesse, & se collettent comme les hommes, étant également mises, à l'exception de ce que la pudeur veut qu'on couvre. Elles ne se mettent du rouge qu'aux joues seulement, & du vermillon sur les cheveux au lieu de poudre.

Après avoir bien joué de part & d'autre toute la journée, chacun se retire chez soi avec sa gloire ou sa honte; mais sans rancune, se promettant de jouer une autre fois à qui mieux; c'est ainsi que tous les Sauvages, tant hommes que femmes, s'exercent à la course, aussi sont-ils fort alertes; j'en ai vu courir avec autant de vîtesse qu'un cerf.

Les enfants s'exercent à tirer des prix entr'eux avec l'arc; celui qui tire le mieux remporte le prix de louange que lui donne un vieillard, qui le nomme apprentif guerrier; on les prend par les sentimens, sans les battre; ils sont très adroits à la sarbacane; elle est faite d'un roseau d'environ sept pieds de long, dans lequel ils mettent une petite fléche garnie de bourre de chardon, & en visant les objets, ils soufflent dedans, & tuent souvent de petits oiseaux.

Presque toutes les assemblées des *Chactas* se tiennent pendant la nuit. Quoi qu'ils soient barbares & féroces, il faut pour se concilier leur confiance, avoir grand soin de leur tenir parole quand on leur a fait quelques promesses, sans quoi ils vous traitent avec le dernier mépris, en vous disant fiérement que vous êtes un menteur, épithéte que ces Sauvages ont donnée au Gouverneur actuel qu'ils appellent *Oulabé-Mingo*, c'est-à-dire, le Chef menteur.

Quand les femmes sont enceintes, leurs maris s'abstiennent de sel, & ne mangent point de cochon, dans la fausse opinion où ils sont que ces alimens pourroient faire tort à leurs enfants. Les femmes ne font jamais leurs couches dans la cabane; elles vont accoucher dans les bois sans recevoir aucun secours de personne.

Aussitôt qu'elles sont délivrées, elles lavent elles-mêmes leurs enfans; les meres leur appliquent sur le front une masse de terre pour leur applatir la tête, & à mesure qu'ils prennent des forces, elles augmentent la charge; c'est une beauté parmi ces Peuples d'avoir la tête plate ; elles n'emmaillottent point leurs enfans, ni ne les garotent point dans des linges avec des bandes.

Elles ne les févrent que lorsqu'ils se dégoûtent du sein maternel. J'en ai vû d'assez forts qui disoient à leur mere, assied-toi, que je téte, & la mere aussi-tôt s'asseioit. Leur berceau est fait de roseaux, les meres y couchent les enfans de maniere qu'ils ayent la tête de trois ou quatre doigts plus basse que le corps; c'est pourquoi l'on ne voit jamais parmi les Sauvages de tortus ni de bossus. Elles quittent aussi la cabane dans leurs flux périodiques, que les Sauvages disent *être de valeur*; elles sont obligées, pendant ce tems de crise, d'apprêter elles-mêmes leur boire & leur manger, & ne reviennent parmi les hommes qu'après s'être bien purifiées. Ces Peuples croient que s'ils s'approchoient d'une femme en cet état, ils en tomberoient malades, & que s'ils alloient à la guerre cela leur porteroit malheur.

Quoique les Sauvages ne considérent leur origine que du côté des femmes, elles n'ont cependant pas la liberté de corriger les garçons, elles n'ont d'autorité que sur les filles. Si une mere s'avisoit de frapper un garçon, elle recevroit de vives reprimandes, & seroit frappée à son tour; mais si son petit garçon lui manque, elle le porte à un vieillard qui lui fait une mercuriale, puis lui jette de l'eau fraiche sur le corps.

Si une femme fait une infidélité, il la fait passer par la prairie, c'est-à-dire, que tous les jeunes gens, & quelquefois même les vieillards satisfont sur elle leur brutalité tour à tour. Telle est la punition de l'adultere chez les *Chactas*. Quelquefois la coupable a la ressource, après une telle infamie, de trouver un lâche qui la prend pour sa femme, en disant pour excuse qu'elle doit être dégoûtée du commerce criminel qui lui a attiré cette punition, & qu'ainsi elle sera plus sage à l'avenir. Quoi qu'il en soit, elle n'en est pas moins regardée comme une femme dépravée & sans mœurs.

Avant de finir ma Lettre il faut, Monsieur, que je vous dise un mot des *Tchikachas*. Cette Nation n'est pas aussi nombreuse que la précédente;

mais bien plus redoutable par son intrépidité. Toutes les Nations du Nord & du Sud, & même les François leur ont fait la guerre, sans avoir jamais pû les chasser de leurs terres, qui sont les plus belles & les plus fertiles du continent. Ces Peuples sont grands, bien faits, & d'une bravoure sans égale. En 1752, & 1753, ils attaquerent Messieurs Benoist & de Reggio, qui commandoient les convois des Illinois en descendant le Mississipi ; ces Sauvages choisissent pour faire leur attaque quelqu'endroit avantageux, leur poste le plus ordinaire est aux Ecorres à Prudhomme, le fleuve étant rétréci, les balles portent dans les batteaux qui ne sont point pontés.

On croit que les *Tchikachas* tuerent en 1757, Messieurs Bousselet & de la Morliere ; ces deux Officiers, quoique très-braves, tomberent dans l'embuscade par défaut d'experience, ne connoissant pas plus que le Général Bradock, le local du pays où ils étoient, c'est à quoi un Officier doit s'attacher afin d'éviter les surprises, ou bien il faut se tenir sur la défensive. Les Anglois ne se sont jamais détachés de ces vaillans guerriers ; ils ont toujours entretenu commerce avec eux, en pourvoyant à tous leurs besoins. Cette Nation monte très-bien à cheval ; ils laissent aux femmes le soin de cultiver, & d'ensemencer les terres. Le sexe est beau, & très-propre. Lorsqu'un *Tchikachas* a tué un chevreuil, il dit à sa femme à peu près l'endroit où il est ; elle va le chercher, le dépouille, & le sert à son mari : les femmes ne mangent point avec les hommes, qui paroissent indifférents vis-à-vis d'elles ; cependant ils les aiment plus qu'aucune autre Nation.

A l'égard de l'adultère, les *Tchikachas* se contentent de fustiger les deux coupables qui ont été pris en flagrant délit, en les faisant courir nuds au milieu du village, après quoi le mari répudie sa femme.

Comme ces Peuples avoient donné retraite aux Natchez après le massacre des François, ceux-ci armerent en 1736, contre ces Sauvages qu'ils attaquerent avec toutes les forces de la colonie, mais sans aucun succès.

M. d'Artaguette, Major & Commandant pour le Roi au Pays des Illinois, venoit joindre M. de Bienville, Gouverneur de la Louisiane; il amenoit les troupes des Illinois, & celles des frontieres du Canada; mais le corps d'armée que commandoit cet Officier fut surpris & tout défait, parce qu'il avoit été abandonné par les Sauvages nos alliés. M. Dartaguette fut pris avec sept Officiers, & environ 26 soldats & habitans, par les *Tchikachas* qui les brûlerent vifs; de ce nombre étoit *le Pere Senat*, *Jésuite*, qui avoit suivi M. Dartaguette en qualité d'Aumonier. On a sçu le détail de cette scene tragique, par un Sergent nommé Louis Gamot, qui fut le spectateur du triste sort que ces Barbares firent éprouver à ses compagnons d'infortunes; il étoit réservé pour être brûlé le dernier; mais il échappa à ce supplice par un stratagême assez singulier. Comme la langue des Sauvages lui étoit familiere, il s'en servit en cette occasion pour invectiver contre ses bourreaux; s'étant détaché, il leur jetta à la tête tout ce qui se présenta sous ses mains, en leur disant: *Vous êtes des chiens, puisque vous avez brûlé mes Chefs, je veux l'être aussi ; je ne crains ni le feu, ni la mort, parce que je suis un véritable homme ; faites-moi bien souffrir, car c'est ce que je demande.* Les *Tchikachas*, voyant sa résolution & sa fermeté, le prirent pour un homme extraordinaire, & lui accorderent la vie ; quelque tems après il fut rançonné par un Anglois de la Caroline ; il est actuellement à Charlestown, Capitale de cette colonie Angloise.

Dans une autre expédition contre les *Tchikachas*, qui se fit le 26 Mai de la même année, où commandoit M. de Bienville, nous ne fumes pas plus heureux ; plusieurs braves Officiers y perdirent la vie ; le Major général de l'armée, & l'Aide-Major furent blessés si dangereusement que le dernier en mourut. J'ai appris du Chevalier de Lucer, Suisse d'origine, que son pere, qui servoit en qualité de Capitaine dans nos troupes, avoit été dans cette malheureuse affaire ; cet Officier m'a aussi raconté l'histoire du Chevalier de Grondel, actuellement en garnison à la Mobile, & commandant la troupe Suisse du Ré ;

giment d'*Halwil*, attaché au service de la Marine, & ci-devant *Karrer*, qui avoit sous ses ordres un détachement de grenadiers de ce Régiment, servant à l'armée de M. de Bienville, contre les *Tchikachas*.

Pour abréger le détail de cette affaire, je dirai seulement que cet Officier joignant à une bouillante jeunesse, la fidélité & la bravoure naturelle à tous ceux de sa Nation, reçut dans cette attaque cinq coups de fusils de la part des ennemis. Etant resté après la retraite sur le champ de bataille, il alloit devenir l'objet de la fureur & de la vengeance de ces barbares, si plusieurs soldats de sa troupe ne se fussent exposés généreusement pour lui sauver la vie, malgré une grêle de coups de fusils & de flèches qui partoient du Fort des *Tchikachas*, & qui tuerent successivement cinq de ces hommes valeureux.

Cependant un autre, sans craindre le péril, retourna à la charge, & fut assez heureux d'arriver à sa troupe, apportant son Officier sur ses épaules. Le Chirurgien Major de l'armée mit en pratique tout ce que son art put lui suggérer pour le tirer d'affaire, & le Général qui sçait apprécier le mérite militaire, ne manqua pas d'en rendre compte à la Cour, & M. de Maurepas, en confidération des bleſſures & des services de cet Officier, lui fit accorder une gratification extraordinaire en attendant la Croix de S. Louis.

Quant au ſoldat (1) qui l'avoit ſauvé aux dépens de ſa vie, il fut élevé, ſur le champ, au grade de Sergent par le Commandant de ſa troupe. Vous voyez, Monſieur, par ce court récit, combien la ſubordination ſi bien établie parmi les troupes du corps Helvetique, inviolablement attaché au ſervice de notre auguſte Monarque, eſt digne d'admiration, & combien ceux qui la maintiennent en reſſentent les heureuſes influences.

L'action de ces ſoldats, où l'héroïſme avoit encore ſa part, mériteroit bien que leurs noms fuſſent tranſmis à la poſtérité. En 1754, le Baron de Porneuf me fit part du deſſein

---

Il ſe nommoit Régniſſe.

qu'il avoit formé d'aller à la découverte de la partie de l'Ouest de la Louisiane, en remontant le Mississipi & la riviere des Missouris, dont les sources nous sont inconnues. Cet Officier, qui est Canadien, a des qualités très-propres pour de pareilles entreprises ; mais la guerre qui s'est élevée à l'occasion des limites de ce continent entre l'Angleterre & la France, a mis obstacle à l'exécution de son projet.

J'aurois, je vous assure, été bien aise de l'accompagner, tant pour la gloire du Roi, que pour ma propre satisfaction ; car malgré les fatigues & les risques que j'ai essuyés dans mes courses, je ne me suis point du tout ennuyé. Les maux passés ne sont qu'un songe, & je ne trouve rien de si agréable que la vie d'un voyageur ; il voit sans cesse de nouveaux objets qui l'instruisent en l'amusant. Il cultive son esprit d'une maniere agréable ; c'est là où il apprend à lire dans le grand livre de l'univers, ce qu'on ne sçauroit lire dans une bibliothéque, où, plus on voit d'Auteurs rassemblés, plus on trouve de systêmes, d'opinions, & de faits contradictoires; si vous étiez à ma place, vous auriez matiere à philosopher. Je suis, Monsieur, &c.

A Tombekbé le 30 Septembre 1759.

P. S. Comme il pourroit se faire, Monsieur, que je ne pusse avoir l'honneur de vous écrire de long-temps à cause des circonstances de la guerre, je joins ici un sommaire des différends survenus entre nous & les *Chaĉtas*. Quelques tems après la guerre des *Tchikachas*, les François eurent quelques démêlés avec une partie des *Chaĉtas*, qui suivoient les intérêts du *Soulier Rouge*, Prince de cette Nation, lequel fit l'insolent, & commit plusieurs hostilités contre les François. M. de Vaudreuil, alors Gouverneur de la Louisiane, ayant appris cet événement & ce qui l'avoit occasionné, fit défense à tous les François d'aller chez cette Nation, & de traiter avec elle d'aucune arme ni munition de guerre, afin d'arrêter cette émotion en peu de tems, & sans répandre de sang.

Le Marquis de Vaudreuil, après

ces précautions, envoya demander au Souverain de toute la Nation, si comme le *Soulier Rouge*, il étoit fâché contre les François; le Souverain répondit à M. de Vaudreuil, par l'Interpréte, qu'il étoit ami des François; que son Général, en parlant du *Soulier Rouge*, avoit perdu l'esprit.

Ayant fait cette réponse, on lui fit un présent; mais il fut fort surpris de ne voir dans ce présent ni armes, ni poudre, ni plomb, dans un tems où ils étoient nos amis comme auparavant. Cette maniere d'agir, jointe à la défense qu'ils sçavoient avoir été faite de leur donner des armes, redoubla leur étonnement, & les engagea à s'expliquer avec le Gouverneur, qui leur répondit qu'on ne traiteroit point avec eux d'armes ni de munition, tant que le *Soulier Rouge* n'auroit point d'esprit, parce que si on leur donnoit de la poudre, ils ne pourroient, étant tous freres, se dispenser d'en céder une bonne partie aux guerriers du Capitaine le *Soulier Rouge*. Cette réponse les détermina à parler aux Tributs qui nous insultoient; ils leur dirent que si elles n'alloient promptement en calumet chez les François, ils leur feroient la guerre à elles-mêmes comme à des rebelles. Cette menace leur fit demander la paix, & offrir une réparation aux François, qui n'étoient pas en état de soutenir la guerre contre une Nation aussi nombreuse.

Ce fut ainsi que la sage politique de M. de Vaudreuil termina cette guerre sans frais à l'Etat, & sans avoir exposé un seul homme; ce fut M. de Grand-Pré, Capitaine de nos troupes, qui fut chargé, de la part du Général François, de cette importante négociation; le Marquis de Vaudreuil ne pouvoit assurement faire un meilleur choix. M. de Grand-Pré est Canadien, & sert le Roi avec zéle, bravoure & désintéressement. J'ai été sur le point d'aller servir au Fort de Tombekbé, chez la Nation des Chactas, où il commandoit, lorsque j'arrivai ici en 1751.

LETTRE XIX.

Au Même.

L'Auteur retourne à la Mobile. Evenemens remarquables, arrivés dans l'Isle aux Chats. Mort tragique du Sieur Duroux, Commandant de cette Isle.

MONSIEUR,

Me voici de retour du voyage que je viens de faire dans la riviere de Tombekbé; j'ai rempli cette importante & penible mission à la satisfaction de mes supérieurs. En attendant mon rappel à la Nouvelle Orléans, la curiosité me porta à aller visiter les petites Isles qui sont sur la côte de la Louisiane.

L'Isle Massacre fut la premiere où les François firent des établissemens. Elle a été ainsi nommée parce qu'en y descendant, on y trouva quantité de squeletes humains; on ne put discerner s'ils étoient des Espagnols ou des Sauvages.

On l'a nommée depuis l'Isle Dauphine (1), Elle se peupla peu-à-peu

---

(1) Il ne faut point la confondre avec celle dont il est parlé dans une relation du premier voyage de la Compagnie des Indes Orientales en l'Isle de Madagascar, appellée trop précipitamment l'Isle Dauphine.

L'Auteur de cette Rélation, qui écrivoit en 1665, & qui avoit été lui-même du voyage convient que les Anglois, & les Hollandois déja établis aux Indes, furent les modèles que M. de Colbert se proposa d'imiter, & ensuite de surpasser ; mais tous les projets de ce digne Ministre, échouerent peu-à-peu, tant par l'imprudence & la vanité propres à la Nation, que par les écarts de ceux qu'on mit à la tête des affaires.

« Le même Auteur ajoute qu'il n'y trouva
» que des emportés, & des mal habiles, tous
» Officiers mal choisis, & incapables de l'oc-
» cupation à laquelle ils étoient destinés, au
» lieu qu'il auroit fallu des gens inacces-
» sibles aux passions grossieres, sans autre in-
» clination que le bien de la patrie, qui seroit
» le fil qui guideroit chacun pour bien sortir
» de son emploi.

Il me semble qu'une leçon si utile devroit être gravée dans le cœur de tous ceux qui vont dans nos colonies avec quelque autorité, & quelque commandement.

on y fit des Magasins, un Fort, & des Cazernes.

En 1717, l'entrée de son port fut bouchée par un amas prodigieux de sables qu'un ouragan y rassembla ; l'Isle fut presque inondée, & quantité de bestiaux furent noyés ; il fallut chercher un autre mouillage pour les vaisseaux, & on choisit l'Isle Surgere, qu'on a depuis appellée l'Isle aux Vaisseaux ; elle a une rade foraine assez bonne. En 722, M. de Bienville transporta tout le monde à la Nouvelle Orléans, qui est devenue la Capitale de la Louisiane.

A 6 lieues de l'Isle aux Vaisseaux, on voit l'Isle aux Chats, ainsi nommée à cause qu'en y débarquant, on y trouva quantité de chats sauvages. Cette derniere n'est remarquable que

---

J'ai choisi pour exemple ce trait d'histoire qui a un rapport singulier avec ce que l'on voit tous les jours dans nos colonies.

Il y a des Gouverneurs & des Intendans qu'il faut bien se garder de confondre avec ceux qui ont fait des fortunes rapides & odieuses, nées des miseres publiques, & teintes du sang d'une infinité de malheureux.

par les meurtres & les brigandages qui s'y sont commis sous le commandement de deux Officiers que M. de Kerlerec, Gouverneur de la Louisiane, y a envoyé.

Il nomma en 1757, le Sieur Duroux pour commander en Chef dans cette Isle, & lui donna un détachement de soldats de la Marine, & du Régiment Suisse d'Halwyl.

Le Sieur Duroux ne s'y fut pas plutôt rendu, qu'il se regarda comme Souverain; il s'arrogea d'abord le droit de se faire faire un jardin par les soldats de sa garnison; il les employoit aussi pour son compte à faire de la chaux de coquillage, & du charbon, sans les payer, & ceux qui refusoient de se soumettre à ses vexations, étoient attachés à un arbre, le corps tout nud, exposés aux piqueures insupportables des maringouins. Tel étoit le genre de supplice que cet Officier faisoit subir aux soldats de sa garnison; traitement indigne, & qui n'a jamais eu d'exemple chez les barbares.

Le Sieur Duroux leur faisoit manger de la munition faite de farines retirées

rées du naufrage d'un vaisseau Espagnol qui avoit péri sur la côte, & faisoit revendre, à son profit, les farines du Roi, destinées pour le pain de sa garnison. Tant de mauvais traitemens de la part de ce Commandant, déterminerent quelques soldats à passer à la Nouvelle Orléans, pour en porter des plaintes au Gouverneur, à qui ils présenterent de ce mauvais pain de munition qu'ils mangeoient; mais M. de Kerlerec, n'ayant aucun égard à leurs justes représentations, les renvoya à la discrétion de leur Commandant. Alors ces misérables craignant son ressentiment, formerent le dessein d'en faire un exemple, ce qu'ils exécuterent en cérémonie.

Un jour cet Officier étant allé faire une partie de chasse dans une Islette voisine de son poste, la troupe révoltée prit ce tems pour aviser aux mesures nécessaires à l'exécution de son complot, qui étoit de massacrer le Sieur Duroux. Une résolution si étrange ne pouvoit être inspirée que par le désespoir de n'avoir pu obtenir la justice qu'ils avoient reclamée auprès du Gouverneur. Il ne s'agissoit pour éviter ce malheur, que d'envoyer un Officier Supérieur en grade au Sieur Duroux, qui n'auroit commandé qu'en second.

Comme il retournoit de la chasse, la sentinelle, ayant apperçu au large son batteau, hissa le pavillon François, ce qui fit prendre les armes à la la garnison, & battre aux champs. Les soldats conjurés s'étant avancés sur le rivage avec un caporal à leur tête, crierent avec un porte voix, suivant l'usage de la mer : *ho ! du batteau, ho ! ho !* Le Sieur Duroux répondit, *Commandant !* Il aborde, & comme il met pied à terre, le caporal donne le signal, & au même instant les soldats font feu sur ce Commandant, qui tombe percé de coups ; ensuite ils le dépouillent, & jettent son corps à la mer. Telle fut la sépulture & la punition des vexations de ce petit tyran, qui ne fut regreté de personne, n'ayant d'autre recommandation que d'être protégé du sieur Thiton, premier Sécretaire du Gouverneur. Les soldats, restés maîtres de l'Isle, mirent alors en liberté un habitant nommé Beaudrot, que le défunt Commandant tenoit injustement aux fers depuis long tems. Le Sieur Duroux s'étoit arrogé le droit de l'Amiral de France, prétendant partager avec les soldats & les habitans tout ce qu'ils pourroient sauver des vaisseaux naufragés sur la côte de l'Isle aux Chats; & tous ceux qui lui refusoient de lui payer cette rétribution, ne manquoient jamais d'en être punis aussi sévèrement que s'ils eussent commis un grand crime. Tel étoit celui de Beaudrot; il n'avoit été mis aux fers, que pour n'avoir pas voulu partager avec le Commandant des effets qu'il avoit sauvés des débris d'un vaisseau Espagnol nommé le Situart, qui avoit fait naufrage sur cette côte en 1758.

Les soldats meurtriers, ayant ensuite pillés tous les effets appartenans au Roi dans l'Isle aux Chats, prirent cet habitant dont ils venoint de rompre les fers, & l'obligerent de les conduire sur la route de la Colonie Angloise nommée la Caroline. Quand ils furent arrivés sur les terres d'un grand Chef de Sauvage appellé par les Européens l'Empereur des *Kaouytas*, ils renvoyerent Beaudrot, muni d'un certificat qui prouvoit qu'il avoit été forcé de leur servir de guide. Une partie de cette troupe se sépara pour aller chez les Anglois ; mais ceux qui resterent chez les Sauvages furent bientôt arrêtés par ordre de M. de Montberaut, Commandant pour lors aux *Allibamons* ; de ce nombre se trouva un caporal du Régiment d'Halwyl, qui, pour éviter le supplice de la scie usité parmi les Suisses, se poignarda avec son coûteau, qu'il portoit pendu au col, à la maniere des Sauvages.

M. Beaudin, Officier de la garnison, fut commandé avec un détachement pour conduire les criminels à la Mobile. Dans cet intervalle, les deux fils de Beaudrot arriverent de la Nouvelle Orléans à la Mobile ; ils portoient, sans le sçavoir, un ordre du Gouverneur à M. de Velle, Commandant à la Mobile, pour faire arrêter leur pere, qui étoit alors dans son habitation, avec une grande sécurité ; cet habitant se remit lui-même en prison, ignorant la détention des déserteurs qu'il avoit guidés. M. de Velle fit transférer tous les criminels à la Nouvelle Orléans, où l'on tint un conseil de guerre pour faire leur procès,

Il fut jugé dans ce Conseil, que l'habitant Beaudrot, pour réparation du crime qu'il avoit commis en servant de guide aux meurtriers du Commandant de l'Isle aux Chats, seroit rompu vif, & son corps jetté ensuite dans le Fleuve, ce qui fut exécuté : un soldat subit le même supplice, & un Suisse fut sçié vif par le milieu du corps.

Quand on réflechit sur le sort de l'infortuné Beaudrot, on sent bien qu'il faut qu'il ait été jugé contre la forme, & par des Militaires qui ignoroient les Loix civiles & criminelles, attendu qu'il ne pouvoit pas avoir mérité le supplice cruel qu'on lui fit subir. Si la politique veut que pour la sureté publique, on ne laisse pas le crime impuni, la justice demande, en faveur de l'humanité, que le Juge craigne plus de punir trop, que de ne pas punir assez, suivant cet axiome, il vaut mieux sauver cent coupables, que de punir un innocent.

Si cet habitant devoit subir quelque peine pour l'exemple, selon cette

Loi, on auroit pu la mitiger en confidération de fa femme & de quatre enfans qu'on jettoit dans la derniere défolation; parmi ces quatre enfants étoit une fille de figure aimable, qui faifoit l'admiration de la Colonie par fa vertu encore plus que par fa beauté; cette charmante Créole s'eft retirée, avec le refte de fa famille, dans une habitation éloignée du commerce des hommes, pour y pleurer la mort de fon infortuné pere.

Cet homme malheureux avoit été employé avec fuccès dans des négociations importantes auprès des Sauvages qui le confidéroient beaucoup. Il parloit leur langue, & connoiffoit par pratique, le local du pays auffi bien qu'eux. Il avoit de plus une force extraordinaire. Toutes ces qualités lui avoient fi bien concilié l'eftime & l'amitié des *Chactas*, qui l'avoient adopté comme un homme de leur Nation; qu'ils n'auroient pas manqué de fe foulever à fon fujet fans les fages précautions que prit M. de Velle(1)

―――――――――――――

(1) Cet Officier connoiffoit parfaitement

pour leur cacher sa prison & son supplice.

Après la mort tragique du Sieur Duroux, Monsieur de Kerlerec fixa son choix sur le Sieur de Cha... pour le commandement de l'Isle aux Chats.

Cet Officier partit de la Nouvelle Orléans en 1758, avec une garnison composée de soldats & d'habitans de cette Capitale ; mais ces habitants étoient tous gens sans aveu que les notables mettoient à leur place de l'agrément du Gouverneur, pour le service de ce poste.

Ces vagabonds restoient donc à l'Isle aux Chats tant qu'ils y étoient payés par les bourgeois sujets à la garde. On sent très-bien qu'une troupe de cette espèce, qui n'est point relevée alternativement de son poste, suivant la règle du service, en prend occasion de former des complots de désertion, comme on l'a vu arriver dans plusieurs autres postes de cette colonie.

---

cette Nation, ayant été plusieurs années Commandant à Tombekbé, & les Sauvages le considéroient beaucoup, tant à cause de sa valeur que de son désintéressement.

» à défendre, sous peine de la vie,
» d'en rien laisser débarquer sans l'a-
» grément du Sieur S. Criq proprié-
» taire ; qu'enfin il ne manque pas de
» se conformer aux ordonnances de
» la Marine du Roi, notamment au
» titre, naufrage, &c.

Malheureusement pour le Sieur S. Criq, l'avis de M. de Belle-Isle vint trop tard ; le Sieur de C.... avoit déjà eu soin de faire enlever la cargaison de ce navire par les soldats, & habitants de sa garnison, qui l'avoient cachée dans le sable du voisinage ; ils avoient pris les précautions nécessaires pour couvrir sa manœuvre. Le Sieur S. Criq arrive à l'Isle aux Chats, remet au Commandant la Lettre du Major, puis entre avec son monde dans son navire pour en faire la visite ; mais s'appercevant qu'il avoit oublié son porte-feuille, où étoit la facture de son chargement, il descend tout de suite à terre pour l'aller chercher ; heureux effet de la Providence ! Il est à peine débarqué que le feu prend subitement à son navire, & avec tant de vivacité, que trois hommes qui étoient à la cale sont la proie des

Au mois de Mars 1759, il parut à la vue de cette Isle, un vaisseau à 3 mats appartenant au Sieur S. Criq, Négociant, qui l'avoit acheté à la Havane; sa cargaison consistoit en sucre, caffé, tafias, cables, & quelques autres munitions de guerre; l'équipage de ce bâtiment n'étoit composé que de matelots Espagnols, qui abandonnèrent le Capitaine S. Criq sur la côte de la Balise. Ce Capitaine fut contraint, par cette désertion, de s'embarquer dans sa chaloupe avec le peu de monde qui lui restoit attaché. Il arriva à la Nouvelle Orléans, s'adressa à M. de Belle-Isle, Major de la place & Commandant par interim; il pria cet Officier de lui donner main-forte pour aller à la découverte de son bâtiment, qui ne pouvoit être échoué que sur la côte de l'Isle aux Chats.

M. de Belle-Isle donna au Sieur S. Criq, un Sergent intelligent, & dix soldats pour aller piloter son navire, en même-temps il écrivit au Sieur de C...... « Que si ce bâtiment est échoué
» à la proximité de son poste, il ait à
» y poser sur le champ une garde, &

flammes; les autres n'échaperent qu'en se jettant à la mer pour se sauver à la nage (1).

Le Sieur Saint-Criq en porta ses plaintes à M. de Kerlerec; mais ce ne fut qu'après de longs délais, que le Gouverneur obligea la Capitaine à terminer ce différent avec le Sieur de C...... moyennant une somme de 1500 liv. que celui-ci lui donna. Ce Commandant s'étant fait rappeller

---

(1) Dans le tems que le Sieur S. Criq reclamoit, auprès de M. de Belle-Isle, son navire, & recevoit les ordres adressés à M. de C..... de veiller à la conservation de sa cargaison, ce Commandant de l'Isle aux Chars, écrivoit à M. de Belle-Isle même : » qu'un tel » jour un bâtiment à trois mats étoit venu s'é- » chouer à la vue de son poste, & qu'ayant fait » signe sans en recevoir de réponse, il l'avoit » jugé ennemi, qu'il tenoit son monde caché » dans la cale, qu'ayant fait armer le bat- » teau du poste, & y étant monté avec tout » son monde, sur ce qu'il n'en recevoit point » encore de réponse à un nouveau signe, il » l'avoit abordé, & n'y avoit trouvé ame qui » vive; que sa cargaison en avoit été enlevée; » qu'il ne trouva qu'un cable coupé sur le » pont, & que ce bâtiment étoit percé pour » 26 canons.

à la Nouvelle Orléans, s'y livra à une telle débauche, qu'il scandalisoit toute la colonie. Quand il eut consomm- tout le fruit de son iniquité, il s'embarqua sur un bâtiment Hollandois de Curaçao, Colonie appartenante à cette République; les avis sont partagés sur la fuite clandestine de cet Officier: les uns croient qu'il se sauva pour éviter le châtiment que meritoit son forfait; d'autres pensent qu'il étoit chargé de paquets du Gouverneur pour la Cour; c'est ce que l'événement nous apprendra.

Il est bien prouvé par cette restitution de 1500 liv. de la part du sieur de C....... que ce Commandant avoit pillé le navire du Capitaine S. Criq, après en avoir retiré 60000 liv. suivant l'aveu qu'il en a fait au Sieur la Perliere, qui lui avoit succédé dans le commandement de l'Isle aux Chats. Il a pourtant échappé à la peine de mort que méritoit cette piraterie. Car l'Ordonnance citée porte: « Que tous » ceux qui attenteront à la vie & aux » biens de personnes naufragées, se- » ront punis de mort. Ce crime est si » énorme, que quand même on ne

» seroit pas Chrétien, la Religion na-
» turelle nous engage à secourir les
» malheureux dans le danger (1). Tels
étoient les Officiers à qui le Gouverneur de la Louisiane accordoit sa confiance. Nous apprenons dans ce moment qu'un parti de guerriers de la Nation appellée *Cherakises*, & commandé par le Chef de guerre le Loup, vient de s'emparer du Fort London, appartenant à la Grande Bretagne, & que le Commandant appellé M. Daméri a été mis à mort par les Sauvages, qui lui ont enfoncé de la terre dans la bouche, en lui disant : chien, puisque tu es si avide de terre rassasie-toi ; ils en ont fait autant à quelques autres.

Si je ne pars point pour la France, je vous écrirai de la Nouvelle Orléans touchant la discorde qui regne entre les 2 Chefs de la colonie MM. de Kerlerec, Gouverneur ; & de Rochemore, Ordonnateur. Je suis, Monsieur, &c.
Au Fort de la Mobile le 10 Janvier 1760.

──────────────

(1) Le Sieur de C...... comptant jouir des fruits de son iniquité en France, y est mort comme il avoit vécu, c'est-à-dire, dans la débauche par un décret de la Providence.

LETTRE XX.

Au Même.

L'Auteur part pour la Nouvelle Orléans. Cause des troubles qui l'agitent. Histoire pathétique de la captivité de M. de Belle-Isle chez les Attakapas. Animaux curieux, & simples salutaires, qui se trouvent à la Louisiane.

MONSIEUR,

J'AI tant de nouvelles à vous raconter, que je ne sçai par où commencer ; je vous avois écrit de Tombekbé que tout étoit en combustion à la Capitale. On n'entend effectivement parler ici que de dissensions, de démêlés, de divisions; la cupidité & l'intérêt, allument partout le flambeau funeste de la discorde. Comme je n'ai, ni ne veux avoir aucune part à tous ces différens, & que je ne puis satisfaire mon zèle pour le service du Roi dans cette Colonie, où tout est en desordre; je ne cesse en conséquence de demander mon retour en France. Les plus fidéles sujets qui veulent faire leurs devoirs, n'éprouvent que contradictions & disgraces ; les plus cruelles persécutions sont la récompense de leur zèle. Mais sans entrer dans le détail des maux qu'on a fait souffrir à nombre de braves Officiers & gens d'honneur, dont la plûpart sont encore en vie, je ne vous parlerai que de ceux auxquels M. de Belle-Isle s'est vu exposé. Ce respectable Officier, dont la probité & les mœurs irréprochables, lui ont concilié la bienveillance & l'estime universelle de tous les gens de biens, & notamment des Officiers généraux, tels que MM. de Perier, de Bienville & du Marquis de Vaudreuil, &c. mérite bien que je vous fasse ici son histoire que j'ai apprise de lui, avec toutes les circonstances qui l'ont accompagnée.

Je vous ferai le récit de ce qui lui est arrivé depuis quarante cinq ans qu'il sert le Roi dans cette Colonie. Au surplus je ne dirai rien que de très-véritable, quelques merveilleux que certains traits puissent vous paroître.

M. de Bienville vit encore à Paris; il est en état d'attester tous les faits qu'on avance ici, ayant payé la rançon aux Sauvages qui ont ramené M. de Belle-Isle.

Vous connoissant, Monsieur, le cœur bon, je suis persuadé que vous compatirez au triste sort de cet Officier infortuné; les grandes ames ne rougissent point de s'attendrir sur les malheurs des autres; les Sauvages mêmes disent, que celui qui n'est point sensible aux maux de ses freres, est indigne de porter la qualité *d'homme*, que c'est un monstre qu'on doit fuir comme la peste du genre humain.

―――――――――

Nota. L'histoire de N. de Belle-Isle, Chevalier de l'Ordre Royal & Militaire de Saint-Louis, Major de la Nouvelle Orléans, & faisant fonctions ci-devant de Major Général des troupes de la Marine à la Louisiane, a été insérée dans une Relation de la Louisiane imprimée à Paris en 1758. L'Auteur, qui a quité

En 1719, la Louisiane avoit passé de M. de Crozat à la Compagnie des Indes, qui y envoya, pour la peupler, mille hommes. Ce fut sur un de ses vaisseaux que M. de Belle-Isle s'embarqua, avec d'autres Officiers & volontaires au Port de l'Orient pour cette nouvelle Colonie. Le bâtiment fut porté par les courants & les vents contraires, à la Baïe St. Bernard dans le Golfe du Mexique. Le Capitaine envoya sa chaloupe à terre pour y faire eau. Monsieur de Belle-Isle, avec quatre de ses camarades, s'y embarqua du consentement du Capitaine du vaisseau. Pendant que la chaloupe fait un voyage à bord, ces Messieurs vont à la chasse ; la chaloupe revient à terre, & ayant fait sa provision d'eau douce, elle rejoint le navire sans avoir pris les jeunes Of-

___

cette colonie en 1733, en a oublié les circonstances les plus intéressantes, & les faits qu'il a rapportés ont été désavoués par M. de Belle-Isle même ; celle-ci a été extraite d'un Mémoire manuscrit, écrit de la main de cet Officier.

ficiers, qui n'étoient pas encore de retour.

Le Capitaine impatient leve l'ancre, & appareille pour sa destination, en abandonnant à terre les cinq Officiers passagers. On laisse à penser quel fut leur trouble & leur agitation, lorsqu'ils revinrent sur le rivage où ils ne trouverent ni chaloupe, ni navire. Ainsi abandonnés dans un pays inconnu, ils errerent long-tems sur cette côte déserte, ne voyant d'un côté que la mer, & de l'autre une terre habitée par des peuples Caribes, c'est-à-dire, mangeurs de chair humaine. Ils n'osoient quitter les bords marécageux de la mer, ils furent tellement désesperés de ne trouver aucun secours à leurs maux, qu'ils ne sçavoient plus quel parti prendre ; il suffit de dire que cela étoit capable de leur faire perdre l'esprit, & rien ne troubloit plus l'imagination de ces jeunes Européens, que la crainte de tomber entre les mains des *Antropophages*. Ils alloient le long du rivage, dans la fausse opinion que le vaisseau étoit allé dans le ponent, en réclamant la bonté Suprême & se plaignant de leur malheureux sort. Ils vivoient d'insectes & d'herbes, sans sçavoir si elles étoient bonnes ou mauvaises; & ce qui les incommodoit encore, c'étoient les cousins, qui sont fort communs dans cet endroit-là, n'ayant rien pour s'en garantir. Ils passerent plusieurs jours dans cette situation. M. de Belle-Isle avoit descendu du navire, un jeune chien de chasse, qui lui étoit fort attaché; ses camarades furent plusieurs fois tentés de le tuer, pour en faire un bon repas; la faim les devoroit; M. de Belle-Isle leur fit le sacrifice de cet animal, mais il ne voulut pas le tuer lui-même : un de ses compagnons saisit le chien; mais il étoit si foible qu'en voulant lui donner un coup de couteau, il le laissa échapper. L'animal gagna les bois; on ne le revit plus; les quatre malheureux Officiers périrent de faim, les uns après les autres, à la vue de M. de Belle-Isle, qui fit les derniers efforts pour leur creuser avec ses propres mains des tombeaux dans la terre, ou plutôt dans le sable, afin de préserver leurs *aux Indes Occidentales.* 139

triſtes reſtes de la voracité des bêtes fauves, tribut qu'il rendit à l'humanité en gemiſſant ſur ſes malheurs; il n'y eut que la force de ſon tempérament, qui le fit ſurvivre à ſes compagnons. Il eut le courage, pour ſubſiſter, de manger des vers qu'il trouvoit dans des bois pourris. Quelques jours après la mort de ſes compagnons, il apperçut de loin ſon chien qui tenoit quelque choſe dans ſa gueule; il l'appelle, cet animal vient auprès de lui avec de grandes demonſtrations de joie, & jette à ſes pieds un rat de bois, en lui faiſant mille careſſes, & heurlant, comme s'il eut voulu dire: je t'apporte dequoi ſoutenir ta vie. Ces rats de bois ſe mangent effectivement, ils ſont de la groſſeur d'un cochon de lait. M. de Belle-Iſle n'ayant d'autre compagnie que ſon chien, prit le parti de roder de côté & d'autre pour trouver des alimens. Tous les ſoirs, il ſe faiſoit un petit retranchement au pied d'un arbre, pour ſe garantir des bêtes feroces. Il arriva qu'une nuit, un tigre s'approcha de l'endroit où il dormoit. Son chien veilloit à ſes côtés, il apperçut la bête feroce, & courut sur elle, avec des cris affreux. M. de Belle-Isle se reveillant, courut à son secours; le tigre lacha prise; mais le chien resta blessé; son maître fut contraint de le tuer de crainte qu'il ne devint enragé, & il le mangea ensuite. Seul alors dans ce désert; il se mit à genoux, leva ses bras au ciel, remercia le Tout-puissant de l'avoir conservé jusqu'à ce moment; & se résignant à la Providence, il s'abandonna dans la profondeur des terres, pour voir s'il ne trouveroit pas quelque figure humaine. Bientôt il apperçoit des traces d'hommes; il les suit jusques sur le bord d'une rivière, où il trouve une pirogue, dont il se sert pour la traverser. Il y avoit à l'autre bord des Sauvages qui faisoient boucaner de la chair humaine & du poisson; c'étoit les *Attakapas* (1), ils s'avan-

---

(1) Ce nom signifie parmi les Peuples de l'Amérique, mangeurs d'hommes. Quand ils prennent quelqu'ennemi en guerre, ils font entr'eux un grand régal de sa chair; ils vivent ordinairement de poisson, & boivent de la cassine. Ils parlent aussi par signes, & font de fort longues conversations pantomines.

cerent vers M. de Belle-Isle qu'ils prirent pour un specte, tant il étoit maigre; il leur présenta son corps, en leur montrant sa bouche, faisant signe qu'il avoit faim, Ces Sauvages ne voulurent point le tuer pour le manger, à cause de son extrême maigreur: ils lui présenterent de la chair humaine; mais il préféra du poisson, qu'il mangea avec avidité. Ces Peuples considérerent cet Officier qui étoit habillé, ils le dépouillerent tout nud & partagerent entr'eux ses vetemens; ensuite ils le conduisirent pour l'engraisser à leur village, où il eut le bonheur à son arrivée d'être pris pour le chien (1) d'une femme veuve, déja sur le retour. Peu à peu il commença à reprendre des forces; mais il étoit d'une tristesse extrême, apprehendant toujours que ses hôtes ne le sacrifiassent à leurs faux Dieux, & qu'ils ne fissent ensuite un regal de sa chair; son imagination étoit toujours frappée du spectacle terrible de ces barbares, qui faisoient des festins

───────────────

(1) Expression qui signifie esclave.

des prisonniers & des captifs les plus gras qu'ils avoient pris en guerre, & que je ne sçaurois vous rapporter sans frémir. Il s'attendoit à tout moment à recevoir un coup de massue lorsqu'il seroit gras. Ces Peuples tinrent conseil, & le résultat de l'assemblée fût qu'il y auroit de la lacheté à faire mourir un homme, qui n'étoit point venu chez eux pour leur faire du mal, mais pour leur demander l'hospitalité; en conséquence la veuve le conserva pour esclave. Les premiers jours de sa captivité, sans être rudes, lui tenoient fort à cœur, à cause qu'il étoit chargé du soin des petits enfans de ces mangeurs de chair humaine : il n'étoit pas moins obligé de les porter sur ses épaules, ce qui l'incommodoit beaucoup ; car il étoit, de même qu'eux, nud, n'ayant d'habit que ce qui servoit à rendre sa nudité moins indécente ; mais sa femme en question l'ayant pris sous ses auspices, on le traita mieux dans la suite.

Comme M. de Belle-Isle étoit jeune & vigoureux, il s'acquitta du mieux qu'il pût de son devoir d'esclave, & parvint même à captiver les graces da sa Patronne, qui l'adopta; & alors il fût mis en liberté, & reputé homme de la Nation. Il apprit en peu de tems à parler en pantomime, de même qu'à tirer de l'arc comme eux. Ils le menerent en guerre, où il leur fit voir sa dextérité, en tirant sur un de leurs ennemis qu'il coucha par terre en leur presence d'un coup de fléche, qui le perça de part en part; alors il fut reconnu pour un véritable guerrier. Un autre Sauvage ayant tué un chevreuil, ils firent boucanner l'homme & le chevreuil, afin de les conserver pour la provision du voyage. Un jour qu'ils étoient en marche, M. de Belle-Isle pressé par la faim demanda à manger; alors un Sauvage lui donna de la chair humaine, lui disant que c'étoit du chevreuil. Il en mangea sans le sçavoir; & le Sauvage lui dit après : *tu faisois autrefois le difficile ; mais présentement tu manges de l'homme comme nous.* A ce récit, M. de Belle-Isle vomit tout ce qu'il avoit mangé.

Environ deux ans après sa captivité, il arriva aux *Attakapas* des Députés d'une Nation, qui leur apportoit le calumet de Paix; heureux hazard de la Providence! Ces Peuples habitent dans les terres du nouveau Mexique, voisin des *Natchitoches*, où commandoit alors M. de Hucheros de Saint-Denis, qui étoit aimé & respecté des Députés de cette Nation, quoiqu'ils fussent sur les terres des Espagnols. Quand ils eurent considéré attentivement M. de Belle-Isle, ils dirent aux *Attakapas*, que dans la contrée d'où ils venoient, il y avoit des hommes blancs comme M. de Belle-Isle; les *Attakapas* répondirent que c'étoit un chien qu'ils avoient trouvé du coté du grand Lac, où ses camarades avoient péri de faim, qu'ils l'avoient amené à leur habitation, qu'une femme en avoit fait son esclave, qu'ils l'avoient mené à la guerre contre une Nation ennemie qu'ils vainquirent dans un combat, où il se distingua & leur fit voir son adresse à décocher une fléche qui mit un de leurs adversaires par terre; qu'en cette

cette considération il avoit été adopté & reçu Guerrier.

Cet Officier, qui entendoit la conversation, ne fit semblant de rien ; il conçut dès-lors l'agréable idée de revoir sa patrie ; il tira un de ces Sauvages en particulier, le questionna beaucoup sur les hommes blancs qu'il avoit vûs. M. de Belle-Isle avoit conservé, par hazard, dans une boëte, sa commission d'Officier ; il fit de l'encre avec du noir de fumée, & se servant d'une plume de corbeau, il écrivit ce qui suit : « Au premier Chef » des hommes blancs. Je suis *un tel* » qui a été abandonné à la Baie St. » Bernard ; mes camarades sont morts » de faim & de misère, à ma vue ; je » suis captif chez les *Attakapas* (1). Cet infortuné donna sa commission à ce Sauvage, & l'assura que c'étoit de l'écorce ou du papier qui parloit, qu'en le présentant au premier

---

(1) Le Capitaine qui avoit abandonné M. de Belle-Isle, & ses camarades à la Baie St. Bernard, fut englouti par les flots avec son vaisseau, dont on n'a jamais eu de nouvelles.

Chef des François de la partie d'où il venoit, il seroit bien reçu. Ce Naturel crût que cette lettre participoit de la divinité, puisqu'elle devoit parler pour lui, en arrivant chez les François. Les autres voulurent la lui ôter. Il se sauva, en traversant une rivière à la nage; & de peur de mouiller la lettre, il la tenoit en l'air. Ce Sauvage, après avoir fait dans les terres 150 lieues, arriva aux *Natchitochés* (1), Nation Sauvage, où commandoit pour lors M. Hucheros de Saint-Denis, Officier de distinction, connu pour avoir fait le premier voyage par terre de la Louisiane au Mexique, où il a épousé depuis la nièce du Gouverneur Espagnol. Le courier lui remit la lettre de M. de Belle-Isle, & M. de Saint-Denis reçut très-bien le porteur, qu'il combla de présens; après quoi, cet Officier se mit à pleurer à la maniere des Sauvages, qui lui de-

---

(1) Poste voisin du Méxique. Il y a une peuplade de Sauvages établis sur la Riviere Rouge.

manderent ce qu'il avoit; il répondit qu'il pleuroit son frere, qui étoit captif depuis deux ans chez les *Attakapas*. Comme M. de Saint-Denis étoit beaucoup considéré des Nations de ce Canton, celui, qui lui avoit apporté la lettre, s'offrit d'aller chercher M. de Belle-Isle : d'autres Sauvages se joignirent à lui.

M. de Saint-Denis leur donna quelques chemises & un chapeau pour M. de Belle-Isle, & ils partirent sur le champ au nombre de dix, à cheval & armés de fusils, en promettant à M. de Saint-Denis que dans deux lunes ils lui rameneroient son frere, sur un cheval de main qu'ils emmenoient avec eux.

En arrivant chez les *Attakapas*; ils s'annoncerent par le bruit de plusieurs décharges de leurs armes à feu, que les autres prirent pour le tonnerre. Ils donnerent à M. de Belle-Isle, la lettre de M. de Saint-Denis, qui lui marquoit » qu'il n'avoit rien » à craindre avec ces Sauvages, & » qu'il se réjouissoit d'avance de le » voir ». On ne sçauroit exprimer la joie que cette lettre causa à cet Officier ; il craignoit cependant que les *Attakapas* ne s'opposassent à son enlevement. Mais le chef de la Députation le fit monter promptement à cheval, & repartit avec son cortège. Les *Attakapas*, épouvantés des coups de fusils des Ambassadeurs, n'oserent rien dire ; la femme, qui avoit adopté M. de Belle-Isle, fondoit en larmes. C'est ainsi que cet Officier échappa à une captivité, qui peut-être n'auroit pris fin qu'avec sa vie.

Ce Sauvage qui enlevoit ainsi M. de Belle-Isle, étoit aussi fier que *Fernand Cortez* lorsqu'il vainquit *Montezuma*, dernier Empereur du Mexique. Ils arriverent en cavalcade aux *Natchitochés*, où ils ne trouverent plus M. de Saint-Denis, qui étoit parti pour le *Biloxis*, où étoit alors le quartier général.

Le *Biloxis* étoit, dans ce tems-là, le chef-lieu de la Louisiane. La Nouvelle Orléans n'étoit point encore bâtie.

M. d'Orvilliers, qui commandoit en son absence aux *Natchitochés*, envoya M. de Belle-Isle & son cor-

II. PARTIE.

tége à M. de Bienville, pour lors Gouverneur de la Louisiane. Ce Général le reçut entre ses bras, enchanté de le voir, & récompensa largement ses libérateurs. En arrivant, chacun s'empressoit à lui faire compliment de ce qu'il s'étoit tiré de ce misérable esclavage ; M. de Bienville lui donna ensuite un habit.

Cet Officier a été depuis très-utile au Gouverneur, par la connoissance qu'il a des mœurs des *Attakapas*, que les Espagnols du nouveau Mexique n'ont jamais pu soumettre comme les autres Nations de cette partie de leur Empire.

M. de Bienville envoya un présent à la Nation des *Attakapas*, & un autre en particulier, pour la veuve qui avoit adopté & protégé M. de Belle-Isle.

Ces Peuples, qui ne s'attendoient point à la générosité du Gouverneur, lui envoyerent des Députés (1) pour

---

(1) Le Chef de la députation adressa un discours à M. de Bienville, dont M. de Belle-Isle fut l'Interprète. « Mon pere, le blanc que tu vois ici, est ta chair & ton sang, il nous

le remercier & faire alliance avec les François; la Patronne de M. de Belle-Isle y étoit en personne; depuis cette époque, ces Peuples ont toujours traités humainement les François, qui leur ont fait abandonner la barbare coutume de manger de la chair humaine.

Les grossiers Habitans de ces lointains rivages,
Formés par nos leçons, instruits par nos usages,
Dans l'école des arts, & de l'humanité
De leurs sauvages mœurs corrigent l'âpreté;

Leur cœur simple & naïf dans sa férocité
Respecte des François la sage autorité.
Le François bienfaisant console leur misere,
Les aime en citoyen & les gouverne en pere.
Poëme de Jumonville, par M. Thomas.

Lorsque les *Attakapas* venoient à la Nouvelle Orléans, ils étoient bien

---

» avoit été uni par adoption. Ses freres sont
» morts de faim; s'il eussent été rencontrés
» plutôt par ma Nation, ils vivroient encore &
» auroient joui des mêmes prérogatives.

L'hospitalité que les Attakapas exercerent envers M. de Belle-Isle, nous fait voir que nous ne devons regarder leur cruauté que comme un défaut d'éducation, & que la nature les a rendus susceptibles d'humanité.

reçus de tous les François, en reconnoiffance du traitement qu'ils avoient fait à M. de Belle-Ifle, car, fans eux, il auroit fubi le malheureux fort de fes camarades.

M. de Bienville fe donnoit quelquefois la comédie avec ces Peuples, par le moyen de M. de Belle-Ifle, éleve de ces Antropophages, qui repréfentoient par leurs geftes toutes fortes d'actions. Les *Attakapas* font armés d'arc & de fléches extrémement grandes; ils cultivent le mahis comme les autres Peuples de l'Amérique feptentrionale. Cette partie du monde eft fi étendue, que l'on n'a pas encore pu parvenir à en connoître toutes les Nations, ainfi que fes limites.

En 1759, M. de Marigni de Mandeville (1), Officier de diftinction, forma le deffein, avec l'agrément du Gouverneur de la Louifiane, de faire de nouvelles découvertes vers l'Ifle de Barataria, dont nous ne connoif-

---

(1) Voyez le Mémoire de cet Officier, imprimé chez Guillaume Defprès, rue S. Jacques 1765.

sons que très-imparfaitement le *gisement* (1) des côtes; ce fut dans cette vue qu'il travailla à une Carte générale de la Colonie. Cet Officier a fait, à ses frais, la découverte de ce pays inconnu, avec un zéle infatigable, qui caractérise un digne Citoyen, toujours occupé de la gloire de son Prince, & de l'aggrandissement de ses Etats.

J'ai tâché, Monsieur, dans mes précédentes, de vous mettre au fait de l'Histoire abrégée de ce pays, depuis le tems de sa découverte jusqu'à celui-ci, & de vous donner une idée de sa situation & de son commerce, comme aussi de tout ce qui m'a paru instructif & amusant. Je crois n'avoir rien obmis d'essentiel; je vais finir aujourd'hui notre correspondance par quelques observations sur l'Histoire naturelle de cette colonie, dont les relations particulieres n'ont pu vous instruire. Vous sçaurez d'abord, Monsieur, que tous les fruits, que l'on y a transporté d'Europe, y viennent très-bien. M. Fazende, Conseiller au Conseil Su-

----
(1) Terme de Marine.

périeur de la Louisiane, y a apporté de Provence un plan de figuier, dont les figues sont excellentes; comme cet arbre vient de boutures, ce n'est qu'une pépiniere pour toutes les habitations. Parmi les fruits particuliers à ce pays, il y en a un qu'on nomme raquette; il a la figure & le goût d'un cornichon confit au vinaigre. Ce fruit est fort commun dans le pays de la Mobile, & il est très-rafraîchissant.

La Piaquemine est une espèce de néfle que les Sauvages appellent *Ougoufle*; ce fruit qui n'est pas plus gros que la néfle d'Europe, est jaune & rouge comme l'abricot; c'est un très-bon astringent, & un remede souverain pour arrêter le flux de sang, & la dissenterie. Les Sauvages en font du pain; ils lui donnent la forme du pain d'épice, & le font sécher pour les voyages de long cours (1).

---

(1) La Piaquemine a encore une autre vertu; prenez une certaine quantité de ses pépins, pilez-les & les réduisez en poudre; faites infuser cette poudre pendant 24 heures dans de l'eau fraîche; passez cette eau dans un linge, & la conservez dans une bouteille;

La Jasmine a la forme & la couleur d'un limon; elle est odoriférante, & a le goût des figues bananes; ses pépins ressemblent à des fèves; c'est un poison pour les cochons.

Il y croît beaucoup d'orangers, & de pêchers; les oranges, ainsi que la pêche, sont si communes dans la colonie, qu'on les laisse pourrir sous les arbres.

Il y a des pommiers, & des pruniers; on y voit des forêts de noyers; il y a des noyers blancs & des noyers noirs; les uns & les autres portent des noix; il y en a, comme en Europe, de moyennes & bonnes à manger, d'autres, grosses comme le poing: elles sont amères, ayant la coquille extrêmement épaisse & dure. Le pacanier porte des noix que l'on nomme pacanes; elles sont longues comme des amandes, & plus délicates; les Sauvages en font de l'huile pour assaisonner leur sagamité.

C'est une chose admirable de voir

―――――――――――――――――――
lorsque vous vous sentez attaqués de la gravelle, buvez, à jeun, un verre de cette eau, & continuez jusqu'à parfaite guérison.

la providence du Créateur, qui a semé, dans ce nouveau monde, cette variété d'arbres fruitiers de différentes formes, on y trouve mille espèces d'animaux curieux qui n'ont jamais été connus, ni de figures, ni de noms, & dont les anciens n'ont pas même eu d'idée.

Il y a des lauriers rouges & des lauriers blancs ; ce dernier porte une tulippe blanche ; il est extrêmement touffu, & feroit l'ornement des parterres des Rois d'Europe ; les Sauvages l'appellent l'arbre de paix.

Il y a, sur le bord des Rivieres, beaucoup de vignes qui grimpent si haut sur les arbres, qu'en les coupant, on fait quelquefois au pays des Illinois une barrique de vin d'un seul cep. Ces vignes viennent sans culture, & le vin en est âpre. Il y a dans les forêts beaucoup de muriers, dont les mures sont sucrées ; il y en a aussi de buisson, dont on fait de la gelée.

Le févier est un arbre hérissé d'épines de six pouces de long ; son bois est si dur qu'il émousse & casse quelquefois les hâches ; les Sauvages par le moyen du feu, en font des mortiers

& des pillons pour écraser le mahis & le réduire en farine. Cet arbre porte des gousses d'environ un pied de long, semblables à la casse; le fruit qu'elles contiennent est gommeux & gluant, ayant plusieurs pépins comme des fèves. C'est un excellent laxatif; les naturels du pays s'en servent pour se purger.

On trouve dans les forêts du bois gras, qui produit de la résine & du goudron, ainsi que quantité d'arbres, d'où découle une gomme semblable à la thérébentine.

Il y aussi un arbrisseau qu'on nomme *Cirier*; il ressemble de près à un olivier. Il porte une petite graine comme du geniévre; on la fond dans l'eau, & on en fait de la cire pour des bougies; elle est d'un beau vert, & a l'odeur aromatique. Le Sieur Alexandre, Chirurgien & Chimiste, est le premier qui l'ait connue.

L'Académie, en faveur de cette découverte utile, lui fait une pension. Il a aussi decouvert le secret de la blanchir comme on fait en Europe la cire des abeilles.

Depuis que je suis à la Louisiane

on y a fait venir de S. Domingue, du plan de cannes à sucre, pour en faire des plantations. M. Dubreuil, Commandant la Milice Bourgeoise, a été le premier Colon, qui a fait construire un moulin à sucre à la Nouvelle Orléans.

On sçait que le sucre vient du jus d'un roseau ou canne qu'on plante de bouture; le plan vient haut & gros, à proportion que la terre est grasse; les cannes ont des nœuds de distance en distance; quand elles sont mûres, ce qui se connoît aisément lorsqu'elles jaunissent, on les coupe avec une serpe au-dessus du premier nœud, qui est sans suc; on ôte les feuilles qui croissent de chaque côté; on en fait des fagots ou faisceaux; ensuite on les porte au moulin pour y être écrasées entre deux rouleaux de bois garnis d'acier. Un Nègre passe la canne entre les deux cylindres ou rouleaux, qui la pressent entre celui du milieu, de façon que tout le suc s'en exprime; il est reçu dans un grand creux; de là il passe, par le moyen d'un tuyau de plomb, dans un réservoir voisin, qui le conduit à l'endroit où sont les fourneaux destinés à faire bouillir la liqueur dans de grandes chaudieres, semblables à celles qu'on voit à l'Hôtel Royal des Invalides. Quand la liqueur est assez rafinée, on la transvase dans une autre chaudiere ; on a soin de la remuer continuellement, & de la faire toujours bouillir jusqu'à ce qu'elle ait pris une forte consistance ; & lorsque le sucre a acquis sa premiere perfection, on le met dans des formes de terre cuite, pour le faire blanchir ; il acquiert le second dégré, en mettant, sur l'ouverture, de la terre glaise, qui empêche que l'air n'agisse trop sur le sucre, & ne le durcisse avant qu'il soit rafiné, par la séparation des sirops ou mélasses.

C'est avec l'écume du sucre que l'on fait le *taffia* ou *guilledire*. Cette liqueur se fait, comme en France, l'eau de vie ; on la passe à l'alambic. Les Européens, en Amérique, la préferent à l'eau de vie pour la guérison des playes ; c'est aussi avec quoi on fait le *rum*, qui sert comme l'esprit de vin à faire des liqueurs qu'on appelle les eaux de barbades.

On trouve au pays des Illinois, un

petit arbrisseau d'environ trois pieds de haut, qui porte un fruit gros comme une pomme d'apis, & qui a le goût du citron; il y a aussi, dans les forêts, des châtaignes & des noisettes comme en France.

Il croît de très-bons simples à la Louisiane, entr'autres, du gen-zein, dont la racine est un excellent béchique, du jalap, de la rhubarbe, de l'esquine, de la vipérine, de la salcepareille, du milpertuis, dont on fait une huile excellente pour consolider les playes. Voici comment les Médecins ou *Jongleurs* Sauvages font l'huile de milpertuis. Ils prennent un vase de terre; ils y mettent la fleur, ensuite de l'huile d'ours par-dessus; on expose le vase bien bouché au Soleil levant; la chaleur concentrée du vase donne à l'huile une couleur rouge, & une odeur agréable qui guérit & purifie toutes sortes de playes. Il y a même des plantes, qui ont la vertu de servir de contrepoison; mais c'est un don rare & précieux à l'homme de les connoître, & d'en sçavoir user comme il convient; l'Auteur de toute chose ne l'accorde pas à tous. Il y a mille simples, qui sont propres à purger la masse du sang, & dont les Sauvages ont une connoissance particuliere.

Il y a des forêts de bois de sassafras, qui est bon pour la médecine & la teinture; il y a aussi du copal, arbre dont la gomme est un excellent beaume, & aussi bon que celui du Pérou; les animaux, blessés à la chasse, se guerissent eux-mêmes, en se frottant contre l'arbre d'où découle ce beaume, qui a une odeur aromatique.

Les Sauvages ont, dans leurs habitations, des coloquintes, des calebasses, dont ils font un sirop pectoral; du capillaire, bon pour la poitrine, de la cassine, qui est un excellent diurétique. Lorsque la dose est forte, elle provoque des tremblemens, mais qui cessent aussi-tôt. Les Sauvages *Allibamons* l'appellent *la boisson de valeur*. Les Amériquains font plus de cas de leurs simples, que de tout l'or du Méxique & du Pérou.

On trouve à la Louisiane toutes sortes d'animaux curieux, & inconnus en Europe. Le bœuf sauvage est très-gros & très-fort; les habitans François & Sauvages en retirent bien des commodités ; ils se nourrissent de sa chair qu'ils font saller ou boucaner ; ils font de sa peau des couvertures. Le taureau sauvage est couvert d'une laine très-fine dont on fait de bons matelats ; de son suif, on fait de la chandelle ; ses nerfs fournissent aux Sauvages des cordes d'arc. Ils travaillent ses cornes, & en font des *micouénes*, ou cuillieres pour manger leur sagamité, & des *poulverains* ou cornets pour la chasse.

Le bœuf sauvage a une bosse sur le dos comme le chameau ; il a de grands poils sur la téte comme le bouc ; & sur le corps, de la laine comme les moutons ; les femmes Sauvages en font du fil.

En tirant vers la source du Missouris, on trouve toutes sortes de bêtes fauves. Les boucs, les lievres sauvages & les cabrits sont très-abondans dans certaines saisons. Ces animaux sont extrêmement vifs & subtils ; les femelles ont les cornes à doubles cornichons ; elles ne sont point si grosses que les nôtres ; les François qui en ont mangés, m'ont assuré que les jeunes chevreaux étoient aussi bons que les moutons de Briançon. Comme les Sauvages de ces contrées n'ont guère l'usage de nos fusils, ils les tirent à coups de flèches; car ils paissent dans les pays montagneux; & lorsqu'ils sont blessés, ils ne peuvent plus grimper aisément, & les Sauvages les attrappent.

Les coureurs de bois m'ont aussi raconté qu'il y avoit dans ce pays une espèce d'aigle très-grosse, que l'on nomme race royale.

Je crois devoir vous rapporter, Monsieur, ce que j'ai appris de la façon singuliere avec laquelle les Sauvages font la chasse à ces animaux, qui sont très-estimés parmi les Nations du Nord, puisque c'est avec les plumes d'aigle qu'ils décorent les calumets de paix; ils les appellent *plumes de aleur.*

Cette chasse est réservée pour la récréation des vieux Guerriers, parce qu'elle ne demande point d'exercice. Premiérement le vieillard, qui veut faire cette chasse, examine les endroits qui sont les plus fréquentés par ces oiseaux: après quoi il y porte de la viande, des serpens ou des entrailles d'animaux ; il attache ses appas à quelque bois de résistance. Le premier, qui y vient, en mange & s'y apprivoise, de sorte qu'il en attire d'autres, qui se disputent avec avidité cette proie ; alors le bon vieillard se creuse une niche au haut de cette montagne ; il fait une espèce de cheminée qu'il bouche ensuite avec un fagot de branches d'arbre, sur lequel ses appas sont attachés ; il laisse manger l'oiseau jusqu'à ce qu'il le voie bien saoul : alors, au travers de la paille qui est sous le fagot, il passe ses mains envéloppées d'un petit sac de peau, le prend par les pattes, l'envélope de sa robe de bœuf, & le tue. S'il a le bonheur d'en attraper cinq ou six, il est content, parce que ses plumes se traitent par toute l'Amérique Septentrionale. Cette chasse n'est pas beaucoup pénible ; les appas sont ramassés par ses enfants qui sçavent où il est placé ; & les femmes lui envoyent des vivres. On voit aussi des liévres, & des ours blancs, dont la peau est très-fine ; les tigres de la Louisiane différent de ceux de l'Afrique, & de l'Amérique Méridionale, en ce qu'ils ne sont point mouchettés. Ils attrapent les chevreuils comme le chat fait la souris. Quant aux chats tigrés, ils tuent les bœufs sauvages de cette maniere. Ces chats se mettent sur un arbre, dans un petit sentier où les bœufs passent pour aller boire au fleuve ; ils sautent sur le col du bœuf, lui coupent le nerf, & le font mourir ; sa force & ses cornes lui deviennent inutiles par cette trahison.

Le rat de bois ou rat d'inde, est gros comme un chat d'Europe ; il a la tête d'un renard, les pattes d'un singe ; il n'a du rat que la queue. Cet animal est très-curieux ; j'ai tué une femelle qui avoit sept petits ; ce qu'il y a de plus surprenant, c'est qu'ils étoient collés à la tétine ; c'est-là qu'ils croissent, & ils ne s'en détachent que lorsqu'ils sont en état de marcher ; alors ils tombent dans une membrane qui forme une espèce de poche ; ceux-ci étoient gros alors comme de petites souris nouvellement nées ; la nature a donné à cette femelle une poche sous le ventre qui est garnie de poil, dans laquelle ses petits rentrent lorsqu'ils sont poursuivis ; & c'est ainsi que la mere les emporte & les sauve. Sa chair a le goût du cochon de lait ; son poil est blanchâtre ; il a un duvet comme le castor. Ce prétendu rat se nourrit dans le bois, de faines, de châtaignes, de noix, & de glands. J'en ai mangé plusieurs fois en voyage ; sa graisse est extrêmement blanche & fine ; on en fait une pommade excellente pour la guérison des hémorroïdes.

On trouve un autre animal nommé ici chat de bois ; il est de la grosseur d'un renard d'Europe ; il n'a du chat que la queue. Cet animal est très-friand d'huitres ; il est de la figure d'une marmotte ; il s'aprivoise comme un chien, léchant & caressant son maître qu'il suit par-tout ; il prend avec ses pattes comme un singe. Je pense que ce sont ces chiens muets que les Espagnols trouverent en faisant la découverte des Antilles.

Il y a, à la Louisiane, quatre sortes d'écureuils, de gros, de noirs, de rouges, de gris, & de petits, gros comme de petits rats ; ces derniers se nomment volans, à cause d'une membrane qui lie leurs quatre pattes & qu'ils étendent, en sautant d'un arbre à l'autre.

J'avois souvent oui dire aux François & aux Sauvages, que le serpent avoit la vertu de fasciner ou charmer l'écureuil; c'est ce que j'ai voulu voir moi-même. Je ne puis m'empêcher de vous rapporter ici l'observation que j'ai faite à ce sujet. Un jour j'étois à la chasse dans la contrée des Illinois, où il y avoit quantité de noisettes, ce fruit est un appas friand pour les écureuils; aussi y en avoit-il beaucoup en ce lieu-là; j'entendis sur un arbre, au pied duquel j'étois, le cri lugubre d'un écureuil qui paroissoit fort effarouché; je ne sçavois ce que cet animal pouvoit avoir; à la fin j'apperçus un serpent, pendu à une branche d'arbre, la tête relevée, qui attendoit sa proie, & le malheureux écureuil, après avoir sauté de branche en branche, tomba dans la gueule du serpent qui l'avala.

Sans entrer dans un détail trop physique, voici comme je pense que l'écureuil est fasciné par le serpent; l'antipathie de l'écureuil pour cet animal, lui fait regarder son ennemi comme attrapé à l'arbre, lorsqu'il le voit ainsi immobile & pendu à une branche ; c'est pourquoi, au lieu de songer que c'est un piége que lui tend son adversaire, il ne songe qu'à voltiger de branche en branche, comme pour insulter à son malheur, jusqu'à ce qu'à force de sauter aux environs du reptile qu'il nargue, celui-ci le trouve à sa portée pour s'élancer dessus, le saisir & l'avaller ; plusieurs Auteurs prétendent que le serpent a une vertu attractive.

La prudence de cet animal est admirable ; j'en ai vu qui, s'appercevant que je les regardois, ne se remuoient aucunement de leur place, comme pour faire croire qu'ils n'étoient point là ; ils restoient toujours dans la même attitude ; mais dès que je m'écartois pour aller chercher un bâton ou une pierre, afin de lui écraser la tête, le serpent s'esquivoit pendant cet intervalle, & je ne le trouvois plus quand je revenois sur mes pas. C'est une expérience que j'ai faite plusieurs fois dans les déserts que j'ai parcourus, où ces reptiles sont fort communs.

Il y en a de plusieurs espèces, dont

la plus remarquable est celle qu'on appelle à sonnettes ; il a trois ou quatre petits os ronds sous l'écaille, au bout de la queue, lesquels venant à toucher les uns contre les autres, lorsqu'il la remue, font un certain bruit ou cliquetis semblable à celui que fait le hochet d'un enfant. Les femmes Sauvages s'en servent dans l'accouchement ; elles prétendent, en les pulvérisant & les avalant, enfanter sans douleur. De la graisse du serpent à sonnettes on fait un excellent onguent pour les douleurs de rhumatisme ; elle pénétre dans les jointures & même jusques aux os.

On croit que le nombre des sonnettes du serpent marque celui de ses années ; j'en ai vu de si gros, qu'ils avaloient de petits chevreaux entiers, en les suçant peu à peu.

Il y a une autre espéce de serpent, qu'on appelle fouetteur ; il est rouge sous le ventre & noir sur le dos ; il peut avoir vingt pieds de long ; quand il attrape quelqu'un dans l'eau, il le serre jusqu'à lui faire perdre la respiration, & le fait noyer.

Celui

Celui que l'on nomme siffleur n'a pas deux pieds de long; mais il est d'autant plus dangereux, qu'étant petit on ne le voit pas : ensorte que souvent les Sauvages ou les Négres marchent dessus, & en sont mordus : il a la gueule extrêmement grande; & lorsqu'il est en colere il pousse des sifflemens horribles, ce qui fait que les Sauvages l'appellent *ho-houy*, qui veut dire *siffleur*. A mon voyage de Tombekbé, un siffleur caché sous des feuilles, mordit un soldat de mon détachement qui lui marcha sur la queue ; il avoit les pieds nuds, & le serpent étoit si en colere, que lui ayant attrapé le gros orteil, il ne vouloit pas lâcher prise. J'étois fort embarrassé, & très-fâché de voir ce malheureux soldat, qui me servoit de Truchement, exposé à périr; j'eus recours à un Médecin Sauvage, qui passa par hazard dans l'endroit où nous étions; il tira d'un petit sachet une poudre, qu'il souffla avec un chalumeau sur la tête du siffleur, qui mourut dans l'instant; il mit sur la morsure une autre poudre, qui empêcha le venin de faire son effet ; il en fit boire dans de l'eau au malade, qui ne fut nullement incommodé depuis. Je récompenfai largement ce Jongleur : j'aurois bien defiré fçavoir fon fecret ; mais il ne jugea pas à propos de me l'enfeigner, & fit le charlatan, en me difant fierement que le maître de la vie le lui avoit communiqué à lui feul.

Il y a dans le fleuve St. Louis ou Miffiffipi, en certains endroits, des crocodiles prodigieufement gros & longs ; ils font tellement carnaciers, que s'ils rencontrent un homme dormant fur la terre, ils l'entraînent dans l'eau & le mangent, quoique d'ailleurs ces animaux foient fort poltrons & fuyent auffitôt qu'on marche à eux; rarement mangent-ils des hommes, parce qu'il eft fort aifé de leur échapper : ils pourfuivent ceux qui fuyent devant eux ; mais ils font formidables dans l'eau. Le crocodile eft l'animal le plus horrible qu'il y ait dans toute la nature, & je ne puis me rappeller qu'avec effroi le fouvenir de celui qui penfa m'entraîner dans la riviere de Tombekbé; je penfai voir pour le moment le demon sorti de l'enfer, & je crois qu'on ne pourroit pas mieux le repréfenter que fous cette forme hideufe; fon dos eft couvert d'écailles impénétrables, à-peu-près comme des coquilles d'huitres, qui réfiftent aux balles de fufils. Il eft fort difficile de le bleffer ailleurs que dans l'œil. On en voit beaucoup dans la riviere rouge : ils y font engourdis durant le froid, & fe tiennent dans la vafe la gueule ouverte, & le poiffon y entre comme dans un entonnoir; ils ne peuvent ni avancer ni reculer. Les Sauvages alors leur montent fur le dos & les affomment à coups de haches, dont ils les frappent fur la tête, comme par partie de plaifir.

On y voit auffi des grenouilles d'une groffeur extraordnaire, dont le croaffement eft plus fort que le beuglement d'un taureau. J'ai trouvé, en relâchant dans l'Ifle de la Corne, fur la route de la Mobile à la Nouvelle-Orléans, un coquillage que les Sauvages appellent *Naninathelé*, qui veut dire Arraignée de mer; elle étoit pétrifiée. Sa couverture étoit d'un vernis plus beau & plus luisant que celui de la Chine ; ses yeux étoient pétrifiés, & aussi durs que du diamant. Ce coquillage est de la forme & de la grandeur d'un plat à barbe renversé ; il a une queue d'environ dix pouces de long extrêmement pointue, la piqûre en est dangereuse (1).

Il y a des loutres & des castors dans les pays d'enhaut ; les Sauvages disent que ce sont des paresseux, que les castors du Canada ont chassés pour n'avoir pas voulu travailler à la construction des cabanes que ces animaux font en commun, de même que des digues pour détourner le cours des rivieres, ce qu'ils font avec beaucoup d'industrie & d'art.

Le *Karancro*, oiseau carnacier, de la figure & grosseur d'un coq d'inde, est le plus vorace qui soit connu ; il suit les chasseurs, ainsi

_____

(1) Ce coquillage est actuellement dans le cabinet d'Histoire Naturelle de M. le Marquis de Marigny.

que les convois qui font route pour les différens postes. On en voit, comme des bandes de corbeaux, attendre avec impatience le moment du décampement : alors ces animaux viennent manger avec avidité ce qu'on y a laissé, après quoi ils reprennent la route en volant vers le nouveau camp. Ces oiseaux mangent les hommes lorsqu'ils les trouvent morts : le *Karancro* a la plume noire, & le duvet de dessous son aîle a la vertu d'arrêter le sang.

Le *Flamand*, de même grosseur, a le bout des aîles noir & le dos blanc, son ventre est de couleur de feu.

Il y a des étourneaux de deux espéces, les plus petits sont gros comme ceux d'Europe. Ils sont si communs, qu'on en tue jusqu'à cent d'un coup de fusil ; ils sont très-bons à manger, & les habitans sont contraints de faire garder leur recolte de bled d'inde & de ris, sans quoi ces oiseaux mangeroient tout ; ces derniers sont d'un noir de jais, ils ont le bout des ailes d'un beau rouge ; leurs plumes sont très-belles, on en fait des manchons, des pompons, & des garnitures de robes pour les Dames.

Il y a quantité de perroquets ou perruches, & des geais très-beaux ; on trouve au pays des Missouris des pies, qui ne diffèrent de celles d'Europe que par le plumage, dont les couleurs noires & blanches sont nuancées : les Sauvages en font des ornemens à leurs cheveux.

Les yeux sont charmés de la beauté de la nature, sans avoir été embellie par l'art, elle se présente ici comme elle est sortie des mains du Créateur avant la chûte de notre premier pere. Les Voyageurs ont les oreilles charmées par le ramage des oiseaux, surtout de ceux qu'on appelle mocqueurs, qui se plaisent fort à la compagnie des hommes ; on diroit qu'ils sont formés pour les défennuyer, & faire oublier ses fatigues au Voyageur. En effet, aussitôt que cet oiseau en voit paroitre, il se perche tout auprès de lui, & chante agréablement, en volant, de distance en distance ; enfin il est unique par son ramage :

étant perché au haut d'un arbre, il contrefait tous les autres oiseaux; il se mocque auſſi des chats en miaulant. Le mocqueur vient dans les villes & les habitations, & lorſqu'on joue des inſtrumens, il eſt comme enchanté, & ſe joint au concert; il eſt de la groſſeur d'un fanſonnet, & de couleur bleuâtre comme l'ardoiſe, il s'apprivoiſe facilement lorſqu'il eſt pris jeune.

Le Pape, eſt d'un bleu de Roi autour de la tête, il a le deſſous de la gorge d'un beau rouge, & le dos verd doré; ſon ramage eſt doux; il eſt gros comme un ſerin.

Le Cardinal, eſt tout rouge, il a le deſſous de la gorge noir, & ſûr la tête une huppe, ſon bec eſt rouge & fort; c'eſt une eſpèce de moineau, qui ſe plaît de même avec les hommes; cet oiſeau eſt gros à-peu-près comme une allouette, il ſifle pendant l'Eté comme un merle.

L'Evêque, eſt d'un bleu mêlé de violet, & de la groſſeur d'une linotte.

Le chardonneret, eſt tout jaune, & a le bout des ailes noir.

Il y a un oiseau que l'on nomme Arlequin, parce qu'il est bigarré de diverses couleurs ; & un autre que les habitans François appellent Suisse, à cause qu'il est rouge & bleu : ces trois espèces ne se voyent qu'au pays des Illinois pendant l'Eté ; ce sont des oiseaux de passage.

L'oiseau mouche, gros comme un hanneton, est de toutes couleurs, vives & changeantes : il tire sa subsistance des fleurs comme les abeilles ; son nid est fait d'un cotton très-fin suspendu à une branche d'arbre.

Il y a nombre d'oiseaux inconnus, dont le détail seroit trop long.

J'ai vû des papillons de toute beauté : j'en avois trouvé dans mes voyages, entr'autres, deux que les mittes m'ont mangé ; je n'ai jamais rien vû de si magnifique ; il sembloit que l'auteur de la nature s'étoit plû à répandre sur leurs aîles les couleurs les plus vives ; l'or & l'argent le plus fin & le plus pur de la terre s'y trouvoient mêlés avec une simétrie admirable.

Ces papillons avoient été jettés chez les Akansas, apparamment par un coup de vent ; dans toute l'étendue de plus de 1000 lieues de terres que j'ai parcourues, je n'en ai jamais rencontré de cette espèce. J'avois chargé les Sauvages de la Nation des Osages, qui sont voisins des mines de Ste. Barbe, de m'en apporter : ils m'ont répondu que dans le pays où il y en a, les Peuples sont extrêmement feroces, & n'ont que la figure humaine.

Il y a des canards de plusieurs espèces, dont les plus curieux sont ceux qu'on appelle branchus, ils se perchent sur les arbres, ayant au bout de leurs pattes faites en nageoires, des serres : ils font leurs nids sur des troncs d'arbres qui donnent en arcboutant sur des lacs ou rivieres, & lorsque leurs petits sont éclos, ils s'élancent aussitôt à l'eau ; à l'égard de leurs plumes, elles sont nuancées des plus belles couleurs ; le mâle a une huppe sur la téte. Ces canards sont les meilleurs à manger, ils se nourrissent dans les bois, de gland & de faîne.

On voit sur le bord des rivieres des oiseaux que l'on nomme aigretes; ils sont d'une blancheur extrême :

leurs plumes servent d'aigretes aux Dames.

Le Pélican, que les habitans du pays appellent grand gosier, à cause d'une poche qu'il a sous la gorge, est aussi blanc & aussi gros qu'un cigne; son bec est de la grandeur d'environ douze pouces; sa peau sert à faire des manchons, & la graisse de cet oiseau aquatique à lier la pâte de l'indigo. Cette pâte se fait avec une plante, dont la graine vient des Indes orientales, pour teindre en bleu.

Le Spatule a le bec comme une spatule, instrument de Pharmacie. Il y a un autre oiseau nommé, bec à lancette, qui a effectivement le bec fait de même. On ne finiroit point sur cette matiere, on y employeroit des volumes: j'abandonne ce détail à nos sçavans compatriotes, MM. de Buffon & Daubenton, qui ont entrepris ce vaste ouvrage. Je souhaite que vous soyez content de cette petite description. Je suis, Monsieur, &c.

A la Nouvelle Orléans le premier Juin 1762.

P. S. Avant de finir ma Lettre, Monsieur, je vous parlerai de deux plantes précieuses qui se trouvent aussi à la Louisiane; c'est l'indigo & le coton.

L'indigo est une herbe assez ressemblante au genest; il y en a de naturel à la Louisiane; il nait ordinairement sur des hauteurs & dans le voisinage des forêts. Celui que l'on y cultive vient des Isles. On y en fait deux récoltes par an. Cette plante croît & s'éleve jusqu'à deux pieds & demi. Lorsqu'elle est en maturité on la coupe, & on la porte dans le *pourrissoir*; c'est un hangard de vingt pieds de haut, sans murs, & soutenu par des poteaux. On y construit trois cuves les unes sur les autres; celle qui est à la base, est disposée de façon que l'eau qu'elle contient, puisse s'écouler hors de l'hangard; la seconde appuye sur le bord de celle-là, de maniere que l'eau qu'elle renferme tombe dans la premiere. La troisieme est disposée pareillement sur la seconde. On met les feuilles de l'indigo dans celle qui est la plus élevée, avec une certaine quantité d'eau, où on les laisse pourrir. L'homme qui est à la tête de la manufacture, examine de tems en tems l'indigo, & lorsqu'il voit qu'il est tems de vuider cette cuve, il ouvre le robinet, & l'eau descend dans la seconde; il y a un point précis qu'il faut saisir pour cette opération; car si l'herbe demeuroit trop long-temps dans le pourrissoir, l'indigo deviendroit noir.

Dès que toute l'eau est dans la seconde cuve, on la bat jusqu'à ce que le conducteur fasse cesser; c'est l'usage, l'habitude, qui apprennent à saisir les véritables instans. Aussitôt que l'eau a été assez battue, on la laisse reposer; l'indigo forme une espèce de vase qui s'arrête au fond de la cuve; on laisse, à l'eau qui s'éleve au-dessus, le tems de s'éclaircir, & on la tire par dégrés au moyen de plusieurs robinets, placés les uns au-dessus des autres.

On tire ensuite l'indigo qu'on met dans des sacs de toile, à travers lesquels l'eau qui peut rester encore acheve de s'écouler. Après cela, on l'étend sur des planches, & quand il est sec, on le coupe en petits quarrés qu'on met dans des barriques pour le tranſporter en Europe.

Pour avoir de la graine, on n'a qu'à laiſſer monter autant de pieds qu'on peut en avoir beſoin; il s'éleve plus ou moins ſelon la qualité de la terre; elle doit être légere; on en fait juſqu'à quatre coupes dans les Iſles à cauſe de la chaleur; mais à la Louiſiane on n'en fait que trois. Sa qualité n'y eſt pas non plus auſſi parfaite.

Le coton eſt un arbuſte qui eſt à-peu-près de la groſſeur du roſier; mais il s'étend davantage. Il ne réuſſit pas ſi bien dans les terres fortes & graſſes que dans les autres; auſſi celu qui croit dans la baſſe Louiſiane eſt-il d'une qualité inférieure à celui qui vient dans les terres hautes.

Le coton de cette contrée eſt de l'eſpèce de ſiam blanc. Il n'a ni la fineſſe ni la longueur du coton ſoye, mais il eſt très-blanc, & d'une très-grande fineſſe. Ses feuilles ſont d'un verd de pré, & reſſemblent aſſez à l'épinard; la fleur eſt d'un jaune pâle; la graine contenue dans la coſſe, eſt noire, de figure ovale, & a preſ-que la groſſeur du haricot; on la cultive ordinairement dans les terres qui ne sont pas encore propres au tabac, ni à l'indigo ; car ce dernier exige les plus grands soins.

On coupe l'arbuste près de la terre tous les deux ou trois ans ; on prétend qu'ensuite il porte d'avantage. Le pistile de la fleur se change en un bouton un peu pointu de la grosseur d'un œuf de pigeon ; il est d'abord verd ; il devient bientôt brun, presque noir, sec & cassant.

Quand le coton est mûr, la chaleur du Soleil le fait enfler ; la coque qui le renfermoit, s'ouvre en quatre ou cinq endroits avec un petit bruit. Alors on a soin de le cueillir promptement de crainte qu'il ne tombe à terre, parce qu'il se gâteroit. Chaque gousse contient cinq, six ou sept graines grosses comme des poix ; elles sont plattes & raboteuses ; le coton est adhérant au tour, ce qui fait qu'il est difficile de l'égrainer, & que cet ouvrage demande du tems & de la patience ; aussi est-ce pour cette raison que quelques habitans se sont dégoûtés de cette culture.

Je ne vous ai point parlé du tabac ;

il est vraisemblable qu'il est naturel au pays, puisque la tradition des Sauvages, ou leur *ancienne* parole nous apprend qu'ils s'en sont servis de tout tems pour fumer dans le calumet de paix. Je finirai par cette reflexion qu'on a déjà faite, & qu'il est bon de répéter jusqu'à ce que quelqu'un ait tenté l'expérience qu'elle indique. Le climat de la Louisiane, les terres hautes de cette Province, font penser aux Observateurs qu'il ne seroit pas difficile d'y faire venir du saffran; les colons en tireroient de grands avantages, & le voisinage du Méxique leur en procureroit un débit assez prompt, & qui surement leur seroit utile.

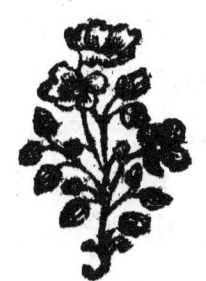

LETTRE XXI.

Au Même.

Reflexions sur la population de l'Amérique ; cette contrée n'a pas été inconnue aux anciens ; il paroit qu'elle est liée a l'Asie du côté de la Tartarie ; c'est par-là que les hommes qui l'ont peuplée, ont dû naturellement passer. Dissertation sur la maniere de conserver sa santé dans le nouveau monde.

Monsieur,

Je compte repartir incessamment pour la France ; je profite d'une occasion, qui se présente, pour vous écrire encore avant mon départ. Après vous avoir donné une idée des mœurs, des coutumes, & de l'histoire des Peuples chez lesquels je me suis trouvé pendant mon voyage, je ne crois pas pouvoir mieux terminer ma narration que par quelques reflexions sur la population de ce continent immenſe ; mais cette matiere eſt d'une obſcurité qu'on ne peut aujourd'hui ſe flatter d'éclaircir ; pluſieurs Écrivains ſçavans ont tenté d'y jetter quelques lumieres ; ils n'y ont pas réuſſi ; la philoſophie moderne a cherché d'en tirer avantage, avec auſſi peu de ſuccès ; & ſes opinions, ſes raiſonnemens n'ont pas même été capables de ſéduire les eſprits foibles.

Si l'on reflechit avec attention ſur les Écrivains anciens, tout ſemble nous convaincre que l'Amérique ne leur a pas été abſolument inconnue. Diodore de Sicile ſemble en avoir parlé d'une maniere aſſez préciſe ; le Pere Laffiteau cite un paſſage de cet Hiſtorien, & y joint des reflexions qui l'éclairciſſent. Les Phéniciens, ſi l'on en croit l'Auteur Grec, après avoir envoyé différentes colonies ſur les côtes de la Méditérannée, enrichis par leur commerce, ne s'écarterent pas beaucoup des colonnes d'Hercule; cette mer vaſte & peu connue qu'ils découvroient au ſortir du détroit de Gibraltar, leur inſpiroit une ſorte d'effroi ; ils ne le ſurmonterent que par degrés ;

quelques navigateurs hardis oserent se hasarder ensuite sur l'ocean, mais en rangeant les côtes d'Afrique; une tempête violente, & qui dura plusieurs jours, les entraîna vers une Isle très-étendue, & très-éloignée du côté du couchant. A leur retour, ils s'empresserent de parler de leur découverte; ils embellirent leur rélation de tous les mensonges si familiers aux voyageurs de tous les pays & de tous les tems. Les Tyrrheniens, devenus maîtres de la mer, résolurent d'y faire un établissement; les Carthaginois s'y opposerent dans la crainte que leurs compatriotes, attirés par ce qu'on en racontoit, ne désertassent leur patrie pour aller s'y établir; ils regardoient aussi ce pays comme une ressource pour eux, si quelque désastre venoit à renverser leur Empire.

A ce passage de Diodore de Sicile, le Pere Laffiteau en joint un de Pausanias. Cet Ecrivain s'informoit s'il y avoit des Satyres; un certain Euphemus, qui étoit né dans la Carie, lui raconta que dans un voyage, il avoit été transporté par une tempête aux extrémités de l'ocean, où il avoit vu plusieurs Isles que les marins appelloient *Satyrides*. Les Peuples qui les habitoient étoient, d'une couleur rougeâtre; ils avoient des queues; les Matelots tremblans ne songeoient qu'à les éviter; le vent contraire les contraignit d'approcher du rivage, les Sauvages investirent le bâtiment, & l'équipage, pour s'en débarrasser, fut obligé de leur livrer une femme.

La reflexion du Pere Laffiteau vous paroîtra juste. « La description de ces » Insulaires, dit-il, convient parfai- » tement aux Caraïbes, qui étoient » maitres des Antilles, de la plus gran- » de partie desquelles ils ont été chas- » sés par les Européens, en ces der- » niers tems. La chair de ces Peuples » est fort rougeatre: elle l'est natu- » rellement; & c'est moins un effet » du climat, que de l'imagination des » meres, qui trouvant de la beauté » dans cette couleur, la transmettent » à leur fruit (1); elle l'est aussi par

_____

(1) Tout le monde ne sera pas de l'avis du Jésuite sur l'effet de l'imagination des meres sur leurs enfants; la couleur diffé-

» artifice : car les Barbares se font
» peindre tous les jours avec le *rocou*
» qui leur tient lieu de vermillon, &
» les fait paroître rouges comme du
» sang. Pour ce qui est de l'imagi-
» nation de ces Matelots, qui croyoient
» voir des Satyres, elle ne venoit que
» de la peur qui leur faisoit prendre
» des queues postiches, pour des queues
» réelles. Presque toutes les Nations
» barbares de l'Amérique se donnent
» cet ornement, sur-tout quand elles
» vont en guerre ».

Les rapports qu'on trouve entre les usages de plusieurs Peuples de l'Amérique avec ceux de quelques Nations fort anciennes de notre continent, semblent démontrer que cette contrée n'a point été ignorée de l'antiquité ; ils prouvent sur-tout que l'ancien Monde a fourni des hommes au nouveau ; comment expliqueroient-ils

---

rente des hommes de divers endroits de la terre, offre encore bien des difficultés. Tout ce qu'on a écrit sur ce sujet, n'a point expliqué ce phénoméne ; c'est la réunion de plusieurs causes qui a dû rendre les hommes de blancs qu'ils étoient, noirs, rouges, & bronzés.

ces rapports si cela étoit arrivé autrement? Combien de ressemblance n'y a-t-il pas entre la religion, les mœurs, les coutumes des Sauvages & celles de quelques Peuples anciens. Ces détails détruiront toujours la plûpart des systêmes hardis qu'on a donnés sur la maniere dont l'Amérique a été peuplée; si c'etoit une colonie d'hommes échappés au déluge, dont on tente en vain de nier l'universalité, elle n'auroit porté en Amérique que des usages anti-diluviens; ceux des Nations, qui sont nées après ce châtiment épouventable, ressemblent-ils à ceux de leurs ancêtres abîmés sous les eaux ? Nous n'avons pas assez de lumjeres sur ce sujet pour en faire la comparaison ; on n'a rien à répondre à ceux qui disent, *que la main toute puissante, qui a semé des plantes & des fruits dans toutes les parties de la terre, a pû y placer aussi des hommes.* Une phrase ingénieuse n'est pas toujours une raison; personne ne conteste ce pouvoir au suprême Auteur de toutes choses; mais il a daigné nous apprendre lui-même qu'il ne l'a pas voulu faire ainsi, & qu'il a donné l'être à deux créatures qui ont été la source du genre humain.

C'est le chemin qu'ont pu prendre les hommes pour se rendre de l'ancien Monde dans le nouveau, qui sert de fondement a toutes ces opinions ; & c'est sur cet embarras que la plûpart de leurs Auteurs s'appuyent. Une connoissance plus exacte & plus étendue de notre globe leveroit toutes ces difficultés. Il y a beaucoup d'apparence qu'il existe un passage qui lie l'Asie à l'Amérique ; je vous en ai dit déja quelque chose, Monsieur, en vous parlant des os d'éléphans qu'on a trouvés dans un des pays que j'ai parcourus ; ce sentiment n'est pas nouveau ; il y a long-temps qu'on a fait cette conjecture. « L'Amérique, dit
» le Pere Laffiteau, a pû être abordée
» par différens endroits, & s'être ainsi
» peuplée de tous côtés ; cela est hors
» de doute ; elle n'est séparée des ter-
» res Australes que de fort peu : au
» Septentrion, le Groënland, qui est
« peut-être contigu à ce nouveau
» Monde, n'est pas extrêmement
» éloigné de la Laponie. Les terres

» de l'Asie qui la bornent vers la
» terre de Jesso, sont aussi peut-être
» avec elle un même continent, ou
» n'en sont qu'à une très-petite dis-
» tance, si les détroits qu'on y sup-
» pose, percent jusqu'a la mer de Tar-
» tarie, l'ocean qui l'environne en-
» tiérement, ou presque entièrement,
» est semé d'Isles, tant dans la mer
» du Nord, que dans celle du Sud.
» On pourroit avoir passé d'Isles en
» Isles, ou par le malheur des nau-
» frages, ou par un effet du hasard ».

Cet Auteur apporte plusieurs raisons pour prouver que l'Amérique Septentrionale tient à la Tartarie, ou à quelque pays contigu à l'une & à l'autre; en voici une singuliere; vous sçavez, Monsieur, que le *Gin-Seng* est proprement originaire de la Tartarie Mancheou; le nom Tartare ou Chinois de cette plante signifie *les cuisses d'un homme*. Les Américains qui la connoissoient depuis long-tems, & qui en faisoient usage, lui avoient donné le nom de *Gareul-Oguen*, qui a la même signification. Si l'Amérique Septentrionale ne communiquoit pas à la Tartarie, si cette derniere n'avoit pas peuplé l'autre, comment leurs habitans auroient-ils donné le même nom à la même plante ? Il ne s'agit pas ici d'étymologies de mots qui ont été corrompus, & qu'on ne rétablit jamais qu'en les forçant ; il s'agit de leur fignification.

Le Capitaine *William Roger* regarde comme une chofe très-probable que quelques Tartares ont paffé en Amérique ; il remarque que les vaiffeaux, qui partent des Philippines tous les ans, pour aller au Méxique, font forcés de diriger leurs cours vers le Nord pour trouver des vents favorables, parce que ceux qui s'élevent entre les deux tropique, leur font toujours contraires. Il ajoute qu'après qu'on a paffé le quarante-deuxieme degré de latitude feptentrionale, on trouve fouvent des bas fonds, ce qui femble annoncer qu'on n'eft pas éloigné des côtes. Il imagine que ces côtes pourroient bien être quelque continent inconnu aux Européens ; qui lie la Californie au Japon, mais ne feroit-ce pas plutôt la côte de Kamtschatka, ou cette nouvelle étendue de pays

pays à l'Orient que le Capitaine Behring a découverte ?

A ces observations je joindrai le précis d'une Relation qu'on trouve dans le Mercure Galant du mois de Novembre 1711. Je citerai le fait sans y joindre aucune reflexion pour l'appuyer, ou le contredire; l'Auteur prétend l'avoir tiré d'un manuscrit trouvé au Canada.

Dix hommes ayant résolu de faire de nouvelles découvertes, dans le dessein de s'enrichir, s'embarquerent dans trois canots, & remonterent le Mississipi. Après un long trajet, ils trouverent un autre Fleuve dont le cours étoit vers le sud-sud-ouest. Ils y transporterent leurs canots & continuerent leur navigation ; quelque-tems après ils arrivèrent dans un pays qui avoit environ 200 lieues d'étendue, & qui étoit habité par des Peuples qui s'appelloient Escaaniba.

Les François (car ces dix voyageurs étoient de notre Nation) trouverent beaucoup d'or chez ce Peuple. Son Roi prétendoit descendre de Montezume. Il s'appelloit Agauzan; il entretenoit en tems de paix une armée de 100000 hommes. Les femmes Escaaniba étoient blanches comme les Européennes ; elles avoient, ainsi que les hommes, des oreilles très-grandes, auxquelles elles attachoient des anneaux d'or. Une de leurs distinctions étoit de laisser croître leurs ongles ; la polygamie étoit permise à ces Peuples ; ils ne s'embarrassoient guères de leurs filles, qui vivoient dans la plus grande liberté, sans que personne veillât sur leur conduite. Leur pays produisoit du tabac, différents fruits d'Europe & des Indes, & plusieurs qui lui étoient particuliers ; les Rivieres étoient très - poissonneuses, leurs forêts étoient remplies de gibiers de toute espèce, elles renfermoient surtout un grand nombre de perroquets. La Capitale étoit située à 6 lieues de la Riviere qu'ils appelloient Missi, Riviere d'or. Ils faisoient si peu de cas de ce métal, qu'ils permirent aux aventuriers François d'en prendre & d'en emporter autant qu'ils vouloient ; vous concevez bien qu'ils firent usage de cette permission ; chacun d'eux en eut pour sa portion le poid de deux cent quarante livres. Leurs mines étoient dans des montagnes, d'où l'on amenoit l'or fur des ruiffeaux qui étoient à fec pendant un certain tems de l'année.

Ces Sauvages faifoient un grand commerce avec un Peuple très-éloigné; afin d'en faire connoître la diftance aux François, ils leur dirent qu'il leur falloit fix mois pour faire le voyage. Les avanturiers fe trouverent chez les Efcaaniba dans le temps que leur Caravanne fe mit en route pour aller commercer avec ces étrangers; elle étoit compofée de trois cents bœufs chargés d'or; un pareil nombre d'hommes armés de lances, d'arcs, de fléches, & d'une efpèce de poignards, les conduifoient & les gardoient; ils recevoient en échange de leur or, du fer, de l'acier, des lances & d'autres armes.

J'ignore le degré de confiance qu'on peut apporter à ce récit; les aventuriers conjecturerent que ce pays fi éloigné où fe rendoient les Efcaanibas étoit le Japon; dans ce cas, il doit y avoir une communication entre l'Afie & l'Amérique; quelques Écrivains Anglois, fans s'arrêter à disputer sur l'authenticité de cette Rélation, pensent que ces Sauvages alloient commercer avec les Habitans de *Kamtschatka*, ou de quelque autre isle ou continent à l'orient de cette presqu'isle. On ne sera jamais bien assuré de cette communication, que lorsqu'on en aura fait la découverte. Les conjectures n'expliquent rien ; elles donnent des vraisemblances, mais elles se réduisent à cela ; quoi qu'il en soit, il est très-vraisemblable que cette communication existe, quand même il y auroit quelques détroits qui feroient la séparation de ces deux parties de la terre, cela n'empêcheroit pas que les hommes n'eussent pu pénétrer de l'une à l'autre en les traversant. Il faut espérer que l'ignorance où nous sommes ne durera pas toujours ; les découvertes qu'on tentera de faire dans la mer du sud ou pacifique, nous donneront de plus amples lumieres (1).

―――――――――――

(1) Les Anglois au moment où j'imprime ces Lettres ont déja découvert dix Isles dans cette mer ; on en a vû le détail dans le voyage du Chef d'Escadre Byron, qui a fait tant

Si, quand on aura fait des voyages de ce côté, on trouve réellement des détroits, ce n'est pas une raison pour qu'il y en ait toujours eu; des tremblemens de terre auront pu les former en coupant l'isthme qui joignoit les deux continents; c'est à un pareil événement que bien des Auteurs attribuent le détroit de Gibraltar; la Méditerranée, disent-ils, n'avoit autrefois aucune communication avec l'Ocean; plusieurs prétendent que l'Angleterre étoit jointe à la France; la mer sépare actuellement Calais & Douvres; pourquoi n'en auroit-il pas été de même de l'Amérique & de l'Asie.

―――――――――

de bruit, & qui a prouvé l'existence des géans, crue aveuglement par les anciens, rejettée par les modernes comme chimérique, & attestée par les nouvelles découvertes; le premier voyage que les Anglois feront du même côté, nous fournira des détails plus étendus; leur entreprise encouragera sans doute à en tenter d'autres, & une connoissance parfaite de la mer du sud, éclaircira les difficultés qui restent encore sur la jonction de l'Asie à l'Amérique.

Si la maniere, dont les hommes se sont rendus en Amérique, offre tant d'embarras & d'obscurités, on n'en trouve pas moins sur l'époque du tems où cette partie de la terre a été peuplée; tout ce qui est difficile à pénétrer excite naturellement la curiosité des hommes; ils veulent voir du nouveau, en dire, & souvent ils nous présentent leurs chimériques imaginations pour des réalités. Parmi les opinions singulieres que cette matiere a occasionnées, je vous rapporterai celle-ci de Marc Lescarbot, dans son Histoire de la Nouvelle France; le Pere Laffiteau sera encore mon guide dans cette occasion, & je prends de son ouvrage sur les mœurs des Sauvages Américains, ce que je vais vous dire à ce sujet. « Lescarbot n'a point
» fait de difficulté d'avancer d'une
» maniere très forte, & qui semble
» passer la conjecture, que Noé n'i-
» gnoroit point les terres occidenta-
» les, où, par aventure il avoit pris
» naissance, que du moins, il en avoit
» connoissance par la rénommée.
» Qu'ayant vécu trois cens cinquante
» ans après le déluge, il avoit lui-même

» pris le soin de peupler, ou de re-
» peupler ces pays-là ; qu'étant grand
» ouvrier & grand pilote, chargé d'ail-
» leurs de réparer la désolation de la
» terre, il avoit pu y conduire ses en-
» fants, & qu'il ne lui avoit pas été
» plus difficile, d'aller par le détroit
» de Gibraltar dans la Nouvelle Fran-
» ce, au Cap Vert, au Bresil, qu'il
» l'avoit été à ses enfants d'aller s'é-
» tablir au Japon, ou qu'il lui fut di-
» ficile à lui-même de venir des mon-
» tagnes d'Arménie dans l'Italie, où
» il fonda le janicule sur le tibre, si
» les Histoires des Auteurs Profanes
» sont véritables.

Je doute qu'il faille remonter jusqu'à Noé, pour trouver l'époque de la population de l'Amérique ; si, comme il y a beaucoup d'apparence, les Tartares y ont passé, ce ne doit être que dans la suite des tems ; des hommes qui sont peu nombreux ne quittent pas tout de suite la vaste contrée qu'ils habitent ; ils ne cherchent pas à se séparer si promptement ; ils restent réunis jusqu'à ce qu'ayant trop multiplié, ils se répandent au loin, ou que d'autres circonstances les forcent à s'éloigner du pays où ils sont nés; de pareilles recherches sont peu importantes; elles sont de pure curiosité, & la difficulté de la satisfaire devroit empêcher de s'en occuper. Tout ce qu'on peut dire de certain, c'est qu'il paroît que l'Amérique n'a été habitée que depuis quelques siécles.

Powel, Auteur Anglois, rapporte dans son Histoire de Galles que l'an de notre ére 1170. Il y eut une guerre dans ce pays pour la succession au trône après la mort du Prince Owen Guinneth. Un batard enleva la Couronne aux enfans légitimes; un de ces derniers, nommé Madoc, s'embarqua pour faire de nouvelles découvertes. En dirigeant son cours vers l'ouest, il parvint à une terre dont la fertilité & la beauté étoient admirables. Comme le pays étoit inhabité, il s'y établit; Hakluit assure qu'il fit deux ou trois voyages en Angleterre, pour y prendre des habitans qui, sur le récit qu'il leur fit de ce pays charmant, voulurent aller l'habiter avec lui.

Les Anglois croient que ce Prince découvrit la Virginie. Pierre Martyr semble fournir une preuve à cette opinion, lorsqu'il dit que les Peuples de la Virginie, & ceux de Guatimala, célébrent la mémoire d'un de leurs anciens Héros qu'ils appelloient Madoc. Plusieurs voyageurs modernes ont trouvé d'anciens mots Bretons en usage chez les Amériquains Septentrionaux. Le célébre Evêque Anglois Nicolson croit que le langage Gallois a formé une partie considérable des langues des Peuples de l'Amérique; il y a des antiquaires qui prétendent que les Espagnols ont tiré leur double l (ll) des Amériquains, qui, selon les Anglois, les doivent aux Gallois. On ne finiroit jamais si l'on vouloit rappeller tous les raisonnemens par lesquels ils prétendent prouver le voyage du Prince Gallois Madoc. Les Hollandois ont apporté du détroit de Magellan un oiseau dont la tête est blanche, & que les naturels appellent *Penguin*; ce mot est vieux Breton, & signifie *tête blanche*; on en conclud qu'il vient originairement du pays de Galles.

Ce ne sont pas les Anglois seuls qui ont été, selon nos Romans historiques, s'établir en Amérique & la peupler; *Bayer* prétend que les Normands sont les premiers Européens qui ont osé faire voile pour cette contrée.

Le docteur Lochner assure qu'un Bohémien d'une famille distinguée se rendit au Brésil, & découvrit le détroit de Magellan, avant que Colomb eut été au nouveau Monde; ce Bohémien s'appelloit Martin. Plusieurs Ecrivains Allemands qui aimeroient mieux que l'Amérique porta le nom de Martin que celui d'Americ Vespuce, ont embrassé ce sentiment.

Qu'on adopte ou qu'on rejette ces traditions, qu'elles soient fabuleuses ou vraies, il n'en est pas moins incontestable que les Amériquains ont la même origine que nous; à travers leurs erreurs ils ont conservé plusieurs idées assez ressemblantes avec celles que nous a transmis l'écriture; je vous rapporterai, Monsieur, un morceau d'une Dissertation Angloise sur la population du nouveau Monde, où l'on rapproche plusieurs opinions Américaines qui ont pris leur source dans les vérités que Moyse a conservées.

» Les Peruviens croyent qu'il y eut
» autre fois un déluge, qui fit périr

» tous les habitans de leur continent,
» à l'exception d'un petit nombre qui
» se retira dans des cavernes, au som-
» met des plus hautes montagnes, &
» dont les descendans repeuplerent la
» terre. Quelques idées peu différen-
» tes de celles-ci, ont été reçues parmi
» les habitans d'Hispaniola, à ce que
» Gemelli nous apprend. Il est fait
» mention aussi dans les anciennes His-
» toires du méxique d'un déluge gé-
» néral, qui fit périr tout le genre hu-
» main à l'exception d'un homme &
» de sa femme. Ces deux époux eurent,
» suivant les Méxiquains, de nom-
» breux descendans ; mais tous leurs
» enfants furent muets, jusqu'à ce
» qu'un pigeon les doua du talent
» de la parole : ils ajoutent que le lan-
» gage primitif des descendans immé-
» diats du couple qui survécut au dé-
» luge, fut partagé en tant de dia-
» lectes, qu'il ne leur fut plus possible
» de s'entendre les uns les autres, ce
» qui, après les avoir obligés à se sé-
» parer, contribua à leur faire peu-
» pler différents pays de la terre. Quel-
» ques Amériquains, ont une Tradi-
» tion qui porte que tous les hommes

» tirent leur origine de quatre fem-
» mes, ce qui s'accorde assez bien avec
» l'Histoire Mosaïque, qui fait des-
» cendre tous les Peuples de Noé, &
» de ses trois fils. Toutes ces Tradi-
» tions donnent manifestement à con-
» noître que les Américains ont Noé
» pour ancêtre, & que divers traits de
» l'histoire de Moyse sont parvenus
» jusqu'à eux. Ce qui suffit pour dé-
» truire l'étrange système qui donne
» aux Amériquains des ancêtres anté-
» rieurs à Adam ».

Cette citation, Monsieur, ne répond-elle pas à tous les argumens de ces Écrivains systématiques, qui veulent donner les fruits absurdes de leur imagination pour des vérités ? où les Amériquains auroient-ils puisé ces notions s'ils ne sont pas de beaucoup postérieurs au déluge, & s'ils ne viennent pas des nations qui ont conservé la tradition ; il est facile d'expliquer par le laps des tems, par l'ignorance, la légéreté des Sauvages, les fables dans lesquelles ils ont noyé le petit nombre de faits vrais qui ont resté gravés dans leur mémoire. Le défaut de monumens, de caractères, de lettres pour tracer les événemens par écrit, nuit nécessairement à la pureté de la Tradition ; dès qu'elle se transmet par la parole du pere à ses enfans, elle doit être beaucoup altérée après quelques générations.

Les guerres que les Américains ont toujours eues avec leurs voisins, ont beaucoup contribué à empêcher leur population, leur petit nombre est vraisemblablement ce qui a fait qu'ils menoient une vie errante ; courant de forêts en forêts pour chercher du gibier, s'établissant dans tous les lieux où ils trouvoient une nourriture abondante, & les quittant pour aller s'établir ailleurs aussi-tôt qu'elle commencoit à leur manquer. S'ils étoient en plus grande quantité leurs besoins augmenteroient ; il seroit plus difficile de pourvoir à l'entretien de tous ; cet embarras ouvriroit leurs esprits, ils concevroient de nouvelles idées ; ils sentiroient qu'ils devroient songer à s'assurer une subsistance plus indépendante du hasard ; les fuits que leur fournit la terre, leur apprendroient à les multiplier par la culture ; ils sentiroient tout le mérite de ces productions, ils fongeroient à fe les approprier, ils y parviendroient ; on en voit déja dans différens cantons cultiver le maïs ; ils cultiveroient bientôt d'autres grains; une connoissance les conduiroit à une autre ; ils fe fixeroient dans le pays qu'ils auroient défriché, ils s'y attacheroient, & ne feroient plus vagabongs comme ils le font.

L'établissement des Européens dans les contrées feptentrionales, a porté plufieurs de ces Nations à s'établir dans leur voifinage, pour fe procurer les fecours qu'ils peuvent leur fournir ; l'envie qu'on marque d'avoir des pelleteries, & la facilité qu'ils trouvent à fe procurer de l'eau-de-vie, des armes avec ces marchandifes, les font fouvent courir les bois & chaffer dans l'efpace de plus de deux cens lieues pour fe fournir des chofes dont on leur a fait un befoin ; de cette maniere ils ne font fixes qu'en apparence ; ils conservent ce goût de la vie errante, & le tems où ils doivent être civilifés eft encore bien éloigné ; peut-être fe détruiront-ils avant d'y parvenir.

Voilà, Monfieur, ce que je penfe

qu'on peut dire de plus vraisemblable sur la population de l'Amérique, ma lettre seroit trop étendue si je voulois vous rappeller seulement la centieme partie des choses qui ont été dites à ce sujet. On feroit des volumes considérables des opinions & des systêmes contraires qu'on a publiés depuis long-temps; j'ai tâché de me borner à quelques observations curieuses; ceux qui pensent que les Tartares sont ceux qui ont principalement fourni des peuples à l'Amérique, paroissent avoir embrassé le sentiment le plus vrai; vous ne sçauriez croire combien il y a de ressemblance entre les usages des Amériquains & ceux des anciens Scithes; on en trouve dans les Cérémonies Religieuses, dans les mœurs, dans les espèces d'alimens dont ils se nourrissent. Hormius est rempli de traits qui peuvent satisfaire la curiosité à cet égard, & je vous invite à le lire.

Je laisserai toutes ces discussions par lesquelles j'ai dû peut-être terminer le récit de mes voyages, & je vous parlerai d'un autre sujet plus utile à l'humanité, sur lequel l'observation & l'expérience suffisent pour nous éclairer

Comme il est naturel à l'homme de desirer de vivre long-tems, je pense qu'il ne sera pas hors de propos, suivant l'expérience que j'ai faite, d'enseigner en peu de mots la façon de conserver & prolonger ses jours en Amérique.

Je finirai ma lettre par une petite dissertation sur la façon de se traiter. Je me ressouviens d'avoir lû dans la Gazette de Hollande du 3 Avril 1687, que le nommé *Fridéric Gualdus*, Noble Vénitien, a conservé sa vie jusqu'à 400 ans : on prétend qu'il avoit la Médecine universelle. Il partit de Venise le 7 Mars 1688 ; il avoit son portrait avec lui, qui avoit été fait par le Titien ; ce Peintre étoit mort il y avoit déja 130 ans. Je suis persuadé, Monsieur, que vous conviendrez avec moi, que c'est l'agitation & la sobrieté qui procurent une santé parfaite. Les Peuples de l'Amérique, il y a 260 ans, ne connoissoient ni vin ni eau-de-vie, lors que les Européens y arriverent ; ces Naturels ne vivoient, comme j'ai déja dit, que de viande de chasse boucanée, rôties ou bouillies avec du maïs concassé dans un mortier de bois dur. Cette nourriture est très-saine, & forme un bon chile. J'ai vécu environ deux mois de ces alimens, en montant la riviere de la Mobile avec les Sauvages; & je puis assurer que je ne me suis jamais mieux porté que pendant ce tems. De tous les Proverbes latins, celui-ci est le meilleur:

Plures gula occidit quam gladius.
La volupté, & l'intempérance dans le boire & le manger, détruisent plus de personnes que le glaive. C'est pourquoi on doit se prescrire un régime de vie convenable, surtout dans les pays chauds de l'Amérique.

Premierement, il faut avoir grand soin de se faire, petit à petit, au climat, & de s'abstenir de manger de toutes sortes de fruits, & de boire de toutes sortes de liqueurs, jusqu'à ce que le corps y soit accoutumé par gradation. Les personnes sanguines peuvent se faire tirer du sang, de tems en tems, pour prévenir l'apoplexie. On pourra, quelquefois, se purger avec des médecines douces: on doit aussi éviter de s'exposer à la chaleur brûlante du soleil, de même qu'au serein,

Quand il arrive qu'on a trop bû de vin, il faut prendre des choses aigres, comme le citron, qui y est fort commun; au moyen de quoi l'on ne se trouvera ni étourdi, ni ivre des vapeurs qui suivent ordinairement les repas. Si l'on se sent échauffé par l'excès des liqueurs, il faut prendre des choses rafraîchissantes, & bien se garder d'user d'aucun aliment échauffant: on boira, le moins qu'on pourra, de liqueurs spiritueuses; car elles brûlent le sang & causent aisément une fièvre ardente.

Quand on a trop mangé, les liqueurs fortes sont bonnes alors pour fortifier l'estomac & aider la digestion; mais si au contraire il arrive que l'on soit échauffé pour avoir trop bû (1), elles deviendroient très-dangereuses. Ceux qui sont trop adonnés à la débauche, sont presque toujours tourmentés de rêves fantastiques, qui les fatiguent au point de leur causer de

___

(1) Il est à remarquer que depuis que les Amériquains ont fait usage du vin & des liqueurs fortes, ils ont, comme nous, raccourci leurs jours.

l'altération dans l'esprit, parce que les fumées du vin dont ils sont remplis, excitent excessivement leur imagination. On sçait par expérience que les gens sobres, & surtout ceux qui font usage de l'eau, dorment tranquillement, leur sommeil n'étant ni léger, ni pésant. L'on voit dans le deuxiéme chapitre de la vie d'*Apollonius*, écrite par *Philostrate*, qu'à Athènes ceux qui étoient affligés de mauvais rêves, s'adressoient aux Prêtres des faux Dieux pour en être délivrés; ceux-ci leur ordonnoient l'abstinence du vin pendant trois ou quatre jours; cette privation leur purifioit l'imagination, & produisoit une guerison qu'ils attribuoient à leurs Dieux.

Lorsqu'après un excès de nourriture on se trouve accablé, & que les membres sont fatigués, de sorte que la trop grande abondance de suc nutritif occasionne une plénitude par-tout le corps, & un grand affaissement; je crois, qu'à l'imitation des Sauvages, la sueur & la transpiration, sont des remedes immanquables, quand on aide la chaleur naturelle par une extérieure : ce remède est certain, pourvu qu'il soit fait à la naissance du mal ; la maniére des Européens pour bien suer, est de se mettre entre deux draps blancs, de se tenir ainsi bien couvert, à l'exception du visage ; de ne point cesser jusqu'à ce que l'on ait sué, & ne se lever qu'une bonne heure après ; quand on continue de cette façon à suer pendant quelques jours, on se trouve tellement soulagé, que la force & l'appétit reviennent, de maniere qu'on est surpris de se sentir si léger & si allerte ; car par cette sueur les visceres se trouvent parfaitement purifiées de superfluités, sans douleurs ni aucune lésion de la nature, ce que les médicamens ordinaires ne peuvent faire.

Pour se bien porter il faut faire ceci trois fois l'année, sçavoir : au Printems, en Automne, & en Hiver.

Ma conclusion, Monsieur, est que la diéte, la transpiration & la sueur, composent une médecine universelle.

Je dirai donc qu'en toutes choses la nature doit être notre directrice ; c'est d'elle qu'il faut que nous apprenions les vrais moyens pour nous conserver en santé ; elle nous l'ordonne sous peine des plus grands maux, & même de la vie. Je vous ai déja observé que les fréquens exercices que font les Sauvages de l'Amérique septentrionale, comme la danse, le jeu de pélote ou raquette, la chasse, la pêche, la guerre, animent tellement la chaleur naturelle, qu'elle fait son devoir en chassant du corps, par la transpiration, toutes les superfluités : Pourquoi les Paysans vivent-ils long-tems, & entretiennent-ils leur santé sans le secours des Médecins ? c'est le perpétuel usage qu'ils font du travail qui en est la cause ; c'est l'exercice qui les empêche de connoître ce que c'est que la goute, la gravelle, & les autres infirmités, auxquelles les riches de l'Europe sont sujets par le rafinement de leurs tables, parce qu'ils ne font pas plus usage de leurs jambes que les vieillards infirmes. J'en ai connu qui, semblables au malade imaginaire, faisoient une pharmacie de leur estomac.

On a remarqué dans les pays chauds de l'Amérique, que les jeunes gens qui arrivent d'Europe y périssent plutôt que les vieux, parce que ces premiers y mangent imprudemment toutes sortes de fruits, qui leur causent la diarrhée : on doit donc en manger fort peu, jusqu'à ce que le corps soit accoutumé au climat du pays, après quoi on n'en sera nullement incommodé au bout d'un an.

En observant ces précautions, je suis garant qu'on vivra plus long-tems dans le nouveau Monde que dans l'ancien. Il y a actuellement à la Louisiane nombre de personnes, qui y sont depuis le commencement de son établissement. J'ai vû un habitant nommé Graveline, âgé de 118 ans, qui étoit venu ici avec M. d'Iberville en 1698, il a servi soldat en Canada environ 30 ans, sous le regne de Louis Quatorze. Je suis, Monsieur, &c.

LETTRE XXII.

Au Même.

L'Auteur revient en France ; dangers qu'il court au Cap de la Floride ; Origine d'une prétendue Fontaine de Jouvence ; son vaisseau échappe aux Anglois ; combat contre un de leurs Corsaires ; il court risque d'être brûlé ; Projet d'une descente sur les côtes de la Nouvelle Angleterre ; prise d'un vaisseau ennemi ; arrivée de l'Auteur à la Corogne.

MONSIEUR,

J'AI appris, à mon arrivée à la Corogne le premier Novembre 1762, que M. de Kerlerec avoit envoyé en France une Goëlete Espagnole, pour prévenir le Ministre contre M. de Rochemore, Commissaire Général de la Marine & Ordonnateur à la Louisiane, rappellé en France par Lettre de cachet, & contre les Officiers qui l'accompagnoient, au nombre desquels j'étois sans le sçavoir. Dès le mois de Juin précédent, ce Gouverneur de la Louisiane avoit notifié à M. de Belle-Isle dont je vous ai fait l'histoire, & à M. le Chevalier d'Erneville, premier Factionnaire & Commandant les troupes de la Marine à la Louisiane, la nouvelle fâcheuse de leur révocation, en ces termes :

» Je vous donne avis que j'ai reçu
» une Lettre de M. le Duc de Choi-
» seul, en date du premier Janvier
» dernier, qui me fait part que le
» Roi, mécontent de vos services,
» vous casse, & vous prive de votre
» emploi.

On peut juger de l'étonnement où une pareille annonce jetta deux anciens Officiers, qui avoient servi le Roi & l'Etat avec tant d'honneur & de distinction. Cette catastrophe a surtout plus affecté M. de Belle-Isle, que n'avoit fait la triste situation où il se trouvoit lorsqu'il étoit entre les mains des Sauvages mangeurs d'hommes. Ce digne Officier, qui a si bien merité de la Colonie de la Louisiane,

où

où il comptoit finir tranquillement sa carriere, n'a pas craint, malgré son âge avancé, de s'exposer aux dangers de la Mer & de la Guerre, & de s'embarquer avec nous pour venir réclamer l'autorité Souveraine. Il est arrivé ici fort mal, & sa disgrace l'afflige à tel point, que je crains fort qu'il ne puisse parvenir au pied du trône du meilleur des Rois, sans succomber à ce coup inattendu de la fortune sur la fin de sa triste vie (1). Vous verrez par le récit que je vais vous faire, que, sans l'expérience de cet ancien Officier, nous aurions péri

---

(1) M. de Belle-Isle, accablé de chagrin & de fatigue, mourut à Paris le 4 Mai 1763, il a emporté dans le tombeau le regret de nombre d'honnêtes gens. Sa douceur lui attiroit l'amitié & l'estime de tous les Militaires, quoi qu'il eut habité dans sa jeunesse les Peuples les plus barbares. Jamais on ne le vit discontinuer chez lui ses exercices de piété, & on peut assurer que sa famille étoit l'exemple de la Colonie. M. de Belle-Isle étoit allié, du côté de son épouse, à l'illustre Duguai Trouin, dont la mémoire sera toujours chere aux François. Madame de Belle-Isle & Madame Dorville, sa fille, n'ont pas survécu à la douleur que leur a causé sa mort.

au nombre de plus de 150 personnes, qui nous étions embarqués sur le bâtiment la Médée, monté de douze canons, commandé par le Capitaine Cochon. La flote Angloise, qui venoit de réduire la Martinique, attaquoit la Havane dans l'isle de Cuba ; chacun sçait que pour faire route de la Louisiane en France, il faut aller reconnoître cette Isle.

Voici une observation bien naturelle à faire. Le Gouverneur de la Louisiane n'auroit-il pas dû communiquer au Capitaine Cochon, les mêmes avis qu'il avoit reçus, pour que ce Capitaine ne se hazardât pas imprudemment, comme il fit, à aller relacher à la Havane ; un avertissement de cette conséquence méritoit cependant une attention des plus sérieuses.

Nous appareillâmes donc de la Balise, le 10 Août 1762 ; comme nous voulions éviter l'Isle de Cuba, nous fumes reconnoître *los Tortugas* ou les Tortues (1), nous avions le vent

---

(2) On les appelle ainsi à cause que les tortues y font éclorre leurs œufs dans le sable ; elles sont extrêmement basses, on ne les voit que quand on en est bien près.

en poupe qui étoit extrêmement fort ; mais notre Pilote, ayant peu pratiqué ces parages, manqua, pendant la brune l'entrée du Canal de Bahama, & prit sa route dans l'enfoncement que forme le Cap de la Floride ; ayant pris hauteur, & trouvé en dedans de ce Cap la même latitude qu'en dehors, il se crut débouqué ; & nous étions perdus, si M. de Belle-Isle, qui connoissoit, depuis 45 ans, les côtes de l'Amérique septentrionale, & suspectoit la capacité du Pilote, n'eut veillé pour éviter le danger. En effet, ce Major expérimenté, s'appercevant à la pointe du jour que l'eau de la mer étoit changée, fit réveiller le Capitaine qui, se croyant en pleine mer, dormoit avec sécurité. Ayant fait jetter la sonde, il s'apperçut de son égarement à n'en pouvoir douter, & fut très-surpris de ne trouver que cinq brasses (1) d'eau ; on revira de bord, & nous nous tirâmes heureusement de ces parages la sonde à la main.

Avant d'aller plus loin, Monsieur, je me permettrai une petite digression sur la Floride, & sur cette Fontaine

---

(1) Brasse est une mesure de 5 pieds.

de Jouvence, qui a fait tant de bruit en Europe, & qui a occasionné presque autant de voyages pour la découvrir que l'avidité insatiable de l'or. Les Espagnols auroient bien voulu pouvoir en réunir la possession à celle des riches mines du Pérou ; j'espére, Monsieur, que ces détails ne vous déplairont pas, & cela suffit pour autoriser le précis que je vais avoir l'honneur de vous présenter.

Le Cap de la Floride est appellé par les Espagnols le Cap *de los corrientes*, parce que l'eau court si vîte en cet endroit qu'elle a plus de force que le vent, & empêche les vaisseaux d'avancer, quoique l'on employe toutes les voiles, ce qui fait que quelquefois l'on tombe sur des écueils, comme il pensa nous arriver sur des petites Islettes, nommées par Christophe Colomb *los Martyres*, parce qu'ayant apperçu de loin des pointes de rochers qui s'élevent, il crut voir des hommes qui souffroient. Ces Isles sont au nombre de onze. *Los Tortugas* ou les Tortues, furent ainsi appellées par les Espagnols qui en pêcherent plus de 6000. Les Isles de Bahama sont si basses, qu'elles semblent être submergées; ce qui forme un grand Canal de courant, qui a de largeur, à l'endroit le plus étroit, 20 lieues d'*Albana* à *los Martyres*, & de *los Martyres* à la Floride 14 lieues. Toutes ces Isles sont au 25 degré N. 15 minutes; nous avons louvoyé l'espace de 27 jours dans ces parages, d'où nous n'avons échappés que par une espéce de miracle.

On sçait que la Floride fut découverte par *Jean Ponce de Léon*, qui cherchoit Bimini : c'est cette Isle dont il a été tant parlé, principalement du Fleuve Jordan, & de la Fontaine si renommée par les Indiens de Cuba, qui asduroient que ses eaux avoient la vertu de rajeunir les hommes. *Jean Ponce de Léon* ajouta foi à cette fable, chercha la Fontaine, sans la trouver ; il ne se rebuta pas ; il envoya à cette découverte le Capitaine *Perez d'Ortubia*, & le Pilote, *Antoine de Alminos*; il alla prendre port à la Baye de *Puerto Rico*, où il trouva *Bimini* ; mais non pas la Fontaine, ni le Fleuve *Jordan*. On sçait que *Jean Ponce de Léon* mourut quelque tems après avoir cherché par-tout cette célèbre Fontaine, sans l'avoir trouvée.

Les Indiens de Cuba, que les Espagnols harcelloient pour la découverte des mines d'or, voulant se défaire de l'importunité de pareils hôtes, ajouterent qu'indépendamment de l'or qu'ils trouveroient dans l'Isle de *Bimini*, il y avoit un Fleuve & une Fontaine, qui rajeunissoit les vieillards en se baignant dedans. La Relation en fût aussi-tôt envoyée à la Cour de Castille, ce qui fût cause que plusieurs Castillans s'embarquerent à Cadix, afin d'aller au nouveau Monde voir cette merveille, qui, si elle eût été vraie, eût mieux valu que tout l'or de la terre.

On fut effectivement bien détrompé de cette flatteuse & agréable nouvelle au retour des Castillans : lorsqu'ils débarquerent à Cadix on les trouva même vieillis, on se moqua de leur pénible & long voyage ; mais en cherchant cette chimérique Fontaine, ils découvrirent le Cap de la Floride. En ce tems-là, tous ceux qui passerent en cette Isle éprouverent toutes les Rivieres, les Fontaines & les Lacs, & jusqu'aux mares, dans lesquelles ils se baignerent & burent de leurs eaux, pour voir s'ils rajeunissoient ; il n'y a pas long tems qu'on cherchoit encore cette merveille, comme en Europe la pierre Philosophale. Si nous eussions été pris par les Corsaires Anglois & conduits en cette Isle, nous avions fait la partie de nous baigner dans toutes les Rivieres & Fontaines de *Bimini*. Cette Isle appartient actuellement aux Anglois, sous la dénomination de l'Isle de la Providence; elle servoit autrefois d'asyle aux Pirates écumeurs de mer, qui infesterent pendant long-tems les mers de l'Amérique.

Voici ce qui a donné lieu à cette fable : l'air de la Floride est si tempéré, qu'on dit y avoir vu des vieillards de 250 ans. On prétend que Bimini renfermoit autrefois les plus belles femmes de l'Amérique septentrionale; & les hommes du Continent, même jusqu'aux vieillards, alloient se retirer dans cette Isle pour adoucir les miseres de la vie; mais tous ces innocens plaisirs ont fini à l'arrivée des Européens, qui se sont emparés du domaine de ces pauvres Peuples. Toutes les Isles ont été peuplées par des gens qui y passoient de Cuba. Les Rélations nous aprenent la brave résistance que les Floridiens ont faite aux Espagnols ; lorsqu'ils arriverent dans leurs terres, ils allerent au-devant d'eux dans 11 canots ou pirogues, armés d'arcs & de fléches ; & furent assez hardis pour aller couper les cables du vaisseau de *Jean Ponce de Léon* qui fut contraint de leur demander la paix : ces Peuples sont gouvernés par des *Paraoustis* ou Caciques.

J'ajouterai ici en passant à l'occasion de cette prétendue Fontaine de Jouvence, que les Peuples du Darien, voulant, comme ceux de Cuba, se débarrasser des Castillans touchant l'enquête qu'ils faisoient de l'or de cette terre, leur persuaderent, par maniere de badinage, que puisqu'ils étoient tant avides de ce métal, ils n'avoient qu'à aller dans la partie du Sud ; qu'il y étoit si commun, qu'on le pêchoit avec des retz, ce que *Vasco Nunez de Balboa*, inséra dans sa Rélation qu'il envoya à la Cour; cette nouvelle réjouit beaucoup les Espagnols; ce fut dans ce temps que *Nunez* découvrit la Mer du Sud & le Pérou: mais la pêche de l'or avec des *filets* se trouva fausse.

Vous pouvez sçavoir que du tems du fameux système de Jean de Law, qui pensa bouleverser tout le Royaume, on représentoit à Paris un Sauvage du Mississipi, donnant un lingot d'or à un François pour un couteau, & chacun avoit, dans ce tems, la frénésie de porter son argent réel pour avoir part aux actions chimériques d'un prétendu *Dorado*; on conviendra que si les Sauvages de la Nouvelle Orléans eussent été alors à Paris, ils auroient dit, avec juste raison, que les François avoient perdu l'esprit, ou plutôt ils les auroient pris pour des Jongleurs: on prétend que ce furent ces prétendues mines qui perdirent M. de la Salle, lorsqu'il manqua l'embouchure du Mississipi en 1684. Il ne faisoit pas reflexion que l'intérieur de ce grand continent renfermoit des trésors plus précieux qui étoient la culture de la terre, mere commune de tous les hommes, & la richesse des États.

Nous fumes obligés de prolonger la côte de la nouvelle Floride, & le trente-septieme jour nous nous trouvâmes à peu de distance de la Louisiane. Pour comble de malheur un vent furieux nous mit en danger de périr, & nous força d'aller reconnoître l'Isle de Cuba, ou n'ayant point trouvé d'Escadre, nous jugeâmes que les Anglois en avoient levé le siége; mais nous allions nous prendre au trébuchet comme vous le verrez par la suite.

Nous résolûmes donc de relâcher à la Havane pour y prendre des vivres qui nous manquoient, & un Pilote côtier; nous nous trouvâmes dans la Rade le jour de la Nativité de notre Dame le 8 de Septembre 1762, nous mîmes pavillon en berne, & tirâmes plusieurs coups de canons pour appeller du secours; nous fûmes surpris de ne voir venir personne; mais approchant toujours, & au moment d'entrer dans le port, nous apperçûmes le Fort Maure presque détruit, ce qui nous fit prendre la résolution de mettre notre canot à l'eau avec des

Officiers pour aller à la découverte. Ce Canot rencontra par hasard une balandre Espagnole, ou petit bâtiment de transport, qui sortoit du port, ayant à bord des familles de la même Nation, avec un passe-port du Gouverneur Anglois Milord d'Albermale; nous apprîmes par le Patron que la ville & tous les forts s'étoient rendus aux Anglois le 12 d'Août 1762.

Nous revirâmes de bord à l'instant; une Fregate Angloise se détacha pour nous donner la chasse; mais la Providence qui veilloit à notre conservation nous envoya un brouillard fort épais, & nous entrâmes à la faveur de la nuit dans le canal de Bahama.

Quelques jours après nous apperçûmes un vaisseau précédé de deux bateaux. Nous reconnûmes bientôt à sa manœuvre que c'étoit un Corsaire de l'Isle de la Providence, & que les deux bateaux qu'il envoyoit étoient des prises faites sur nos compatriotes; en effet il vint nous attaquer, nous le reçûmes très-bien, quoi qu'inférieurs de 4 canons (1); alors ne nous en rappor-

---

(1) Il est à propos d'observer ici que M. de

tant pas aux Officiers & Canoniers Marchands, chacun de nous fit valoir ses talents, & l'expérience qu'il avoit du service de l'artillerie ; elle fut servie de maniere qu'après environ trois heures d'un combat très-vif, l'Anglois presque désemparé, & ne pouvant plus soutenir la vivacité de notre feu, fut contraint de se retirer, & nous fûmes assez heureux pour n'avoir eu personne de tué ni de blessé ; mais notre navire fut percé d'outre en outre, nos voiles, nos manœuvres tellement endommagées, qu'après le combat il fallut les rechanger.

Nous courûmes pendant le combat le plus grand danger du monde, le vent ayant renvoyé un vallet de canon enflammé dans notre navire, il mit le feu à une caisse de cartouches qui étoit sur le pont ; mais heureusement

---

Kerlerec nous en ôta deux en partant de la Nouvelle Orléans, & que ce bâtiment qui avoit amené à la Louisiane l'Etat-Major du Régiment d'Angoumois, étoit monté de 14 canons ; il est très-certain que si nous eussions eu le même nombre, le Corsaire étoit à nous avec ses prises.

il ne se communiqua pas à la Sainte-Barbe, ce qui nous eut fait sauter.

Cependant les vents nous étoient contraires, & nous étions en pleine mer, sans sçavoir quand nous pourrions aborder à terre. Nous voyions chaque jour croître le danger de mourir de faim, étant déjà réduits à ne manger que le quart du nécessaire. Nous tinmes notre petit conseil entre nous, & nous résolumes d'attaquer le premier vaisseau ennemi que nous rencontrerions, ou de faire une descente sur les côtes de la nouvelle Angleterre, par le travers desquelles nous étions, afin d'avoir des vivres ou de périr les armes à la main. L'entreprise étoit hardie, & si je l'ose dire, téméraire; mais comme dit le proverbe, la faim chasse le loup hors du bois : nous étions sur le point d'en venir à cette extrémité, lorsque par un effet de la Providence qui veilloit sur nous, nous apperçûmes un gros navire, nous arrivâmes (1) aussitôt &

―――――――――

(1) c'est aller droit sur un vaisseau à la faveur d'un vent large ou en poupe.

portâmes sur lui, déterminés à lui donner l'abordage, attendu qu'il paroissoit être plus fort que nous en artillerie; nous arborames d'abord pavillon Anglois, ce qui ne l'empêcha pas de prendre chasse; mais ayant le vent sur lui, il se disposa au combat par une manœuvre qui en eut imposé à tout autre qu'à des affamés; nous assurâmes notre pavillon suivant la loi d'un coup de canon, & l'ayant rangé (1), nous lui donnâmes la bordée, qui le fit amener (2) sur le champ. Sa cargaison étoit très-riche; nous lui enlevâmes son artillerie, ainsi que plusieurs caisses de fusils, de pistolets, & de sabres, qui servirent à nous armer; mais nous ne lui trouvâmes que très-peu de vivres, attendu qu'il étoit à la fin de sa traversée. Après l'avoir rançonné, nous ne lui laissâmes des vivres, que pour se rendre à la Caroline, lieu de sa destination; il n'en

―――――――――――

(1) Ranger un batiment, c'est l'approcher à bonne & raisonnable distance.
(2) C'est mettre pavillon bas, & amener les voiles pour se rendre à l'ennemi.

étoit éloigné que d'environ 70 lieues.

Enfin nous crûmes pouvoir prendre la route d'Europe avec ce que nous avions de vivres, dans l'espérance qu'étant bien armés, nous ferions quelqu'autre prise, ou que nous pourrions relâcher aux Açores (1) ; mais nous fûmes trompés dans notre attente ; toujours contrariés par les vents, nous ne pumes aborder nulle part, & n'ayant rencontré aucun vaisseau, nous fûmes réduits, l'espace de 50 jours, à la plus affreuse misére, n'ayant que 3 onces de biscuit, & une demi bouteille d'eau par jour (2).

Ce foible secours nous eut bientôt manqué, si la tempête la plus violente ne nous eût, après mille dangers, fait aborder heureusement en Espagne le quatre vingt-quatorzieme

―――――――――

(1) Isle de l'Océan Atlantique, entre l'Europe & l'Amérique Septentrionale.

(2) Nous avions trouvé, dans le vaisseau Anglois, trente quarts d'orge mondé, qui nous furent d'un grand secours ; nous le faisions cuire à l'eau avec du biscuit moisi, tout cela faisoit un potage rafraîchissant que nous trouvions d'un grand goût ; tant il est vrai que la faim est le meilleur de tous les ragouts.

jour de notre traversée, après avoir manqué de périr par les flots, le fer, le feu, la faim, la soif, &c. &c.

Nos premiers soins, à notre arrivée au Port, furent de rendre à l'Etre Suprême des actions de graces par un *Te Deum*, qui fut entonné par M. l'Abbé Piquet (1), au bruit d'une salve générale de toute notre mousqueterie.

Nous avons trouvé de relâche, le Chevalier de Ternay, commandant l'Escadre Françoise venant de sa glorieuse expédition de l'Isle de Terre-Neuve. Ce brave Officier fut très-surpris de voir dans notre bâtiment nombre de soldats en état d'être utiles au secours de la Louisiane, renvoyés dans les circonstances de la guerre. Il en fit passer une partie sur les vaisseaux de son Escadre, pour y servir le reste de la campagne; les au-

_____

(1) L'Abbé Piquet est le même qui présenta en 1754, des Sauvages au Roi; il jouissoit d'une grande réputation au Canada; il est neveu de Messire François Piquet, mort Ambassadeur du Roi très-Chrétien auprès du Roi de Siam.

tres; munis de leurs congés, fignés de Kerlerec & Foucaut, débarquerent & s'engagerent chez les Efpagnols pour l'armée du Portugal.

Nous defcendîmes à terre le jour de la Touffaint premier Novembre 1762; nous allâmes faire une vifite en corps au Marquis de Croix, Capitaine Général au Royaume de Galice. Ce Seigneur nous fit un accueil des plus gracieux; de là nous allâmes chez M. David, Conful Général de la Nation Françoife en Galice, & réfident à la Corogne. Nous le priâmes de nous avancer nos befoins les plus preffans, nous trouvant fans argent pour pouvoir fubfifter en route chez les Efpagnols; il nous répondit qu'il n'avoit point d'ordre pour le faire; mais que lorfqu'il s'agiffoit d'obliger d'honnêtes gens, il prenoit tout fur lui. Nous le remerciâmes de fes bontés.

Enfuite nous étant un peu remis de la fatigue de notre voyage, nous nous difpofons à partir par terre pour nous rendre en France. Nous comptons arriver à la Cour les premiers jours de Janvier 1763.

Je crois n'avoir rien oublié d'essentiel pendant le cours de notre correspondance, & j'ai tâché de la faire avec toute l'exactitude d'un voyageur, semblable à l'abeille qui travaille pour l'utilité des autres. Je ne vous parle point de ma fortune, vous avez suffisamment remarqué dans le cours de mes lettres, tous les désagrémens que j'ai essuyés, pour n'avoir point approuvé les abus inouis qu'on a fait de l'autorité, & pour m'être roidi contre le torrent. J'avois demandé la permission de repasser en Europe par l'occasion des vaisseaux neutres, ce qui m'a été constamment refusé, sous différens prétextes par le Gouverneur, qui m'a forcé ensuite de partir sur un vaisseau marchand, où j'ai été exposé à périr ainsi que vous l'avez vu.

A l'égard des récompenses, ne suffit-il pas à un Citoyen d'avoir été fidéle au Roi & utile à sa Patrie ? ce n'est qu'en cette considération que j'ose espérer du Ministre le plus équitable & le plus éclairé, qu'il voudra bien avoir la bonté de faire connoître au meilleur de tous les Rois, le zéle ardent d'un Officier qui a eu l'honneur & la satisfaction de le bien servir tant en Europe qu'en Amérique; j'attendrai avec une respectueuse confiance les récompenses honorables dues à la valeur militaire ; & ces récompenses de la part de notre auguste Monarque, me seront mille fois plus précieuses que toutes les richesses du nouveau Monde. En attendant que j'aie l'honneur de vous voir. Je suis, Monsieur, &c.

A la Corogne le 10 Novembre 1762.

COPIES des Lettres qui ont été écrites, & des Certificats qui ont été expédiés à l'Auteur dans les différentes missions où il a été employé pour le service du Roi.

LETTRE

De M. Rouillé, Ministre de la Marine, à M. le Chevalier de Grossolles, Brigadier des Armées, & commandant pour sa Majesté à Belle-Isle en Mer.

A Versailles le 15 Juin 1750.

SUR les témoignages avantageux que vous m'avez rendus, Monsieur, sur le compte du sieur Bossu, ci-devant Lieutenant au Régiment de Madame la Dauphine, je le proposerai au Roi pour un emploi dans les Troupes de ses Colonies; en attendant vous pouvez l'employer pour la discipline des recrues des Colonies qui sont à Belle-Isle; & je m'en remets à vous pour lui régler un traitement qui le mette en état de se soutenir. Je suis, &c. *Signé.* ROUILLÉ.

EXTRAIT de la Lettre de M. le Comte d'Argenson au Sieur Bossu.

A Fontainebleau le premier Octobre 1750.

C'EST pour vous prévenir que le Roi vient de vous nommer, Monsieur, à une Lieutenance dans les Troupes de ses Colonies; il est nécessaire que vous partiez, sans perdre de tems, pour vous rendre à Rochefort où vous devez vous embarquer; vous y recevrez, en même-tems, une gratification de 300 liv. vous vous adresserez en arrivant à l'Intendant de la Marine qui vous remettra vos Lettres de service, & vous vous conformerez aux ordres que vous en recevrez. Sa Majesté s'attend qu'il ne lui reviendra que des témoignages avantageux sur votre compte, & que vous continuerez à lui donner des marques de votre zéle, & de votre fidélité dans le nouvel emploi qu'elle vous a destiné. Je suis, &c. *Signé.* D'ARGENSON.

Nous Chevalier de l'Ordre Royal & Militaire de St. Louis, Major & Commandant pour le Roi au pays des Illinois.

Certifions, que le Sieur Bossu, Lieutenant des Troupes détachées de la Marine à la Louisiane, a servi sous nos ordres avec tout le zéle & l'activité d'un bon Officier qui a rempli scrupuleusement tous les devoirs de son état, dans les différents détachemens où il a été employé pour le bien du service ; sa santé en ayant été altérée, nous lui avons permis d'aller la rétablir à la Capitale ; en foi de quoi, nous lui avons délivré le présent pour lui servir & valoir ce que de raison. *Signé.*

MACARTY.

Aux Illinois le 4 Decembre 1756.

LETTRE du Gouverneur de la Louisiane au Ministre de la Marine.

MONSEIGNEUR,

J'ai l'honneur de vous rendre compte que je n'ai pû me dispenser d'accorder un congé d'un an au Sieur Bossu, Lieutenant dans les troupes de cette Colonie; mais comme les circonstances de la guerre demandoient que ce ne fut que dans un cas de nécessité indispensable, je me suis fait rendre compte de son état par les Médecins & les Chirurgiens, qui ont jugé nécessaire qu'il passât en France pour prendre les eaux de Bourbonne, afin de prévenir les suites fâcheuses d'un coup de feu qu'il reçut, en montant à l'assaut de Château-Dauphin; & c'est en conséquence de leurs certificats que je permets à cet Officier de profiter de l'occasion d'un petit bâtiment, qui va à S. Domingue, où il trouvera plus facilement des occasions pour l'Europe; comme Sa Majesté n'entend point qu'il soit accordé de passage aux Officiers sur les vaisseaux Marchands, pour éviter les frais trop dispendieux qui

en

en résultent, je n'ai pas jugé pouvoir prendre sur moi de le faire passer aux frais du Roi; il est cependant de toute justice que je vous observe, Monseigneur, que cet Officier n'est pas en état de soutenir de telles dépenses, & encore moins celle de se rendre à Bourbonne, pour y prendre les bains, étant absolument dépourvu de toute fortune; je ne dois pas même manquer de vous observer qu'allant aux Illinois, le bateau, dans lequel il étoit *périt, & il perdit généralement tout ce qu'il possédoit*. M. Dauberville devoit se joindre à moi pour vous demander une gratification pour lui, en dédommagement; mais cet Ordonnateur est actuellement très-mal, & hors d'état, & pour long-tems (s'il se releve de cette maladie) de vacquer à aucune affaire, & le bâtiment part.

Le Sieur le Bossu est un brave

Officier, & qui, depuis que je suis dans cette Colonie, a tenu jusqu'à présent une conduite sans reproche; il a d'ailleurs montré beaucoup de zéle dans toutes les occasions où il a été employé pour le bien du service; il me paroît juste que vous ayez pour agréable de l'indemniser des pertes qu'il a faites, ainsi que des frais de son passage, & je vous supplie d'y avoir égard. Je suis avec un profond respect, &c. *Signé.* KERLEREC. *A la Nouvelle Orléans le 12 Mars 1757.*

COPIE de la Lettre du Gouverneur de la Louisiane au Sieur Bossu, sur la mission qu'il a remplie à Tombekbé.

A la Nouvelle Orléans le 14 Octobre 1759.

JE vois, Monsieur, par le détail que vous me faites de la mission que vous avez remplie pour Tombekbé, que vous avez essuyé toutes les fatigues inséparables d'un tel voyage, surtout dans la saison actuelle; vous y êtes arrivé à bon port & sans avarie, & je suis bien persuadé que vous avez mis tout en usage pour en user ainsi, connoissant, comme je fais, toute votre bonne volonté pour le service.

A l'égard du traitement en vivres dont vous me parlez pour Messieurs les Officiers, il ne m'est pas possible d'y rien changer pour le moment présent; mais j'espére recevoir, par les premieres nouvelles, le résultat de la Cour, sur les fortes & pressantes représentations que j'ai faites à ce sujet; je vous avoue, Monsieur, que je ne puis me charger de conférer avec M. le Commissaire au sujet du certificat que M. Bobé a dû lui envoyer, touchant la remise que vous avez faite au poste des Allibamons ; mais je le ferai presser vivement par Trudot, Ayde-Major, & je vous ferai part de ce qui se passera à cet égard. Je suis, &c. *Signé*, KERLEREC.

Nous Pierre Rigaud, Marquis de Vaudreuil, Grand Croix de l'Ordre Royal & Militaire de St. Louis, ci-devant Gouverneur, & Lieutenant-Général de toute la Nouvelle France :

Certifions que le sieur Bossu, Capitaine des troupes détachées de la Marine, entretenues par le Roi à la Louisiane, y a servi pendant le tems que j'y ai resté avec la plus grande distinction, exactitude & zéle, en foi de quoi nous avons délivré le présent pour lui servir & valoir ce que de raison.

Fait à Paris le 21 Avril 1763. Signé.

VAUDREUIL.

Nous Pierre-Annibal de Velle, Chevalier de l'Ordre Royal & Militaire de S. Louis, Lieutenant pour le Roi, & ci-devant Commandant pour Sa Majesté dans les Ville & Citadelle de la Mobile, dans la Province de la Louisiane.

Certifions que le Sieur Bossu, Capitaine d'une Compagnie détachée des Troupes de la Marine, entretenues par le Roi à la Louisiane, a servi sous mes ordres avec tout le zéle & l'exactitude possibles; il a d'ailleurs rempli plusieurs missions importantes & pénibles chez les Nations Sauvages.

En foi de quoi, nous lui avons signé le présent Certificat pour lui servir & valoir ce que de raison.

Fait à Paris le 17 Mai 1765.

DE VELLE

Nous Pierre-Henri d'Erneville, Chevalier de l'ordre Royal & Militaire de St. Louis, ci-devant Commandant des Troupes détachées de la Marine, entretenues par le Roi à la Louisiane.

Certifions que M. Bossu, Capitaine des Troupes de la Marine à la Louisiane, y a servi avec un zèle infatigable, & que plusieurs faits rapportés dans sa relation se sont passés sous mes yeux, tant aux Allibamons qu'à la nouvelle Orléans, & comme compagnon du dernier voyage de la Louisiane à la Corogne, en foi de quoi nous avons signé le présent. A Paris le premier Septembre 1766. *Signé.*

LE CH. D'ERNEVILLE.

TABLE
Des Lettres contenues dans cet Ouvrage.

PREMIERE PARTIE.

LETTRE I. *Départ de l'Auteur pour l'Amérique ; description de la ville du Cap François ; cruautés des Espagnols envers les naturels de l'isle de S. Domingue ; travaux des mines, véritable origine de la maladie de Naples.* page 1.

LETTRE II. *L'Auteur part du Cap-François pour la Louisiane. Courte Description du Fort de la Havane, du fameux golfe du Méxique, & de la nouvelle Orléans.* Page 20.

LETTRE III. *Description des cérémonies Religieuses de certains Peuples qui habitent les bords du grand Fleuve du Mississipi. Conspiration des Natchez contre les François.* P. 37.

LETTRE IV. *Arrivée de l'Auteur chez les Akanças. Mort funeste des gens de Ferdinand Soto Réflexion sur la fo-*

lie des hommes qui cherchoient une montagne d'or. Origine du fameux Dorado. Précis de l'Histoire tragique de la mort de M. de la Salle. p. 80.

LETTRE V. *Description des mœurs de la Nation des Akanças, leur Religion, leur maniere de faire la guerre, la bonté & la fertilité de leur pays.*
page 108

LETTRE VI. *Récit de ce qui est arrivé à l'Auteur durant sa navigation des Akanças aux Illinois. Naufrage du St. Louis, bateau du Roi qu'il montoit. Il tombe dans le Mississipi. Un Akanças lui sauve la vie.* page 126.

LETTRE VII. *Description de la guerre que la Nation des Renards a faite aux Illinois, & dont l'Auteur a été témoin. Comment les François se sont établis parmi ces Peuples.* page 144.

LETTRE VIII. *L'Auteur part du pays des Illinois pour la Nouvelle Orléans. Arrivée de M. de Kerlerec. Départ du Marquis de Vaudreuil. Second voyage de l'Auteur chez les Illinois. Trait héroïque d'un pere qui se sacrifie pour son fils.*

TABLE.

LETTRE IX. *Départ de l'Auteur de chez les Koakias, pour se rendre au Fort de Chartres. Ses observations sur la population de l'Amérique. Description d'une Caravane d'Éléphans arrivés aux environs de la Riviere d'Oyo.*
page 204

LETTRE X. *L'Auteur quitte les Illinois. Sa navigation en descendant le Mississipi, il campe dans une isle que forme ce Fleuve. Ses Soldats l'en reçoivent Gouverneur.* page 227

LETTRE XI. *L'Auteur part pour l'Europe. Il combat en route un Corsaire Anglois. Il s'embarque au Cap Français sur une flote de 26 Vaisseaux Marchands qui furent presque tous pris à sa vue par les Corsaires. Prise d'un petit Navire ennemi. Son arrivée a Brest.*

SECONDE PARTIE.

Lettre XII. *L'Auteur arrive a la Cour, y reçoit une gratification du Roi avec ordre de se rendre a Rochefort. Il s'y embarque pour la Louisiane.* page 1

Lettre XIII. *L'Auteur part de Rochefort. Rencontre de trois Vaisseaux Marchands Anglois, pris par M. de Place, dont un fut brûlé & l'autre coulé a fond. Il relâche à l'isle de la Grenade. Navigation près de la Jamaïque.* page 4

Lettre XIV. *L'Auteur part de la nouvelle Orléans pour les Allibamons. Sa navigation sur le Lac Pontchartrain. Courte description de la Mobile.* p. 7

Lettre XV. *L'Auteur part de la Mobile pour les Allibamons. Ample description des mœurs de ces Peuples. Leur maniere de punir l'adultere.* page 13

Lettre XVI. *Deuil & façon d'enterrer les morts chez les Allibamons;*

justice qu'ils rendirent au Chevalier d'Erneville pour un soldat tué par un jeune Sauvage ; leur Religion, leurs ruses pour attraper les chevreuils à la chasse, & les dindes sauvages. p. 40

Lettre XVII. L'Auteur part du pays des Allibamons. Sa navigation dans la riviere de Tombekbé. Comment il échappe a la voracité d'un crocodile. Rencontre d'un parti de Chactas révoltés. L'Auteur les ramene au devoir. Son retour a la Mobile, page 73

Lettre XVIII. Description du pays des Chactas. Leurs guerres. Leur maniere de traiter leurs maladies. Leurs supestitions. Leur commerce. Leurs jeux d'exercice. Pays des Tchikachas, nos ennemis. page 87.

Lettre XIX. L'Auteur retourne a la Mobile. Evenemens remarquables arrivés dans l'Isle aux Chats. Mort tragique du Sieur Duroux, Commandant de cette Isle. page 117

Lettre XX. L'Auteur part pour la Nouvelle Orléans. Cause des troubles qui l'agitent. Histoire pathétique de la captivité de M. de Belle-Isle chez les

L vj

Attakapas. Animaux curieux & simples salutaires, qui se trouvent a la Louisiane. page 133

LETTRE XXI. *Reflexions sur la population de l'Amérique; cette contrée n'a pas été inconnue aux anciens; il paroît qu'elle est liée à l'Asie du côté de la Tartarie; c'est par-là que les hommes qui l'ont peuplée ont dû naturellement passer. Dissertation sur la maniere de conserver sa santé dans le nouveau Monde.* page 184

LETTRE XXII. *L'Auteur revient en France; dangers qu'il court au Cap de la Floride; origine d'une prétendue Fontaine de Jouvence; son vaisseau échappe aux Anglois; combat contre un de leurs Corsaires; il court risque d'être brûlé; projet d'une descente sur les côtes de la nouvelle Angleterre; prise d'un vaisseau ennemi; arrivée de l'Auteur à la Corogne,* page 215

Fin de la Table.

APPROBATION.

J'ai lû, par ordre de Monseigneur le Vice-Chancelier, un Manuscrit intitulé : *Nouveaux Voyages de M. Bossu, Capitaine dans les Troupes de la Marine, aux Indes Occidentales* ; cet ouvrage très-curieux & très-instructif, ne respire que l'amour de la patrie & le bien du service ; je le crois très-utile aux Officiers qui seront destinés à servir dans les Colonies que l'Auteur a habitées pendant longtems ; les Naturalistes le liront avec fruit, & les mœurs des peuples dont cet Officier nous donne le détail le plus circonstancié, ne contribueront pas peu à nous inspirer de nouveaux sentimens de zéle, d'attachement & de fidélité envers notre Souverain.

A Paris ce 8 Décembre 1766. Signé,
PONCET DE LA GRAVE.

PRIVILEGE DU ROI.

LOUIS, PAR LA GRACE DE DIEU, ROI DE FRANCE ET DE NAVARRE : A nos amés & féaux Conseillers les Gens tenans nos Cours de Parlement, Maîtres des Requêtes ordinaires de notre Hôtel, Grand Conseil, Prévôt de Paris, Baillifs, Sénéchaux, leurs Lieutenans Civils & autres nos Justiciers qu'il appartiendra ; SALUT : Notre amé le *Sieur Bossu, Capitaine dans les Troupes de la Marine, aux Indes Occidentales,* Nous a fait exposer qu'il desireroit faire imprimer & donner au Public ses Nouveaux Voyages : s'il nous plaisoit lui accorder nos Lettres de Privilége pour ce nécessaires : A CES CAUSES, voulant favorablement traiter l'Exposant, Nous lui avons permis & permettons, par ces Présentes, de faire imprimer ledit Ouvrage autant de fois que bon lui semblera, & de le faire vendre & débiter par tout notre Royaume pendant le tems de six années consécutives, à compter du jour de la date des Présentes : Faisons défenses à tous Imprimeurs, Libraires & autres personnes de quelque qualité & condition qu'elles soient, d'en introduire d'impression étrangère dans aucun lieu de notre obéissance ; comme aussi d'imprimer ou faire imprimer, vendre, faire vendre, débiter, ni contrefaire ledit Ouvrage, ni d'en faire aucuns extraits, sous quelque prétexte que ce puisse être, sans la permission expresse & par écrit dudit Exposant, ou de celui qui aura droit de lui, à peine de confiscation des Exemplaires contrefaits, & de trois mille livres d'amende contre chacun des contrevenans, dont un tiers à nous, un tiers à l'Hôtel Dieu de Paris, l'autre tiers audit Exposant, ou à celui qui aura droit de lui, & de tous dépens, dommages, & intérêts, à la charge que ces Présentes seront enregistrées tout au long sur le Registre de la Communauté des Imprimeurs & Libraires de Paris, dans trois mois de la date d'icelles, que l'impression dudit Ouvrage sera faite dans notre Royaume & non ailleurs, en bon papier & beaux caractères; que l'Impétrant se conformera en tout aux Réglemens de la Librairie, & notamment à celui du 10 Avril 1725, & qu'avant que de l'exposer en vente, le Manuscrit qui aura servi de copie à l'impression dudit Ouvrage, sera remis dans le même état où l'approbation y aura été donnée, ès mains de notre très-cher & féal Chevalier, Chancelier de France, le Sieur Delamoignon, & qu'il en sera ensuite remis deux Exemplaires dans notre Bibliothéque publique, un dans celle de notre Château du Louvre, un dans celle dudit Sieur Delamoignon, & un dans celle de notre très-cher & féal Chevalier, Vice-Chancelier, & Garde des Sceaux de France, le Sieur de Maupeou; le tout à peine de nullité des Présentes; du contenu desquelles vous mandons & enjoignons de faire jouir ledit Exposant ou ses ayans cause pleinement & paisiblement sans souffrir qu'il leur soit fait aucun trouble ou empêchement. Voulons qu'à la copie des Présentes, qui sera imprimée tout au long au commencement ou à la fin dudit Ouvrage, foi soit ajoutée comme à l'Original. Commandons au premier notre Huissier ou Sergent sur ce requis, de faire pour l'exécution d'icelles, tous Actes requis & nécessaires, sans demander autre permission, & nonobstant clameur de haro, Charte Normande & Lettres à ce contraires. CAR TEL EST NOTRE PLAISIR. Donné à Versailles le quatrieme jour du mois de Mars, l'an de grace 1767. & de notre regne le cinquante-deuxiéme. Par le Roi en son Conseil.

LE BEGUE.

Registré sur le Registre XVII. de la Chambre Royale & Syndicale des Libraires Imprimeurs de Paris, N°. 1237. fol. 233. conformément aux Réglemens de 1723. qui fait défenses article 4. à toutes personnes de quelque qualité & condition qu'elles soient, autres que les Libraires Imprimeurs, de vendre, débiter, faire afficher aucuns livres pour les vendre en leurs noms soit qu'ils s'en disent les auteurs ou autrement, & à la charge de fournir à la susdite Chambre neuf exemplaires prescrits par l'art. 108 du même Réglement. A Paris ce 23 Juin 1767.

GANEAU, Syndic.

www.ingramcontent.com/pod-product-compliance
Lightning Source LLC
Chambersburg PA
CBHW071616230426
43669CB00012B/1958